Ibuprofen
s'il vous plaît!

Ibuprofen s'il vous plaît!

Mwy na stori bêl-droed

Dewi Prysor

y Lolfa

Argraffiad cyntaf: 2016

Dymuna'r cyhoeddwyr gydnabod cymorth ariannol
Cyngor Llyfrau Cymru

Llun y clawr: Dewi Prysor
Cynllun y clawr: Y Lolfa

Rhif Llyfr Rhyngwladol: 978 1 78461 352 5

Cyhoeddwyd, rhwymwyd ac argraffwyd yng Nghymru gan
Y Lolfa Cyf., Talybont, Ceredigion SY24 5HE
gwefan www.ylolfa.com
e-bost ylolfa@ylolfa.com
ffôn 01970 832 304
ffacs 832 782

Bosnia a Blaenau Ffestiniog

Llawenydd heb ddiwedd...

Sadwrn, Hydref 10, 2015

Yn y cawodydd ysgafn o law mân tyner, safai hyd at 700 o gefnogwyr selog tîm pêl-droed Cymru yn cnoi eu gwinadd mewn cornel fach o eisteddle agored y tu ôl i un o goliau'r Stadion Bilino Polje yn Zenica, rhywle yng nghanol Bosnia. Yn ein plith roedd ffrindiau a gwynebau cyfarwydd o'r deuddeng mlynedd y bûm yn dilyn Cymru oddi cartref yn rheolaidd. Yno hefyd roedd gwynebau yr oeddwn yn gofio'u gweld yn fy ngêm oddi cartref gyntaf un, bron i chwarter canrif yn ôl, yn Nuremberg, 1991, ac ymysg y rheiny, gwynebau y gwn iddyn nhw fod yn dilyn Cymru dros Ewrop ers blynyddoedd lawer cyn hynny. Ond mi oedd pob un (mwy neu lai) o'r 700 wedi bod yn bresennol drwy gydol yr ymgyrch hon. A phob un (mwy neu lai) wedi mynychu'r ymgyrchoedd blaenorol, a phob un yn cofio cnoi gwinadd mewn gemau tyngedfennol dros gyfnod o bedair degawd hir. Trichant aeth i Gatraeth. Ond aeth seithgant i Zenica.

Ac mi fyddai degau o filoedd yn mynd i Bordeaux!

"Wela i chi yno."

Ddeufis wedi'r serenêd yn Zenica a'r swing yn Sarajevo, ymgasglodd criw Blaenau Ffestiniog yn nhafarn y Wynnes i wylio'r enwau yn dod allan o'r het at yr Ewros, fel ein bod yn gwybod yn union i le fyddan ni'n mynd yn Ffrainc. Wedi i'n gwrthwynebwyr a lleoliad pob gêm grŵp gael eu datgelu, sylweddolwyd bod gwaith teithio cannoedd o filltiroedd rhwng pob gêm. Bordeaux yn y de-orllewin, Lens reit yn y gogledd-ddwyrain a Toulouse yn ôl i lawr yn y gwaelodion. A dim ond dechrau oedd hynny. Yn dibynnu ar ein safle wrth orffen ein grŵp – petaen ni'n llwyddo i fynd drwyddo – byddai mwy o drefniadau yr un mor gymhleth i ddilyn. Daeth yn amlwg fod y lojistics yn anferthol. Nid mater bach o fwcio ffleit a gwesty am ddwy noson oedd hi, ond ymgyrch, a honno'n un a allai barhau am fis.

Taflwyd llwyth o syniadau i'r crochan – rhai am rentu château rhwng pawb, eraill eisiau campio a rhai yn sôn am rentu *campervan*. Dw'i wedi teithio i gemau Cymru dramor efo gwahanol griwiau o ffrindiau – Blaenau, Caernarfon, Drenewydd, Porthmadog a Penrhyndeudraeth, yn ogystal â chriw o Aberystwyth lle'r o'n i'n byw pan ailgydiais yn fy 'ngyrfa' Cymru-i-ffwrdd yn y flwyddyn 2003. Dwi hefyd wedi teithio ar fws efo criw o gefnogwyr Wrecsam, ac wedi creu ffrindiau newydd o bob cwr o Gymru wrth ganlyn ein tîm cenedlaethol ar draws Ewrop. Felly, wedi asesu cymhlethdod y lojistics fyddai ynghlwm â threfnu *odyssey* ar hyd gwlad gyfan efo unrhyw griw o fêts, mi benderfynais y byswn i'n gwneud fy nhrefniadau fy hun, gan ddweud wrth bawb, "Wela i chi yno".

Felly, mi ges i ffleit unffordd rad o faes awyr Manceinion i Nantes – via Southampton – ar gyfer ben bora Mercher yr 8fed o Fehefin. Bwciais ddwy noson mewn gwesty reit wrth ymyl yr orsaf drên yn Nantes, ac mi brynais dicad trên TGV o Nantes i Bordeaux ar gyfer dydd Gwener y 10fed, ddiwrnod cyn ein gêm gyntaf yn erbyn Slofacia. Cefais wybod gan ffrind o'r Drenewydd bod lle efo nhw mewn gwesty ym Mharis ar gyfer yr ail gêm (yn erbyn Lloegr yn Lens) a bod lle i mi mewn tŷ Airbnb efo tri o'nyn nhw ar gyfer gêm Rwsia yn Toulouse. Mi wnes i archebu lle yn Bordeaux – ond mae'r stori honno yn un gymhleth, felly mi gadwa i hi tan wedyn.

Sticars a sownds, badjis a baneri...

Mi oedd yna fisoedd o gyffro a *build-up* at fis Mehefin 2016. Ar ôl y 'gêm ddathlu' yn erbyn Andorra yn Stadiwm Dinas Caerdydd, cawsom gemau cyfeillgar yn erbyn Gogledd Iwerddon a'r Iseldiroedd. Mi gawsom noson efo Chris Coleman yn Pwllheli, noson efo Osian Roberts yn Galeri, Caernarfon, a noson i lansio llyfr Bryn Law, *Zombie Nation Awakes* yng Nghlwb Golff y Bala – lle ges i'r pleser o holi'r gohebydd Sky Sport a chefnogwr brwd Cymru mewn sesiwn cwestiwn ac ateb.

Cyhoeddwyd albyms casglu sticeri Panini Cymru, gan gipio dychymyg y plant (a'r mamau) a mynd â'r tadau yn ôl i ddyddia ein plentyndod. Diolch i gyfryngau cymdeithasol yr oes hon – a grwpiau *swaps* ar Facebook, yn benodol – mi lwyddodd Gethin (fy mab ieuengaf, oedd yn 8 oed ar y pryd) a minnau i gwblhau ein halbyms heb orfod gyrru i ffwrdd am y sticeri ola.

Nid sticeri Panini yn unig, chwaith. Erbyn hyn mae technoleg a hwylusdra'r We yn gwneud cynhyrchu sticeri yn hwylus a fforddiadwy, felly mae'r arfer o argraffu sticeri pêl-droed i'w sticio ar arwyddion stryd a waliau toiledau yn gyffredin iawn. Yn naturiol, mi ddaeth fflyd ohonyn nhw allan ar gyfer yr Ewros.

Bu Spirit of '58 yn brysur yn cynhyrchu crysau-T a hetiau bwced newydd, a Shwl Di Mwl hefyd, ac mi recordiodd llwyth o fandiau ganeuon pêl-droed i gydfynd â'r Ewros – y Manics, Super Furries, Gwerinos, Y Sybs a llawer o rai eraill. Mi es innau ati i wneud un ar dôn 'Shw' Mae? Shw' Mae?' Meic Stevens, ond ches i ddim amser i'w recordio hi. Roedd y gytgan yn parodïo cytgan cân wreiddiol Meic:

Bonjour, bonjour,
Ça va, oui oui.
Ond mae'r criw ar goll
Rhywle yn *Paris*,
'Da ni ddim yn drist,
Does dim byd yn poeni ni.

Ia, wel. *Don't give up your day job*, ydi, debyg...!

Mi es i ati i wneud bathodynnau, hefyd. Fuais i'n gwneud rhai i gemau oddi cartref flynyddoedd yn ôl (y gêm gyfeillgar yn erbyn Gwlad y Basg yn Bilbao, 2006 oedd y rhai cyntaf), ac maen nhw wedi bod yn boblogaidd iawn ar y cyfan. Ar gyfer Ffrainc mi wnes i rai 'Rhedeg i Paris', 'Allez Les Rouges!' (parodi o tshant ffans Ffrainc) a 'Bing Bong!' – sef cân y Super Furry Animals, yr orau o bell ffordd o'r caneuon a ryddhawyd ar gyfer Ffrainc.

Rhyw ddau neu dri mis cyn yr Ewros mi gafwyd y newyddion fod UEFA wedi gwahardd baneri mawr o'r stadiwms. Y bygythiad terfysgol oedd y bwgan; pe tai ymosodiad ar stadiwm, a thân yn dechrau, yna mi fyddai'r baneri yn berygl pellach. Roedd rheolau maint – dim llawer mwy na'r fflagiau 5 x 3 troedfedd safonol – ac hefyd rheol fod pob un faner i fod yn wrth-fflamychol, gyda thystysgrif swyddogol i sicrhau hynny. Ymateb cannoedd o ffans Cymru oedd cynllunio baneri newydd i'w cynhyrchu'n broffesiynol gan gwmnïau arbenigol. Esgorodd hyn ar y displê lliwgar a gwreiddiol o gannoedd o faneri gwych a welwyd yn y gemau yn Ffrainc.

Yn bersonol, tydw i ddim yn cael llawer o lwc efo baneri. Mi wnes i un fawr flynyddoedd yn ôl – baner Cymru 9 x 6 troedfedd efo 'FFESTINIOG' yn fawr uwchben y ddraig, a dwy faner 5 x 3 troedfedd wedi eu gwnïo iddi ar y naill ochr; baner Dewi Sant a baner Gwlad y Basg ar un ochr, a baneri Owain Glyndŵr a baner Cymru arall ar y llall. Ond mi gafodd honno ei dwyn gan *ultras* Montenegro yn Podgorica, a diweddodd ei bywyd mewn llun ar y We, yn hongian ar ben i lawr efo fflagiau Cymry eraill, efo cocia ŵyn mewn balaclafas yn gwneud salŵt ffasgaidd wrth eu hochrau.

Dwi wedi gwneud un arall ers hynny, un 'run fath, mwy neu lai, ond efo 'BLAENAU FFESTINIOG' arni. Ond gan ei bod hi'n 19 troedfedd o hyd, a fy mod i wastad yn hwyr yn cyrraedd stadiyms, tydi hi erioed wedi cael ei hongian mewn lle y gall rhywun ei gweld yn iawn. Mi gafodd le gwych yn Andorra, am fy mod wedi cyrraedd y cae yn rhy gynnar – diolch i goc-yp *dyscalculic* ynglŷn â symud cloc fy ffôn – dim ond i rhyw ffycars osod baner Caerdydd anferth drosti. Gyda llaw, i egluro, dwi'n diodda o'r cyflwr dyscalculia, sef dyslecsia efo rhifau. Ta waeth. Roedd gorchymyn UEFA o ran fflagiau yn yr Ewros yn golygu nad oedd pwynt mynd â fy fflag fawr efo fi, felly mi baentias i 'Y TAP' – enw fy nhafarn leol yma yn Blaenau – ar faner 5 x 3, efo paent ffabrig. Roedd hynny'n handi, achos mi fysa'r faner fawr wedi cymryd gormod o le yn y bag, tra bod y faner newydd yn lapio lawr i seis trôns.

Duo ap Lingo

Fuais i'n dysgu rhywfaint o Ffrangeg, hefyd, gan ddefnyddio'r app Duolingo ar fy ffôn. Mi wnes i tua mis a hannar da arno, gan sticio iddi'n ffyddlon a llwyddo i wneud gwers neu ddwy bob dydd – weithiau yn gwneud dwywaith yr hyn oedd ei angan mewn diwrnod. Ro'n i'n ei weld o'n un hawdd i'w ddefnyddio, ac mi ro'n i'n synnu 'mod i'n gallu dysgu iaith arall mor rhwydd yn fy oed i – ac, yn bwysicach, yn gallu *cofio* be o'n i'n ddysgu. Mae yna lot o gomon sens efo dysgu ieithoedd *Romance* (ieithoedd Lladinaidd) hefyd – yn enwedig Ffrangeg, sydd â digon o eiriau tebyg i Saesneg a strwythur gramadegol digon tebyg i'r Gymraeg. Ond eto, tydi ddim yn hawdd o gwbl, yn enwedig wrth lefaru, neu wrth glywed rhywun yn ei hynganu (fel sydd ar yr ap). Ond mi gyrhaeddis i Lefel 5 neu 7 heb fawr o draffarth (er, mwya thebyg bod ugeiniau o lefelau), ac mi o'n i'n cael ebyst dyddiol gan rhyw robot o'r enw 'Duo', oedd yn canmol ac yn annog. Un da oedd Duo. Roedd o wastad yn bositif, yn deud y pethau mae rhywun isio'u clywed ac yn defnyddio termau fel 'reached your daily goal' a ballu. Dim fel athrawon ysgol, sy'n rhoi sylwadau niwlog fel 'boddhaol', 'gweddol' a 'nid da lle gellir gwell', oedd yn ddim mwy na geiriau côd am 'dim yn dda', 'diawledig' a 'sortiwch yr hogyn 'ma allan, Mrs Williams'.

Efo cefnogaeth cyson Duo mi ddois i'n eitha hyderus. Ro'n i hyd yn oed yn gallu ynganu brawddegau cyfan o Ffrangeg i mewn i feicroffon y ffôn. Ond un diwrnod, roeddwn wedi anghofio rhoi fy nannadd gosod i mewn, a doedd Duo yn methu fy neall i'n ynganu'r brawddegau. 'Nes i bwdu wedyn. Dwi'n dal i gael ebyst gan Duo, yn trio fy hudo yn ôl. Ond mae'r berthynas drosodd, mae arna i ofn. Le Fin.

"Paid â colli dy ddannadd!"

Mi gollis i fy nannadd gwreiddiol yn Bratislava, ar drip i wylio Cymru yn erbyn Awstria yn Vienna, yn 2005. Ond ers hynny dwi wedi magu arferiad drwg o golli fy nannadd gosod – fel arfer ar seshys. Dwi wedi'u colli nhw yn y llefydd rhyfedda – o Bristol i Bortmeirion – ac weithiau wedi'u ffendio nhw yn y llefydd rhyfedda, fel yn y bocs wâst bwyd brown yn tŷ, a ballu. Erbyn hyn mae fy nannadd yn dipyn o lejands o gwmpas Blaenau, ac erbyn hyn maen nhw'n fwy adnabyddus nag ydw i yn y dre. Yn naturiol, "paid â colli dy ddannadd" oedd y geiriau ola gan bawb yn y Tap pan ges i sesh ffarwél ar y dydd Sul cyn mynd am Ffrainc. A dwi'n siŵr mai dyna'r peth dwythaf ddudodd Rhian hefyd pan ollyngodd hi fi tu allan y *terminal* ym maes awyr Manceinion.

Munud olaf oedd y pacio, wrth gwrs. Ambell i daith i Llanduds a Port i brynu tronsys a ballu (ydi, mae o'n wir, fedrwch chi ddim prynu pâr o drôns yn Blaena!). Er i mi benderfynu y byddwn i'n trafaelio'n ysgafn, ailfeddyliais wrth ystyried yr anghyfleusdra o chwilio am londréts. Felly er mwyn cadw unrhyw 'operation launderettes' i'r isafswm, stwffiais ddigon o drôns a sana, crysau-T a chrysau pêl-droed Cymru i'r bag. Ro'n i'n amcangyfrif y medrwn i fynd am 15 diwrnod heb orfod gneud golch. Dewisais grysau-T Cymraeg neu Gymreig, fyddai'n arddangos fy Nghymreictod a – gobeithio – yn destun sgwrs efo'r locals yn Ffrainc.

Felly, i'r bag efo'r faner a'r het Spirit of '58 aeth, ymysg pethau eraill, dau grys-T pêl-droed gan Shwl Di Mwl ('Welsh Not British' a 'Byddin Goch ar ei Ffordd i Ffrainc'), un 'Ffa Coffi Pawb' ac un 'Mwng' (Super Furries), un 'Syr Wynff a Plwmsan' ges i gan Mici Plwm ers lawer dydd ac un Bob Marley – wel, 'Nesta' oedd ei enw canol, felly mae o'n Gymraeg! I'r bag hefyd aeth tri crys pêl-droed Cymru – dau goch, sef yr un Adidas newydd efo logo'r Ewros ar y llawes (diolch Siôn Corn!) a'r hen un Champion, ac un du (awê) Champion.

Awê ac au revoir!

Daeth nos Fawrth y 7fed o Fehefin, ac ar ôl ticio pethau munud ola oddi ar y rhestr es i allan am gwpwl o beints sydyn i'r Tap, cyn ei throi hi am adra, chwara Xbox efo Geth am hannar awr a rhoi clec i botel o win coch.

Oherwydd amserlennu chwithig y trenau o ran cyrraedd maes awyr Manceinion yn y bora brau, Rhian oedd yn fy nanfon i yn ei char erbyn hannar awr wedi chwech – er mwyn iddi gael dod adra mewn pryd i gael Geth yn barod i'r ysgol a chychwyn i'w gwaith hithau fel cymhorthydd dosbarth yn Ysgol Cefn Coch, Penrhyndeudraeth.

Wedi mynd drwodd i'r Departures mi wawriodd arna i bod fy dyscalculia wedi taro eto. Chwarter i naw oedd y ffleit, nid chwarter i wyth. Mae'r cyflwr yn achosi i mi fethu darllen rhifau, na gwneud unrhyw syms, mewn ffordd resymegol. Er enghraifft, wrth weithio allan faint o'r gloch fydd ffilm ddwy awr yn gorffen, os ydi hi'n dechrau am ugain munud i un ar ddeg, mi ddof i'r casgliad (ar ôl hir resymegu a chyfri bysedd) mai ugain munud i ddau fyddai hi. Ac wrth ddarllen 08:45, dwi rywsut yn ei ddarllen am yn ôl ac ar ei ben i lawr, fel bod fy ymennydd yn gweld y rhif 45 yn gyntaf a'r 8 wedyn, felly yn prosesu'r rhif cyfansawdd fel tri chwarter awr wedi saith, ac felly pymtheg munud cyn wyth o'r gloch. Peidiwch â gofyn i mi sut a pham – fysa chi ddim yn dallt hyd yn oed petawn i'n *gallu* egluro i chi. Yr unig beth oeddwn i'n ei wybod y bora hwnnw oedd fod gen i awr ychwanegol i'w lladd yn y maes awyr.

Naoned

(Nantes)

Tydi *terminal* maes awyr Southampton ddim llawer mwy na Wetherspoons Pwllheli. Ond mae o'n lle bach digon cyfforddus a chartrefol. Tydi'r gatiau i fynd am yr awyrennau yn ddim ond drysau – pump neu ddeg llath oddi wrth ei gilydd – ac wrth fynd trwyddyn nhw mae rhywun yn gadael y *terminal* a chyrraedd tarmac y rynwê mewn un cam. Trwy'r un drysau rydach yn dod i mewn i'r *terminal* ar ôl glanio hefyd. Cwta ddeugain munud, falla awr, oeddwn i yno cyn i'r drws agor ac i ni gael ein hebrwng tua'r awyren i Nantes.

Byd bach!

Yn y gât, neu ddrws, nesa i'n un ni, ac yn gadael ychydig funudau ynghynt, roedd ciw o bobol oedd yn hedfan i Rennes. Roedd rhain wedi bod yn eistedd yn ein canol ni yn y *terminal*. Mewn lle mor fach roedd hi bron yn amhosib i neb beidio sylwi ar unrhyw un fyddai'n cerdded yn ôl ac ymlaen o le i le – un ai'n mynd i'r toiledau, neu at y stondinau bwyd a diodydd, ac ati. Y fin nos honno, wedi imi gyrraedd Nantes, setlo i mewn a mynd allan, ges i sylw o dan un o fy ypdets Facebook. Hen ffrind nad oeddwn wedi ei weld ers tua 14 mlynedd oedd o. Mi gwrddais i fo a'i gariad, Pip, yn y Cŵps yn Aberystwyth pan oeddwn yn y Brifysgol fel myfyriwr aeddfed rhwng y flwyddyn 2000 a 2003, a hynny trwy gyfrwng ffrindiau i mi o Aber. Cwestiwn oedd ganddo yn y sylw:

Euros Richards A oeddet yn maes awyr Southampton bore 'ma? Pip yn meddwl ei bod hi wedi dy weld yna. Mae hi'n braf yma'n llydaw!!

Ddim yn hoffi · Ateb · ⚫ 1 · 8 Mehefin am 15:57

 Dewi Prysor Ffyc mi!! O'n met!! Paid deud bo hi run ffleit a fi? Ta ar ffleit Rennes oedd hi? Oedd honno yn gadael jysd cyn un ni. Dwi yn Nantes wan. Poeth!!

Hoffi · Ateb · 8 Mehefin am 16:02 · Golygwyd

 Euros Richards Na odd hi ar ffleirt rennes. Mae hi'n dwym yn Gouarec hefyd. Nath owain iob gynnig tocyn ar gyfer Bordeaux, yn anffodus ffili mynd, gweithio yn Gouarec! Na'i ddathlu yng nghanol y llydawyr.

Hoffi · Ateb · 8 Mehefin am 16:26

Ydi wir, mae o'n fyd bach! Dwi wedi colli dipyn o bwysau ers dyddia Aber, rhaid cyfadda, felly does ryfedd nad oedd Pip wedi bod yn ddigon siŵr ohona i i ddod draw am sgwrs. Un ai hynny neu na welodd hi fi tan yr eiliad ola cyn iddi gamu allan trwy'r gât. Welis i mohoni hi, fodd bynnag. Biti. Mi fyddai wedi bod yn syrpréis neis, ac yn dda dal i fyny. Mae bywyd yn gallu bod yn rhyfedd!

Daeth ein tro ni i gamu o'r *terminal* ac esgyn i'n awyren, a chyn hir roeddan ni uwchben y cymylau, yn nesu am Nantes.

"Aah! You mean a cash machine?"

Glaniais ym maes awyr Nantes, ac wedi cael fy mag o'r carwsél mi es allan i'r awyr iach am smôc. Roedd yr awyr iach yn boethach na'r mwg ac mi allwn deimlo'r haul yn crasu fy nghroen, a'r chwys yn llifo fel dŵr wrth i rywun wasgu sbynj.

Cofiais fy mod i angan codi pres, ond allwn i ddim gweld peiriant twll-yn-y-wal yn unlle. Gwelais ddesg wybodaeth. A phenderfynu mynd i ofyn. Ro'n i'n benderfynol o ddechrau pob sgwrs yn Ffrangeg er mwyn ymarfer yr iaith yn y byd go iawn; dyma fy nghyfle cyntaf.

Do'n i'm yn gwybod be oedd 'peiriant pres' yn Ffrangeg, felly dyma dyrchu drwy fy mag am lyfr bach Ffrangeg gefais fenthyg gan ffrind i Rhian a minnau. Ond, heb amynedd i chwilio drwy'r llyfr, penderfynais ei wingio hi...

"Bonjour, ça va?" medda fi wrth y ddynes â gwên gynnes tu ôl y ddesg wybodaeth. "Ou est la..." Aeth fy meddwl yn blanc.

13

"Erm... *bib bib bib bib*," medda fi, gan feimio gwasgu botymau. "ATM? Erm... money?" Dwedais 'money' fel tawn i'n dweud enw'r arlunydd enwog, Monet. Yna meimiais dynnu arian o'r twll. "ATM... mashîn?"

Lledodd gwên lydan dros ei hwyneb wrth iddi ateb, mewn Saesneg perffaith ag acen Ffrangeg lyfli. "You mean a cash machine? Yes, through those sliding doors and straight on your right."

Dan wenu fel llyffant (nid y gair mwyaf addas i'w ddefnyddio mewn llyfr am Ffrainc, falla), diolchais iddi. O leia roedd hi wedi dallt be o'n i'n drio'i ddeud. Roedd hynny'n rhywbeth, o leia. Mi fysa 'Duo ap Lingo' wedi fy nghanmol i'r cymylau. Y broblem nesa oedd dallt y peiriant pres. Fedrwn yn fy myw â gweld opsiwn Saesneg (heb sôn am Gymraeg!). Mi wnes i goc-yp llwyr ddwy waith a gorfod dechrau eto, tra bod mwy a mwy o bobol yn ymuno â'r ciw y tu ôl i mi. Yna mi ddoth 'na hen ddynes fach, a golwg agos i 80 oed arni, draw i fy helpu. Roedd hi'n chwerthin yn braf iddi hi ei hun wrth ofyn imi, "Anglais?"

"Oui," atebais gan ddallt yn iawn mai cyfeirio at y dewis ieithoedd oedd hi, nid holi ynghylch fy nghenedligrwydd. Ond mi ychwanegais, er mwyn torri ias, "Je ne suis pas Anglais, je suis Gallois." Chwerthin yn braf wnaeth hi, yn amlwg wedi dallt y jôc. Mi bwysodd hi gwpwl o fotymau ac mi ddaeth yr opsiwn Saesneg i fyny'n syth. Diolchais iddi am ei help a'i hamynedd, ac i ffwrdd â fi i chwilio am y safle bws (does dim trenau'n rhedeg o'r maes awyr i'r ddinas) gan deimlo mai 'boddhaol' oedd fy ymdrech gyntaf i gyfathrebu trwy gyfrwng Ffrangeg. Ond dwi'n siŵr fydda Duo yn rhoi gwell sgôr.

Gwres crasu bara oedd y gwres yn Nantes, nid gwres toddi menyn. Bysa, mi fysa fo'n toddi menyn hefyd, ond be dwi'n ddeud ydi fod o ddim yn wres fel popty – roedd o'n fwy fel tân ar y croen. Os fyswn i'n gorwedd ar lawr a chracio wy ar fy mol, fysa fo wedi ffrio ac yn barod i'w fwyta mewn hannar munud. Ond, boed yn wres crasu (neu ffrio) neu wres stemio tatws, roedd o'n wres llethol. Ro'n i'n chwysu fel buwch mewn McDonalds.

Merch oedd gyrrwr y bws, ac roedd hi'n debyg i Jonjo, ffrind i mi o Nefyn fu'n dreifio bysus rownd Pen Llŷn. Nid bod Jonjo'n debyg i hogan, o gwbl. Hi oedd yn debyg iddo fo. Roedd hi'n glên iawn, a dechreuais ei galw'n 'Jonjette' yn fy mhen. Ymhen llai na hannar awr roeddan ni'n nesu am ganol y ddinas ac wedi pasio heibio'r Stade de la Beaujoire, cartref FC Nantes.

Roedd fy ngwesty (yr Astoria) wrth ymyl y Gare de Nantes, prif orsaf drenau Nantes, ac roeddwn angan gadael y bws ger mynedfa'r gogledd – safle bws y Gare de Nantes *Nord*. Ond roedd y bws fel popty, felly neidiais oddi arno, gan ddiolch i Jonjette, wrth y Gare de Nantes *Sud*. Dim ond mater o gerdded trwy'r orsaf fyddai cyrraedd stryd fy ngwesty.

Roedd hi'n chwarter i dri (amser lleol) a pharciais fy nhin ar rhyw fath o fainc, a rowlio sigarét. Doeddwn ond newydd ei thanio pan ddaeth rhywun draw i ofyn am bres, gan ddal ei ddwylo fel tasa fo'n gweddïo. Dyn du oedd o, yn gwisgo siwt daclus, lliw hufen, a dwi'n cofio meddwl os oedd cardotyn yn gallu fforddio siwt, mae'n rhaid fod safon bywyd yn wych yn Llydaw! Ond na, nid rhywun mewn angan oedd o, ond rhywun yn trio'i lwc. Felly, "Na" pendant-ond-cwrtais gafodd o.

Wedi cerdded drwy'r orsaf a dod allan i brysurdeb y Boulevard de Stalingrad, croesais y stryd a'r lein tram ac eistedd wrth fwrdd tu allan i dafarn. Pedwar o'r gloch oedd amser tsiecio mewn i'r gwesty, felly roedd gennai awr arall i'w lladd, ac am saith munud wedi tri roedd y peint o lager cyntaf yn Ffrainc yn cyrraedd fy ngwefusau. Iechyd da!

Roedd y gwesty'n iawn. Y gawod yn gweithio, a'r Wi-Fi hefyd. Be arall mae rhywun ei angan? Roedd o hefyd yn sefyll mewn rhes o fariau a caffi-tecawês bach handi, felly ar ôl setlo mewn, es i am dro i brofi mwy o'r nectar lleol.

Bonjour!

Mae'r stribyn hwn o Nantes yn un eitha cosmopolitan, yn gymysgedd lliwgar o Lydawyr, Ffrancwyr a phobol Arabaidd eu pryd, gwedd ac acen. Wrth gerdded heibio'r byrddau ar y pafin, syllai'r yfwyr arna i'n swrth. Atgoffwyd fi o Sbageti Westerns Sergio Leone pan fo Clint yn cyrraedd rhyw bentre doji efo dynion mewn sombreros a phryfid ar eu gwynebau yn ei lygadu trwy lygaid cul, tu allan y cantina. Efo'i amrywiol fariau bach blêr, ei siopau 'Sex' a "pssst" cyson gwerthwyr cyffuriau (a hen ddynes yn ei hwythdegau oedd yn cadw siop Tabac ac yn gwerthu ganja a cocên o dan y cownter!), mi allai rhywun gwangalon ystyried y lle yn *seedy* – neu'n fygythiol hyd yn oed. Ond dim ond dweud "Bonjour" oedd rhaid i rywun, a byddai'r ymateb yn siŵr o leddfu unrhyw ofnau dianghenraid.

Pêl-droed a pync roc

Mi ddois i nabod pobol Brady's – bar Gwyddelig nad oedd fel bariau Gwyddelig eraill (neu fyswn i'm yn trafferthu t'wyllu'r lle). Doedd dim leprechauns ar gyfyl y lle, dim llwch lli yn unlle dan draed, dim beics yn hongian o'r nenfwd na hen arwyddion Guinness a dywediadau plentynaidd wedi'u hoelio i'r waliau. Roedd prisiau'r cwrw'n rhesymol, 5 ewro am beint o Stella, ac roedd yna Happy Hour yno bob dydd pan oedd Stella yn €4 a'r Staropramen a DNA New World IPA yn €5.50.

Gwyddel go iawn oedd y perchennog, boi o'r enw Peter, a barf fel Joe Ledley ganddo (ond dim chwarter cystal), oedd yn hanu o Limerick. Mi brynodd o'r dafarn rhyw flwyddyn ynghynt a'i hagor ychydig fisoedd wedyn. Merch leol oedd ei wraig, a hi oedd yn gwneud y bwyd Llydewig-Ffrengig blasus yr oeddan nhw'n ei werthu. Doeddan nhw'm yn gwneud 'brecwast Gwyddelig' na 'Phrydeinig' (er, mi oedd yna ffish a tships anhygoel ar y fwydlen un prynhawn). Gellid bwyta neu yfed yn yr awyr agored, ar fyrddau ar y pafin neu ar batio pren a safai rhwng y pafin a'r ffordd fawr.

Boi ifanc o Lundain, o'r enw Harry, oedd y prif farman. O Sunderland oedd ei rieni, felly roedd ei acen yn gymysgfa o Mackem a Cocni – oedd yn ei wneud o'n anodd iawn i'w ddallt. Pêl-droed oedd prif destun ein sgyrsiau i ddechrau, ond miwsig oedd popeth wedyn. Roedd o, fel finnau, yn ffan o pync – a pync 'old skool' yn benodol – a phan fyddai'n dawel yn y bar (a Peter ddim o gwmpas) roeddan ni'n blastio'r Pistols, Damned, Clash, Ruts, Buzzcocks, Sham 69, Stiff Little Fingers, Ramones a Dead Kennedys dros y system sain. A thrwy YouTube a SoundCloud mi chwaraeon ni dipyn o fiwsig Cymraeg – gan ddechrau efo'r Anhrefn, Y Cyrff, Jarman a llwyth mwy (heb anghofio Vatès, fy mand innau, erstalwm).

Cannoedd o gops

Deffrais drannoeth i sŵn y lori bins yn llwytho poteli ar y stryd gefn tu allan ffenast fy stafall. Roedd y sŵn fel bod adra yn Blaena ar fora dydd Mawrth. Yfais ddŵr o un o'r poteli a brynais i yn siop rhyw hen ddyn Arabaidd eithriadol o anghynnes. Rowliais sigarét ac es allan i'r stryd o flaen y gwesty i'w smocio.

Roedd hi'n rhy gynnar yn y bora i gael sioc. Doedd fy mrên heb ddeffro digon i hynny. Ond ces fy syfrdanu o weld yr olygfa o 'mlaen. Dros y ffordd roedd fflyd o fysus-mini yr heddlu wedi parcio mewn rhes, yn estyn i lawr o gyfeiriad yr orsaf drenau at y gwesty. Mi gyfrais i ddeuddeg ohonyn nhw i gyd. Doedd dim helynt i'w weld yn unlla, dim digwyddiad terfysgol o fath yn y byd, achos roedd y traffig yn dal i redeg a phobol yn dal i gerdded am eu gwaith. Gorffennais fy smôc, ac es yn ôl i fy stafall am gawod ac ati.

Pan es allan yn fy ôl roedd y fyddin o gops yn dal yno. Tynnais luniau ohonyn nhw, cyn cerdded i lawr i gyfeiriad Brady's i weld os oedd o'n gwneud rhyw fath o frecwast. Wrth nesu at y dafarn mi welais fod tua deg o fysus-mini'r heddlu wedi parcio mewn rhes tu allan, nifer ohonyn nhw wedi parcio o flaen y patio pren lle'r oedd y byrddau bwyta, o flaen y dafarn ei hun. Tu mewn y bysus mini, ac yn hongian o gwmpas wrth y 'drysau sleidio', roedd criwiau o gopars yn tin-droi a sgwrsio ymysg ei gilydd, ac yn ffidlan efo'u ffonau symudol fel mae pobol ifanc yn ei wneud y dyddia hyn. Bob yn hyn a hyn mi fyddai pobol yn gweiddi pethau sarhaus arnyn nhw wrth basio, a'r cwbl oedd y plismyn yn ei wneud oedd gweiddi pethau tebyg yn ôl, a hynny prin heb godi'u pennau o'u ffonau. Plismyn reiat oeddan nhw – 'robocops' – a doedd arestio pobol am ddefnyddio iaith anweddus ddim yn rhan o'u brîff.

Wedi holi Peter a Harry, oedd yn hofran o gwmpas drysau agored y dafarn, cefais wybod mai aros am y streicwyr oedd yr heddlu. Mi oedd streic genedlaethol gweithwyr cyhoeddus Ffrainc yn ei hanterth ers rhai wythnosau ac mi oedd yr undebau yn trefnu 'dyddiau gweithredu' yn rheolaidd. Bu reiats treisgar rhwng y streicwyr a'r heddlu yn gyffredin yn y dyddia dwythaf, ac mi oedd y protestwyr wedi dechrau meddiannu adeiladau cyhoeddus a baricêdio'u hunain i mewn ynddyn nhw. Heddiw, yn ôl gwybodaeth a dderbyniodd yr heddlu, roedd cannoedd o streicwyr ar eu ffordd i Nantes ar y trenau, ac yn bwriadu meddiannu un ai'r stesion neu adeilad cyhoeddus arall. Roedd y fyddin o gopars yno i drio rhwystro hynny rhag digwydd.

Eisteddais efo peint o Stella ar fwrdd ar y pafin, reit wrth ymyl y drws, yn ffilmio a thynnu lluniau. Holais Peter os oedd o'n colli busnes am nad oedd cwsmeriaid yn dod i fwyta ar y

Roedd o'n tueddu i fwydro unrhyw ddieithryn oedd yn dod drwy'r drws. A phan dwi'n deud 'mwydro' dyna'n union dwi'n feddwl, achos allwn i ddim dallt gair oedd o'n ddweud. Ffrangeg oedd o'n siarad, dwi'n meddwl, a rhwng hynny a'r miwsig uchel, a'r ffaith ei fod o'n hongian, doedd dim llawer o jans o gyfathrebu call. Dwi'n mynd bron yn gyfan gwbl fyddar pan mae yna fiwsig uchel mewn tafarn. Dwi'n iawn mewn gigs achos does neb yn siarad mewn gigs. Ond mewn tafarn, fedra i ddim yn fy myw â chlywed be mae pobol yn ei ddweud – wrth ei gilydd nac wrtha i – ac mae fy meddwl yn tueddu i ddrifftio i ffwrdd i'r gornel fach honno yn fy mhen lle mae cathod wedi dyfeisio helicoptars ac yn trio perswadio bwjis i'w hedfan nhw am fod ganddyn nhw ormod o ofn gwneud hynny eu hunain...

Hongian neu beidio, cythral mewn croen oedd y mwydryn – nid cythral cas, ond cythral direidus â'i hiwmor yn hwylio'n agos i'r asgwrn, bron â bod yn boen tin, ond dim digon i neb roi slap iddo. Roedd 'na ryw ddiawledigrwydd yn ei lygaid glas, a thu ôl i'r ffenestri niwlog hynny roedd dawns – a'r cwbl oedd y dyn yn ei wneud oedd archwilio eneidiau pobol i weld os oeddan nhw'n barod i rannu'r ddawns honno. Roedd y diafol ynddo fo, roedd hynny'n saff. Nid diafol y Beibl, ond y dyn dirieidus, iach hwnnw y ceisiodd gwahanol grefyddau ei ddemoneiddio er mwyn cadw pawb yn synhwyrol ac yn ufudd. Mi gliciodd y ddau ohonom yn syth. Roedd o wedi cael ei bartner dawns.

Mi oedd y criw oedd efo fo yn nabod ei liwiau hefyd, yn gwybod yn iawn sut oedd o'n gweithio. Roedd corneli eu llygaid ar ein sgwrs, yn pwyso a mesur sut fyddwn yn ymateb. Pan drodd y boi at ei Saesneg clapiog, mi ddalltais – mewn eiliad dawel rhwng dwy gân – ei fod o'n holi o le'r oeddwn i'n dod. "Cymru," atebais, yn Saesneg i ddechrau, wedyn yn Ffrangeg. Pan ddalltodd, rhoddodd fonllef uchel a gwên lydan. "Pays de Galles?" gwaeddodd a chydio yn fy llaw a'i hysgwyd. Taflodd ei freichiau i'r awyr a gweiddi hwrê unwaith eto. "Celtique!" meddai wedyn, ac ysgwyd fy llaw eto fyth. Gwenodd y criw i gyd, gan fy nhynnu i mewn atynt wrth y bar. Holwyd fy enw, ac er mai 'Prysor' neu 'Prys' mae pawb yn fy ngalw, tybiwn fod 'Dewi' yn haws ei egluro. Mi oedd o, ond dim ond o drwch blewyn. Mynnodd y Diafol brynu diod i mi – er iddo drio newid ei feddwl pan ofynnais am beint yn hytrach na hannar (mae lager peryglus Gwlad Belg yn ddrud).

Ges i rhyw ddwyawr o sesh fach gartrefol efo'r Nantais. Alla i ddim cofio enw pawb, ond Alex oedd enw'r barman, a Kiri oedd enw merch iau na'r lleill efo dredlocs a chlamp o gi Great Dane mawr blewog. Un o Paris oedd hi a bu'n gweithio mewn syrcas yn dofi anifeiliaid gwyllt – un ai llewod neu deigrod. Roedd hi'n dysgu Saesneg yn y gobaith o drafaelio drwy Brydain ac Iwerddon a'r Unol Daleithiau, rhyw bryd, ac yn falch o ddod o hyd i siaradwr Saesneg rhugl i ymarfer, ac mi fu'n fy holi'n dwll am Gymru a madarch hudol. Mi roddodd y Diafol ei enw i mi hefyd – rhywbeth oedd yn swnio fel 'Yann Marche'. Ond erbyn dallt yn ddiweddarach, dweud celwydd wnaeth o. Paul oedd ei enw iawn!

Yn nes ymlaen, daeth mwy o yfwyr i mewn i'r bar ac wrth gwrs, roedd rhaid i'r Diafol gael dawnsio efo'u heneidiau. Byddai rhai yn brathu a chael eu hudo tuag ato, cyn dianc am ddiogelwch y bar yn go sydyn. Ond mi arhosodd un dyn...

Doedd o ond yn beg dillad o ddyn, cwta bum troedfedd o daldra ac o gwmpas ei chwe deg oed. Roedd o'n foel heblaw am gysgod tywyll ar ochrau'i ben, ac am ryw reswm roedd o'n chwipio ei dafod mewn ac allan o'i geg yn ddi-baid – hyd yn oed wrth siarad. Gwisgai ddillad digon trendi – pâr o jîns a chrys-T taclus – ond ro'n i'n ei chael hi'n anodd peidio meddwl mai madfall mewn croen dynol oedd o.

Mwydrodd y Diafol ('Yann Marche') fo'n racs, ac mi driodd Madfallddyn ei orau glas i ymdopi efo'r ddawns. Weithiau mi fyddai'n sleifio 'nôl at y bar, cyn cael ei ddenu'n ôl gan y Diafol. Trodd 'Yann Marche' ata i a dweud, dan chwerthin a thynnu'i dafod allan i ddynwared y llall, "Look, he is a lézard!"

Nid fi oedd yr unig un i weld trwy ddisgéis Madfallddyn, felly. Penderfynais gadw golwg arno, jysd rhag ofn i mi ei ddal o'n estyn bag o lygod bach byw o'i boced a llyncu un, fel oedd yr *aliens* yn ei wneud ar y gyfres deledu *V* erstalwm. Mi ddudais i hynny wrth Yann, gan bwyntio fy nau fys at fy llygaid a dal llygoden anweledig gerfydd ei chynffon a'i gollwng i mewn i fy ngheg. "Je regarder il manger une souris".

Ddyliwn i fod heb wneud hynny, achos mi graciodd 'Yann Marche' i fyny a chwerthin fel ynfytyn cyn mynd â'r gêm o chwalu pen y Madfallddyn i lefelau uwch. O fewn pum munud roedd o'n trio gorfodi'r Madfallddyn i ddatgelu lle'r oedd *zip* y wisg croen dynol yr oedd o'n ei gwisgo. Doedd Madfallddyn ddim i'w weld yn meindio. I ddeud y gwir, sylwais ei fod o'n licio'r sylw (os ydach chi'n dallt be sy gen i!) a bod ei dafod yn saethu i mewn ac allan yn gynt ac yn gynt. Ond mi newidiodd ei hwyliau pan ddechreuodd 'Yann Marche' ei slapio ar dop ei ben moel, ac mi drodd ei dafod fadfallaidd yn ffyrnig. Rhegodd yn fudr mewn Ffrangeg, a phoeri llond ceg o fygythiadau cyn troi yn ei ôl am ddiogelwch y bar unwaith eto. Roedd y Madfall wedi dal ei dir, chwara teg, ond y Diafol oedd yn chwerthin. "Mon travail ici est terminé," math o beth...

Bordeaux

Ar wib, megis taro heibio – llidiart
Llydaw, cawn gwrdd eto;
Yn barod wyf am Bordeaux
A heno byddaf yno.

Y noson cyn imi adael Nantes dwedodd Peter fod streic ar y gweill ar gyfer drannoeth, gan fy rhybuddio i ddisgwyl trenau wedi'u canslo. Pan ddaeth y bora, holais ddynes Derbynfa'r gwesty oedd hi'n gwybod os oedd y trenau'n rhedeg. Atebodd fod y rhan fwyaf ohonyn nhw'n mynd, ond ei bod hi'n well i mi fynd i'r orsaf i jecio. Dyna wnes i a gweld mai fy nhrên i oedd yr unig un i gael ei ganslo. Es at un o'r desgiau a dangos fy e-diced i'r ferch, ac mi brintiodd docyn ar drên hwyrach i mi. Felly ar ôl peint neu ddau yn Brady's, ffarweliais â Harry, Peter a'i wraig a'i throi hi drwy'r gwres llethol am y Gare de Nantes. Yn diferu o chwys, tarais mewn i siop yr hen Arab blin i brynu dŵr. Ei fab oedd tu ôl y cownter y tro hwn. Roedd o wastad wedi bod yn glên. Gwerthodd botel fawr o ddŵr i mi am hannar ewro'n llai na'r hyn oedd ei dad yn ei godi.

Pharmaciagoria

Y stop nesa cyn cyrraedd y stesion oedd y pharmacia (fferyllfa, neu 'siop gemust' i chi a fi) er mwyn prynu paced neu ddau o ibuprofen. Diolch i olion ffliw annwyd go gas a barodd am dair wythnos, roeddwn wedi bod yn cael cur pen boreuol ers rhyw wythnos neu ddwy cyn gadael Cymru, ac hefyd yn dal i orfod chwythu fy nhrwyn yn rheolaidd.

Dau beth mae rhywun yn sylwi ynghylch siopau fferyllydd ar y cyfandir. Y cynta ydi fod 'na filoedd ohonyn nhw. Maen nhw ymhob man, yn enwedig yn y trefi a'r dinasoedd, lle nad yw'n anghyffredin i weld tua hannar dwsin ar yr un stryd. Yn

23

Ffrainc, mae 'na rai drws nesa i'w gilydd, hyd yn oed, ac eraill dros y ffordd i'w gilydd, a'r lampau golau gwyrdd ar ffurf croes yn hongian uwchben eu drysau, yn denu'r siopwr blinedig i'r noddfa gysegredig oddi mewn. Un ai fod Ewrop yn llawn heipocondriacs neu ei bod hi'n arferiad diwylliannol i daro mewn i un er mwyn gweld pa 'bils a chrîm' sy'n ffasiynol. Ond welis i ddim criwiau o bobol *chic* yn hel o flaen silff i drafod esthetigs dyluniad diweddara'r poteli mowthwash.

Ond wedi dweud hynny, maen nhw *yn* debycach i *boutiques* nag i siopau. A dyna ydi'r ail beth mae rhywun yn sylwi amdanyn nhw; eu bod nhw mwy neu lai yn wag, gyda llawr agored, clir, a dim ond ambell i silff yma ac acw mewn cornel neu ar y wal – a dim ond rhyw hannar dwsin o bethau arnyn nhw, a lle gwag rhwng pob pentwr bach taclus o gynnyrch. Yn aml mae'r silffoedd yn rhai gwydr, weithiau efo golau arnyn nhw, yn debycach i siop gemydd na chemydd (ydi hynna hyd yn oed yn gwneud synnwyr?). Does dim silffoedd o'r llawr i'r nenfwd yn gwegian dan stoc blwyddyn o gynnyrch ffarmaciwtical nad oes neb eu gwir angan, a dim stands troelli yn orlwyth o *hairclips* a *hairbands*, dymis a ratls a photeli babis sy'n disgyn fel *avalanche* i'r llawr 'mond i rywun anadlu arnyn nhw.

Maen nhw'n wahanol iawn i'n 'Siopa Cemust' clostroffobig ni, lle mae'r waliau yn llawn o silffoedd wedi'u gorlenwi efo tua deg gwahanol brand o bob un math o gynnyrch posib – pils a phlastars, talcs a sbrês, ffisig cysgu, ffisig peswch, triniaethau i'r croen, at annwyd, acne, verrucas a diffyg fitaminau, heb sôn am y deunydd harddwch a bwydydd babis o bob blas artiffisial dan haul. Dim felly mae hi ar y cyfandir, ac yn sicr ddim yn Ffrainc. A dweud y gwir, dwi'n amau'n fawr os oes gan fferyllwyr Ffrainc unrhyw fath o syniad sut i iwtileiddio gofod mewn ffordd ymarferol sy'n gwneud synnwyr economaidd.

Ond dyna ni, mae'n debyg fod pharmacias Ffrainc yn feicrocosm arall o'r gwahaniaeth diwylliannol rhwng Prydain a'r cyfandir. Maen nhw'n fwy *laid-back* a *chilled* yn Ffrainc. Llai o prynwch prynwch prynwch a mwy o 'tomorrow, maybe, I go fishing'. Mor llac ydi'u hagwedd at farchnata, mae fferyllfa yn gallu bodoli heb silffoedd. Maen nhw fel stafelloedd aros cysegredig lle gall rhywun fyfyrio mewn tawelwch ynghylch eu cyflwr cyn magu digon o nerth i fynd i archebu triniaeth. Mae'r pharmacia fel parlwr claddu – y lolfa glyd lle mae blodau a miwsig yn chwara'n dawel yn y cefndir, a'r gweithdy allan o'r golwg yn y cefn. Yno mae pen budr y busnes, y lle llawn cyfrinachoedd, lle yr arferir y gelfyddyd dywyll o ddisbensio pils a chrîms at bob ploryn a brech ac *abscess*.

Mae iechyd personol i'w weld yn llawer fwy, wel, personol, yn Ffrainc. Yn hytrach na phawb yn gallu gweld fod gennych chi beils neu thrŷsh neu ddolur annwyd, mae'r gweinydd yn mynd i estyn be bynnag ydach chi isio o'r cefn – ac mi ddaw hwnnw mewn pacejing plaen, fel mae presgripsiwn yn y wlad yma. Mae'r gwasanaeth yn un-ar-un, fel rhwng offeiriad a phechadur. Ac, fel eglwysi a siopau harddwch, tydi pharmacias ddim yn llefydd i fod yn uchel eich cloch.

Ond diolch i'r cur pen a'r hangofyrs cyson fyddwn i'n ei ddiodda dros y mis nesa, mi fyddwn yn cael fy hun mewn aml i pharmacia ar hyd Ffrainc. A'r fferyllfa fach ar gornel stryd ger y Gare de Nantes fyddai'r un gynta i mi ei mynychu. "Ibuprofen, s'il vous plaît."

Jill Dando

Dwi wedi hen arfer chwysu cwrw. Adra yng Nghymru, ar fora ar ôl sesh dwi'n lapio fy hun mewn leiars o ddillad, cyn pŵergerdded i ben y Moelwyn Mawr er mwyn chwysu'r cwrw i gyd allan. Ond wrth gael smôc tu allan i fynedfa ogleddol y Gare de Nantes y pnawn hwn, ro'n i'n eitha siŵr nad oedd yna fynydd yn y byd a allai gael gwared â'r holl chwys oedd yn llifo ohona i. Wyddwn i ddim o le'r oedd o i gyd yn dod. Doedd o'm yn bosib i unrhyw anifail chwysu cymaint, ac yn sicr ddim yn bosib i unrhyw ddyn yfed digon o gwrw i achosi'r fath lifogydd. Falla mai olion y ffliw oedd o, ond mi ro'n i'n dechrau meddwl fy mod i'n toddi o'r tu mewn at allan. Tasa 'na dân yn dechrau yn y stondin bagéts, dim ond fy nhaflu fi ar y fflamau fyddai isio – fysa'r tân allan yn syth.

Oedd, mi oedd hi'n boeth. Oeddwn, mi o'n i wedi suddo cwpwl o beints yn Brady's cyn gadael, ac oeddwn, mi o'n i wedi cario bag trwm ar hyd y stryd i'r stesion. Ond roedd gen i ddigon o amser, felly doeddwn i heb frysio. Ro'n i ond yn gwisgo trwsus byr a chrys ysgafn, llewys cwta, a'r botymau i gyd ar agor heblaw am y ddau isaf. Tybed oedd ail don o ffliw am fy nharo?

Ro'n i'n chwysu cymaint nes fy mod yn tynnu sylw pobol. Atgoffwyd fi – nid am y tro cynta mewn sefyllfa chwyslyd – am yr ymchwiliad i lofruddiaeth Jill Dando rai blynyddoedd yn ôl. Ar y newyddion roedd adroddiadau parhaus gan lygad-dystion a welodd 'ddyn chwyslyd' yn cerdded yn sydyn i lawr stryd gyfagos tua'r adeg y saethwyd y gyflwynwraig deledu ar stepan ei drws. Gwelodd rhai y dyn yn rhedeg, tra roedd eraill yn dweud ei fod yn gwisgo siwt. Ond roedd pawb yn gytûn ei fod o allan o wynt ac yn 'anarferol o chwyslyd' – "sweating profusely" meddai riportars y rhaglenni newyddion. A pho hiraf yr âi'r ymchwiliad yn ei blaen, yr amlaf y byddai'r heddlu – a *Crimewatch* – yn datgan fod y "Sweaty Man" yn cael ei weld fwyfwy fel "the key to the investigation".

Fuon nhw wrthi am fisoedd a mwy yn apelio am i'r 'Sweaty Man' gyflwyno'i hun er mwyn ei ddileu o'r ymchwiliad o leia, ac apeliwyd ar aelodau'r cyhoedd i gynnig unrhyw wybodaeth am y 'Sweaty Man'. Yng ngeiriau uwch-dditectif tîm ymchwilio'r heddlu, po fwyaf o amser aiff heibio heb i'r 'Sweaty Man' gael ei adnabod, y mwyaf fyddo'r tebygolrwydd fod ganddo rywbeth i'w wneud â'r llofruddiaeth. Byth ers cyfnod y cyhoeddusrwydd hwnnw, dwi'n sicr fod pobol yn edrych yn amheus ar unrhyw un sy'n chwysu'n anarferol o drwm tra'n gwneud dim mwy na sefyll yn ei unfan. Mae unrhyw un 'anarferol o chwyslyd' yn gorfod bod yn euog o rywbeth, neu ar fin gwneud rhywbeth na ddylai o ddim.

Dyna lle'r oeddwn i, yn sefyll yn y Gare de Nantes, mewn cyfnod o 'heightened security' yn wyneb y bygythiad terfysgol, yn chwysu fel mochyn mewn siop bwtshar. Nid jesd chwysu'n *anarferol* oeddwn i, ond chwysu *rhaeadrau*. O fewn dim roedd fy nghrys yn wlyb a fy ngwallt yn union fel pe tawn i newydd ddod allan o'r gawod. Teimlwn afonydd o chwys yn rhedeg i lawr fy nghefn, tu ôl fy nglustiau ac o dan fy ngheseiliau. Bob ychydig eiliadau roedd rhaid i fi ddefnyddio coler fy nghrys i sychu fy ngwddw a fy ngwar. Daeth y PPs i fy mhen – y Paranoias Penmaenmawr rydw i'n eu cael efo hangofyr. Roedd pawb yn sbio arna i. Roedd golwg euog arna i. Golwg doji. Golwg terfysgwr. Dechreuais chwysu hyd yn oed yn fwy. Cydiais yn fy mag a mynd i eistedd dan goeden ar y pafin. Smociais dair ffag ar ôl ei gilydd, ac yfed y botel ddŵr i gyd. Ond wnaeth hynny ddim stopio'r chwysu.

Effaith Llygaid Sgwâr

Gan fod fy nhrên newydd yn cyrraedd Bordeaux tua awr yn hwyrach na'r disgwyl, roedd rhaid i mi gysylltu efo perchnogion y llety a fwciais trwy gyfrwng Booking.com i aildrefnu. Bu blerwch ar fy rhan wrth ei gadael hi'n rhy hwyr cyn bwcio lle i aros yn Bordeaux. Bwriadu campio oeddwn i ar un adeg, ond newidiais fy meddwl. Roedd Cymru yn ffeinals yr Ewros am y tro cyntaf yn brofiad 'unwaith-mewn-bywyd', felly pam ddiawl fyddwn i'n dewis teithio yn ôl i wersyll yn y wlad tra fyddai'r crac a'r hwyl – a fy ffrindiau – i gyd yn y ddinas? Pres yn brin oedd y rhesymeg tu ôl i'r petruso. Ond fel y digwyddodd pethau, y petruso hynny achosodd y mwyaf o wariant yn y diwedd. Wrth drio cael lle ar wahanol wefannau, gwelwn y prisiau'n codi o flaen fy llygaid gyda phob clic llygoden, a'r stafelloedd ola ymhob man ar unrhyw ddyddiadau hwylus yn diflannu efo pob 'refresh'.

Yn y diwedd bu rhaid i mi fodloni ar ddwy noson – Gwener a Sadwrn – mewn llety o'r enw Bordeaux Locations Jardin Public, a hynny am grocbris. A wel, dyna fo, meddyliais wrth dalu efo cerdyn credyd. 'Irr is wharr irr is,' ydi'r dywediad wrth drefnu'r tripiau tramor 'ma. O ran y dair noson arall – nos Sul, Llun a Mawrth, bodlonais ar fwcio gwesty i fyny tua chanolbarth Ffrainc, lle nad oedd gemau'n digwydd ac, felly, roedd prisiau mwy rhesymol. Roedd hi'n oriau mân y bora, a minnau'n llawn gwin a mwg ac wedi treulio oriau yn trawswirio dyddiadau, amseroedd trenau ac ati (gan fwcio dyddiadau anghywir a'u canslo'n syth, unwaith, oherwydd blinder a llygaid sgwâr), a defnyddio Google Maps i weld lle'r oedd pob man ac os oeddyn nhw'n agos at y rheilffordd rhwng Bordeaux a Pharis, er mwyn sicrhau bod popeth yn cydfynd â threfniadau yr oeddwn eisoes wedi eu cwblhau. Dewisais Angoulême, tref hanesyddol lle y cawn ymlacio ymhell o dorfeydd y pêl-droed am dri diwrnod, yn cerdded ac ymweld â gwinllannoedd a hefyd yn safio 'chydig o bres. A gan fod gennyf le mewn gwesty ym Mharis efo ffrindiau o Gaernarfon a Drenewydd ar gyfer y gêm yn erbyn Lloegr yn Lens, roedd Angoulême yn hwylus i ymuno â'r criw hynny ar y trên o Bordeaux i Baris ar y dydd Mercher.

Rai wythnosau'n ddiweddarach, ychydig ddyddia cyn hedfan i Ffrainc, penderfynais nad oeddwn eisiau mynd i Angoulême, ac mi ges i hyd i hostel lle'r oedd rhywun wedi canslo gwely. Yr unig broblem oedd fod y gwesty yn Angoulême ddim yn addalu os oeddwn yn canslo. Effaith llygaid sgwâr eto...

Ond mwy am yr hostel yn Bordeaux yn nes ymlaen. Fy mhroblem wrth adael Nantes – heblaw am foddi yn fy chwys fy hun – oedd gadael i bobol y Jardin Public wybod y byddwn yn hwyr yn cyrraedd. Doedd gen i ddim rhif ffôn iddyn nhw, dim ond eu hebost ar yr ap Booking.com. Penderfynais drio cysylltu â hwnnw ar Wi-Fi y Gare de Nantes. Mae gan SNCF (y cwmni sy'n rhedeg trenau Ffrainc) Wi-Fi am ddim y tu mewn i adeiladau eu gorsafoedd i gyd. Y broblem ydi nad ydi'r fersiwn am ddim ond yn para 20 munud. Problem arall ydi ei fod o'n ofnadwy o araf ar y gorau. A'r drydedd broblem ydi nad ydi o'n gweithio o gwbl mewn rhai gorsafoedd. Y diwrnod hwn, doedd o ddim yn gweithio yn Nantes. Gobeithio oeddwn i y byddai Wi-Fi ar y trenau, fel sydd ar rai trenau ym Mhrydain. Ond welis i ddim smic o Wi-Fi ar unrhyw drên tra y buais i yn y wlad, sy'n rhyfedd o ystyried fod popeth arall am wasanaeth trenau Ffrainc mor ardderchog. Pan nad oes streic...

GoSOD-OFFiadau a bobol blin

Doedd dim amdani ond trio defnyddio'r Mobile Data ar fy ffôn ar y daith hir i lawr i Bordeaux. Ond doeddwn i'n methu'n lân â'i gael o i weithio. Waeth be o'n i'n drio'i wneud efo'r 'Settings' (y GoSOD-OFFiadau, fel y dois i'w galw nhw) doedd dim byd yn digwydd. Weithiau, roedd 'na neges yn ymddangos i ddeud nad oedd modd troi'r Mobile Data ymlaen gan nad oedd o ymlaen pan adewais i fy 'Home Network'. Doedd gen i ddim syniad fod gen i 'rwydwaith cartref' beth bynnag, ac os mai Wi-Fi y tŷ oedd o'n gyfeirio ato, wel, pam fyswn i'n rhoi Mobile Data ymlaen tra 'mod i adra? Ac mi fysa pethau'n haws o lawer (o bosib) tasa'r ffôn yn defnyddio iaith normal, yn hytrach gobldigŵc a Klingon.

Pam , pam, pam fod unrhyw declyn 'smart' a phob tudalen ar y We yn chwalu pen pawb efo jargon? Mae hyd yn oed gwefannau 'jargonbusters' yn defnyddio jargon. Be *ffwc* ydi 'VPN'? A be ydi 'protocol' a 'port'? Be ar wynab y Ddaear a Mars a'r lleuad wen ydi 'dll', 'ssp', 'netbios' a 'host'? O'n i'n meddwl mai ffisig garglo oedd TCP, ac mai rwbath sy'n handi i brynu peint ydi 'cache'. Dwi'n ddigon o decnoffôb fel mae hi, ond dwi'n trio fy ngorau i fod yn oddefgar. Ac ar ben hynny dwi'n ffônoffôbic. Does 'na'm gobaith i fi, mae arnai ofn.

Roedd y trên yn newid yn Saint-Pierre-des-Corps, ac roedd gennai awr i'w lladd yno. Roedd yna far a caffi bach tu allan drysau'r stesion, lle'r oedd y bobol mwya blin ac anghynnes a welais erioed yn gweithio mewn unrhyw gaffi. Falla eu bod nhw i gyd wedi cael eu notis y bora hwnnw, neu newydd gael clincar o ffrae jesd cyn i mi gyrraedd, dwn i'm. Ond roeddan nhw'n edrych fel pe tasa nhw wedi cael eu gorfodi i dderbyn darnau bach o gerrig fel rhan o'u pacad pae.

Ar ôl cael fy anwybyddu'n gyfan gwbl am dros ddeng munud, mi lwyddais i archebu cwrw. Treuliais bum munud arall yn gwylio'r staff yn stompio'u traed ac yn taflu llestri i'r sinc tra'n aros i'r peint gael ei dynnu, a pasiodd pum munud arall eto heb i unrhyw un ofyn am bres. Es i â'r peint allan heb dalu yn y diwedd, a ddaeth neb draw i roi bil i mi o gwbl.

Roedd acenion Caerdydd yn dod o griw o bump ar fwrdd wrth fy ymyl. Dechreuais i siarad efo nhw, ac mi wahoddon nhw fi draw atynt. Yn ystod yr hannar awr a basiodd tra'n siarad efo nhw, triais gael signal Wi-Fi sawl gwaith, ond yn ofer.

"I'VE ARRIVED, I'VE ARRIVED, I'VE ARRIVED, DYMA FI...!"
Alice?

Roedd hi wedi pasio hannar awr wedi pump, a dyma gyrraedd Gare Bordeaux-Saint-Jean, prif orsaf drenau Bordeaux. Dyma seinio mewn i Wi-Fi Am Ddim yr SNCF, a chael hyd i neges WhatsApp o ryw rif Ffrengig diarth. Rhyw 'Alice' oedd yno, yn aros i fy nghroesawu i'r fflat.

Doeddwn i'm yn ymwybodol 'mod i wedi bwcio fflat. Gwesty oedd y disgrifiad ar Booking.com. Ond do'n i ddim yn cwyno! Cefais hyd i'r union yr un neges yn fy mlwch negeseuon testun wedyn, ac mi atebais trwy gyfrwng hwnnw i ddweud 'mod i wedi cyrraedd gorsaf Saint-Jean. 'Nes i hyd yn oed ychwanegu 'chydig o Ffrangeg; 'à bientôt' (*see you soon*).

Roeddwn wedi gwneud fy ngwaith cartref cyn gadael Cymru ac yn gwybod pa dram, neu lein, i'w gymryd ('C' yn ôl y We, ond doedd hynny'n golygu dim byd mewn gwirionedd). Ond roeddwn wedi disgwyl cyrraedd ar drên cynharach, ac mi fyddai'r tram fyddwn i'n ei gymryd bryd hynny ond yn cymryd ugain munud. Rŵan 'mod i'n chwilio am dram hwyrach, mi fyddai'n siwrna tri chwarter awr. Ond y peth cynta i'w wneud (ar ôl cael ffag) oedd gweithio allan pa lein i'w chymryd. Dim ond dwy lein oedd yno, yn mynd i ddau wahanol gyfeiriad, ond ro'n i angan gwybod enw pen draw'r lein fel mod i'n gallu gweld yr enw hwnnw ar flaen y tram cywir. Doedd dim map nac amserlen ar y platfform. Roedd hi'n brysur hefyd, yn gabalfa o weithwyr ar eu ffordd adra a ffans pêl-droed dryslyd fel fi yn mynd am eu gwestai.

Dewi ff****n Fflint!

Erbyn hyn ro'n i isio bwyd, a phenderfynais jansio 'nôl bagét o'r siop fach tu ôl i mi cyn i'r tram nesa gyrraedd. Fel o'n i'n camu tuag at y drws, clywais rhywun yn gweiddi, "Prys!"

Wedi troi rownd, pwy oedd yno ond mêt i mi, Dewi Fflint (neu Dewi Ffycin Fflint, fel rydw i, a canwr o Wyddel sy'n byw tua Rhydaman nad yw'n cîn ar heclwyr, yn ei alw fo) a'i ferch, oedd newydd gyrraedd ar drên arall.

Roedd Dewi efo ni ar y trip i'r gêm yn erbyn Gwlad y Basg yn Bilbao yn 2006. Ar y daith drosodd mi lwyddodd tri o'r criw – Dewi, Geraint Lövgreen a minnau – i fethu'r ffleit gyswllt ym maes awyr Frankfurt (diolch i drafodaeth eitha 'diwydiannol' mewn bar yn y maes awyr). I basio'r amser tan yr awyren nesa, cawsom drên i ganol y ddinas. Tra mewn tafarn go fawr, oedd yn wag heblaw amdanom ni'n tri a chriw o Awstraliaid ar fwrdd heb fod ymhell, mi ddois yn ôl o'r toiledau (oedd ar lawr arall o'r adeilad) ac eistedd yn ôl wrth y bwrdd.

Mwya sydyn daeth un o'r Awstraliaid draw at ein bwrdd ni a gofyn i mi, "Is your name Dewey? Dewey Prizer?"

Ro'n i'n syfrdan, braidd. "Erm... yes, but how...?"

"You're a poet?" medda fo, wedyn.

"Erm, yes…" Roedd cytuno fy mod i'n fardd yn haws na gwneud pwynt pedantig fod yna wahaniaeth mawr rhwng limrigwr a bardd. "How do you know that?" holais yn hollol syn.

"I got your book," medda fo.

Bu bron i mi boeri llond ceg o gwrw. "You haven't got my **book**?!" medda fi'n (llythrennol) gegagored, a fy anghredinedd dramatig yn adlewyrchu aruthredd fy syndod.

"Yeah," atebodd. "Will ye sign it?"

Bu bron i mi dagu ar fy lager. "You *haven't* **got it with you?!**"

"Yeah, mate," medda fynta, ac estyn llyfryn poced-dîn *Limrigau Prysor* o'i boced a'i daro ar y bwrdd.

"Seriously? But… I mean… do you *speak* Welsh?"

"No. But me father does. Can you make it out to him?"

"Yes, no probs. What's his name?"

"Bruce. Bruce Jones. But just make it out to Bruce."

Fedrwn i ddim coelio 'nghlustia na fy llygaid. "I'll tell you what, I'll write a limerick inside the cover," medda fi, wedi egseitio'n botsh, cyn mynd ati i sgwennu un o'r limrigau gwaetha welodd y byd i gyd erioed mewn unrhyw iaith.

"Cheers mate," medda'r Ozi wedyn, cyn ysgwyd fy llaw a mynd yn ôl at ei fêts, a'r llyfr efo fo.

Treuliais i'r awr nesa'n mwydro am y peth. Roedd rhywun o Awstralia wedi prynu fy llyfr – yn Frankfurt neu rywle ar ei drafals! Ro'n i'n dal i sôn am y peth wrth gyrraedd yn ôl i'r maes awyr, yn rhyfeddu fod marchnata rhyngwladol Gwasg Carreg Gwalch mor effeithiol. Wnes i hyd yn oed ffonio Rhian a phaldaruo i lawr y ffôn wrth adrodd y stori – yn union sut y digwyddodd hi, ac yn *union* be ddudodd y boi.

Ro'n i'n rhannu stafell gwesty efo Dewi Fflint yn Bilbao, ac ar ôl cyrraedd mi es i am gawod. Pan ddois allan o'r gawod mi sylwais fod siwtcês Dewi Fflint yn agored ar ei wely, a be oedd ynddo ar ben ei ddillad oedd copi o *Limrigau Prysor*!

"Dewi Ffycin Fflint!" gwaeddais wrth iddi wawrio arna i be oedd wedi digwydd. Oni bai am ei gamgymeriad yn gadael ei siwtcês ar agor, fyddwn i heb weld y llyfr ac mi fyddwn – hyd heddiw – yn diflasu pobol efo'r anecdôt am rhyw Awstraliad a brynodd gopi o *Limrigau Prysor* yn yr Almaen fel anrheg i'w dad, ac oedd wedi gofyn i mi ei arwyddo! I 'Bruce'!

A dyna i chi sut y dechreuais ei alw fo'n Dewi Ffycin Fflint.

Ond yn ôl i Bordeaux; wnes i'm prynu bagét. Tra'r o'n i'n siarad efo Dewi, mi darodd rhyw Ffrancwr fi ar fy ysgwydd a chyfeirio at y tram oedd yn arafu wrth y platfform. Debyg iddo ddallt mai Cymro oeddwn i, a dallt hefyd mai am ganol dre roeddwn angan mynd. Dwi dal ddim yn dallt sut. Ond i'r cyfeiriad hynny roedd 90% o Gymry'n mynd, felly doedd o'm yn wyddoniaeth roced, am wn i.

Gadewais y tram yn y Jardin Public, un stop sydyn ar ôl Quinconces – stop y Fan Zone. Wrth gerdded i lawr y stryd lydan *residential* mi allwn weld merch benfelen yn eistedd ar sil ffenast tua chanllath i ffwrdd, yn ffidlan efo'i ffôn.

Pan o'n i'n ddigon agos, cyfarchais hi. "Alice?"

Cododd ei phen.

'Penthouse Prysor'

Apartment oedd y fflat oeddwn yn ddisgwyl i fod yn stafall. Doeddwn heb ddisgwyl hynny. Yn enwedig ar ôl camu i mewn trwy ddrws mawr pren cyn hyned â Napoleon. Roedd o'n anferth o ran lled, ond o ran trwch roedd o'n ddigon tenau i ysgwyd wrth i rywun ei agor. Rhyw fath o 'porth castell *lite*'. Tu mewn iddo roedd pasej mor fawr roedd yna garreg ateb yn ei ben draw. Carreg oedd y llawr i gyd, a'r grisiau llydan hefyd. Dim cweit yn Castle Dracula, ond jysd rhyw fymryn llai cysurus na Castell Dolwyddelan.

Ar yr ail lawr oedd fy fflat. Yn wahanol i weddill yr adeilad, roedd o'n fodern, yn slic ac yn swanc, yn *minimalist*, moethus ac yn *Miami Vice*. "Gyma i o!"

Doedd Saesneg Alice ddim yn dda. Ar ôl rhoi taith fach o gwmpas y fflat i mi, tynnodd declyn talu-efo-cerdyn allan o'i bag a gofyn am €1,000. Tydw i ddim yn dda efo rhifau, fel dwi wedi'i ddeud o'r blaen, ond sgrechiodd larwm yn fy mhen. Mil o ffycin ewros?! Dim tshans. Mae 'na ffat ffingar yn fa'na'n rwla, meddyliais wrth i'r cocos droi rownd yn fy mhen.

"Pum cant ydi o i fod," medda fi – ac roedd hynny'n ormod beth bynnag, achos diolch i fy dyscalculia, roedd fy system gwneud syms yn wonci. Ro'n i'n gwybod mai €415 oedd y gost ar y bwcing (a dwi'n cofio hefyd fod y pris yn mynd i fyny mor sydyn wrth ei fwcio fo, nes iddo neidio o €395 i €415 yn yr amser a gymerodd i mi glicio 'CONFIRM'). Ond rhywsut, diolch i rhyw fformiwla sydd ond yn gweithio ar *Star Trek* a Currency Exchanges doji ar strydoedd cefn dwyrain Ewrop, roedd dweud 'pum cant' mewn punnoedd yn gwneud perffaith sens i mi.

"OK, I phone my boss," medd Alice, cyn dechra siarad Ffrangeg i'w ffôn. Wedi i'r sgwrs fer ddod i ben, mi gytunodd hi mai €500 oedd y swm. Tynnais fy ngherdyn credyd allan, ac mi o'n i ar fin ei estyn iddi pan ges i fflach o'r rhif 415 yn fy mhen eto – atgof o'i weld o yn ddiweddar iawn yn rhywle. Cofiais fy mod wedi tsiecio fy stêtment cerdyn credyd cyn gadael adra, ac wedi gweld fy mod i eisoes wedi talu'n llawn am y lle wrth ei fwcio fo.

Mi ddudis i hynny wrth Alice, gan ychwanegu fy mod wedi cofio mai €415 oedd y pris, nid €500. Ond er bod ei Saesneg hi'n well na fy Ffrangeg i, ac er fod y sgwrs yn ddigon clên, doedd 'na fawr o ddealltwriaeth rhyngthon ni. Ond mi ddalltodd prif fyrdwn fy mhregath; do'n i ddim yn mynd i dalu.

"I phone my boss," medda hi eto, a'r tro yma, ar ôl brawddeg neu ddwy mewn Ffrangeg, mi basiodd y ffôn i mi. "My boss English good. Explain you?"

A dyna wnes i. Wel, dyna driais i wneud, ond mi dorrodd y ddynes ar ben arall y ffôn ar draws. Egluro oedd hi nad bil am y fflat oedd y "€500" – roedd hi'n cytuno fy mod wedi talu €415 am y fflat wrth fwcio. *Deposit* rhag ofn i mi wneud difrod i'r lle oedd y €500. Esboniodd nad oedd y *deposit* hyd yn oed yn gadael fy nghyfrif – mai *provisional transaction* oedd o. Mi ddwedodd hefyd ei bod hi eisoes wedi gostwng y *deposit* o fil i bum cant am fy mod ar ben fy hun.

Camddealltwriaeth oedd o, wedi'r cwbl, am nad oedd Alice wedi gallu egluro'n iawn am be oedd y swm. 'Talais' y swm, gan ofalu y byddwn yn tsiecio fy stêtments mis nesa (jysd rhag ofn!). Er, wrth weld y gair 'PROVIZIONAIRE' (neu rwbath tebyg) ar y *receipt* cerdyn, mi o'n i'n eitha sicr fod popeth yn iawn.

Yr unig beth oedd angan i mi wneud rŵan, oedd peidio malu'r lle...

'Blonde Moment'!

Peth cynta 'nes i wedi i Alice adael oedd mynd rownd y fflat i dynnu lluniau, fel seciwriti. Wedyn dyma benderfynu mynd i chwilio am siop i stocio fyny ar 'yr hanfodions' – gwin coch, bîars i'r ffrij, a 'chydig o fwyd a ballu. Felly i lawr y grisiau cerrig llydan â fi ac at 'borth y castell'.

Ar y drws, ar yr un uchder â fy mhen, roedd yna latsh mawr trwm, hen ffasiwn, ond dim nobyn i'w weithio fo. Mi oedd yna hefyd dwll goriad – ond doedd yr un o'r ddau oriad Yale ar y bwndal ges i gan Alice yn ei ffitio. Yr unig beth ddwedodd hi oedd, "Hwn ydi goriad y fflat a hwn ydi goriad y drws allan". Ond roedd hi'n amlwg nad oedd hynny'n iawn a bod y latsh mawr mecanyddol wedi cael ei addasu o'i ffurf gwreiddiol.

Ar ôl cryn benbleth, sylwais fod yna dwll sgwâr i mewn yn y clo – ble fuodd, unwaith, far metal sgwâr oedd yn gweithio handlen i agor y drws. Rois i flaen un goriad Yale i mewn yn y twll sgwâr a llwyddo i droi'r twll ac agor latsh y drws. Agorais y drws ac edrych a oedd twll goriad ar y tu allan. Doedd dim byd o gwbl yno. Doedd dim posib dal y latsh ar agor, wedi ei agor o'r tu mewn, chwaith. Sylweddolais yn syth na fyddwn yn gallu dod yn ôl i mewn tawn i'n mynd allan a gadael i'r drws gau y tu ôl i mi.

Wedi bod yn ffidlan am o leia chwarter awr daeth yn amlwg fod rhywbeth o'i le – dim goriad iawn i ddod allan, a dim goriad o gwbl i ddod yn ôl i mewn. Tecstiais Alice.

> Alice, the key for the door is not
> working.
>
> 10 Jun 19:29

Doedd dim ateb, felly ffoniais. Atebodd dyn. Dywedais wrtho be oedd y broblem. Mewn Saesneg chwithig eglurodd mai'r ffobyn plastig du ar y bwndel goriadau oedd yn agor y drws. Wrth edrych ar y ffobyn, doedd hynny ddim yn gwneud unrhyw sens i mi. Triodd y boi roi cyfarwyddiadau i mi, ond doedd be'r oeddwn yn ei weld ddim byd tebyg i'r hyn oedd o'n ei ddisgrifio. *Does not compute.* Cyn hir roedd o'n trio fy mherswadio i fynd allan trwy'r drws a gadael iddo gau y tu ôl i mi. Ro'n inna'n trio dweud y byddai hynny'n fy nghloi allan.

Aeth y sgwrs ymlaen fel hyn am bum munud, ac yn y diwedd mi jansiais hi. Camais allan i'r pafin a gadael i'r drws gau. Yna, mi welis i be oedd o'n feddwl – rhyw gylch bach di-nod (dim hyd yn oed yn fotwm) ar ffrâm y drws (neu ar y drws ei hun, alla i'm cofio'n iawn). Daliais y ffobyn plastig du, crwn o flaen y cylch ac mi agorodd y latsh efo clec fecanyddol, drom.

"Wel, ffyc mi!" medda fi. Ydw, mi ydw i'n decnoffôb, does dim dwywaith amdani. Falla fy mod i (rhywle, rhywbryd) wedi gweld clo electro-fagnetaidd o'r blaen (er nad ydw i'n cofio), ond yn bendant doeddwn i erioed wedi gweld hen latsh mawr mecanyddol wedi ei addasu – ar ddrws mawr pren fel porth castell – yn cael ei agor trwy ddal darn o blastig crwn, heb unrhyw fath o lun arno, o flaen rhyw ddarn cwbl annelwig o'r pren! Ydw, mi ydw i fod yn blond.

Gan edrych ymlaen at rywbeth mwy sylweddol i'w fwyta na bagét, gweithiais fy ffordd drwy'r mini marché ym mhen draw'r stryd a dod o hyd – yn ara deg – i bethau fyddai'n hawdd a sydyn i'w coginio. Pizza, ham oer, hannar brest cyw iâr wedi ei gwcio'n barod, torth sleisd, bocs o gorn-fflêcs, llaeth, siwgr, halan a jar o fwstard. Ges i gwpwl o boteli mawr o ddŵr yfed call, bocs o boteli Bud, powtsh dau owns o faco lleol a dwy botal o win coch Beaujolais.

Fy mhlan oedd cawod, ffidan, FaceTime efo Rhian a Geth,

agor potal o win ac ambell botel o Bud, wedyn tecstio'r Lyfgrins a Gilly a'r criw i weld lle'r oeddan nhw, a mynd i gwrdd â nhw mewn bar fyddai'n dangos gêm Ffrainc v Rwmania – gêm agoriadol y bencampwriaeth. Ond ges i ddim ateb cyn cic-off, felly mi wyliais i'r gêm yn y fflat, cyn ei throi hi am allan i ddilyn fy nhrwyn ac ymuno â'r gwallgofrwydd.

Sawl Llwyth, Un Cenedl

Roedd y bar cynta i mi ei gyrraedd lai na phum munud o 'Penthouse Prysor', ar gornel stryd jesd heibio i'r Jardin Public – mwy neu lai dros y ffordd i'r Fan Zone. Bar eitha bach oedd o, a chrysau cochion Cymry wedi ei feddiannu. Ar y pafin a'r stryd, yn morio mewn môr o wydrau plastig gwag, roedd ugeiniau o ffans Cymru oedd wedi cael diwrnod da ar y lysh; rhai yn llawn chwerthin a chân o hyd, eraill mewn hwyliau hapus-afreolus, ond y rhan fwyaf yn chwil-sobor ac yn hongian, fel byddin y *zombie armageddon*.

Yn eu canol, ar y pafin llydan ac yn parhau i fod yn fagnet i'r rhai oedd yn dal i sefyll, roedd bar ar olwynion yn gwerthu peintiau o Heineken mewn gwydrau plastig. Bob yn hyn a hyn mi fydda rhywun yn mwrdro rhyw gân neu'i gilydd, cyn i rywun arall floeddio 'Don't Take Me Home' ac achosi i eraill ymuno – fel mae cŵn yn ei wneud pan mae un yn dechrau udo yng nghanol nos. Yn gyfeiliant i hyn i gyd roedd sŵn y gwydra plastig yn malu, poteli'n rowlio a gwydr yn crensian dan draed.

Codais ddau beint o Heineken a chael hyd i fin olwynion i'w ddefnyddio fel bwrdd. Wrth rowlio ffag ac yfed, sganiais y dorf am wynebau ffrindiau. Ond welwn i neb. Do'n i ddim hyd yn oed yn gweld unrhyw wynebau cyfarwydd, fel mae rhywun wastad yn ei wneud ar dripiau oddi cartref efo Cymru. Ond cyn hir, welis i ffrind o ochrau Port efo criw nad o'n i'n eu nabod. Roeddan nhw i gyd yn siglo fel sgityls plastig.

Hogia Caerdydd oedd efo fo, wedi cael diwrnod da iawn. Roedd un o'nyn nhw – boi mawr, llydan – yn byw yn Denmarc ers blynyddoedd bellach, ac yno cafodd ei blant eu magu. Mi oedd o'n amlwg dan deimlad oherwydd yr achlysur (a'r cwrw), ac yn eitha emosiynol.

Byddai 'na gryn dipyn o gefnogwyr selog Cymru'n cael un o'r munudau hynny dros y dyddia nesa, ond roedd mwy na'r achlysur wedi cyffwrdd y cyfaill o Ddenmarc. Yn Gymro balch a gwladgarol (fel mae dilynwyr tîm pêl-droed Cymru), roedd o'n torri'i galon wrth egluro i mi fod ei blant, oedd wedi eu magu yn Denmarc, yn ddwyieithog – ond nad oedd y Gymraeg yn un o'r ddwy iaith. Roedd o'n teimlo i'r byw ynghylch hynny, ac roedd ganddo gywilydd nad oedd o'n gallu siarad Cymraeg ei hun ac, o'r herwydd, heb allu pasio'r iaith ymlaen i'w blant. Doedd o ddim y dyn dros ei chwe troedfadd o hyd a lled cynta imi ei weld yn crio i mewn i'w beint, a fyddai o ddim mo'r Cymro ola i mi weld yn crio dagrau o falchder dros yr wythnosau nesa. A fyddai o ddim yr unig Gymro di-Gymraeg fyddai'n mynegi ei falchder yn yr iaith Gymraeg, a'r sylweddoliad o ba mor amlwg ydi ei lle hi yn ei hunaniaeth genedlaethol.

Cymeriad arall fuais i'n siarad efo tu allan y bar cynta hwn oedd yr hen gradur 'na fuodd ar y newyddion adra (ac yn Ffrainc, am wn i) – y boi oedd yn dilyn tîm Cymru drwy Ffrainc gan gysgu'n ryff mewn parciau ac ar strydoedd. Dwi'n meddwl mai Cymraeg oedd o'n siarad efo fi, ond fedra i ddim bod gant y cant yn siŵr, achos ro'n i'n cael traffarth ei ddallt o. Roedd o wedi cael un neu ddau yn ormod, ac oni bai ei fod o'n pwyso ar fy mwrdd-bin-olwynion i wrth siarad, fysa fo wedi disgyn. Roedd o'n gwisgo jaced a thrwsus oedd yn batrwm o faneri draig coch a chanddo het ddraig goch, steil cap stabal, ar ei ben. Roedd ganddo wallt gwyllt a locsan lwyd, flêr, a sbectol (os dwi'n cofio'n iawn), ac roedd hoel haul ac awyr iach yn dew ar groen ei wynab. Dyn difyr iawn i weld, er na ches i fawr o synnwyr ganddo er gwaetha'i ymdrechion i fod yn synhwyrol. Ar y pryd, doedd gennai'm syniad ei fod o'n cysgu'n ryff ar ei daith. Mi welis i o lawer gwaith yn y gemau, ac yn stesion drên Lille un diwrnod hefyd, ond ches i mo'r cyfle i gael sgwrs iawn efo fo. Biti.

Tu allan y bar yma, hefyd, welis i'r faner 'Many Tribes, One Nation' am y tro cyntaf. Baner Cymru fawr wedi ei gosod ar ddarn o bolithîn gwyn. Ar y plastig, uwchben y faner, roedd y geiriau 'Together, Stronger' ac o dan y faner, 'Many Tribes, One Nation'. Arni hefyd roedd bathodynnau'r pedwar prif dîm pêl-droed yng Nghymru – Abertawe, Caerdydd, Wrecsam a Casnewydd. Y syniad oedd atgyfnerthu'r teimlad diweddar o undod rhwng cefnogwyr y pedwar tîm – a phob tîm arall yng Nghymru – ac anghofio am yr hen elyniaethau unwaith ac am byth. Roedd perchennog y faner yn cario beiros a ffelt pens i bobol arwyddo'r faner i fynegi'u cefnogaeth – ond erbyn i fi fynd draw i roi fy enw arni, roedd y beiros a ffelt pens wedi cael eu dwyn. Mi welis i'r faner eto yn Bordeaux, ond ches i'm cyfle i'w harwyddo tan gêm Toulouse. Erbyn hynny mi oedd 'na gannoedd o enwau arni, ond mi ges i le i sgwennu 'Dewi Prysor, CPD Amaturiaid y Blaenau – Blaenau Amateurs FC'.

Chipmunks

Cyn hir, mi ffendiais decst gan fy ffrind Hywel yn dweud ei fod o yn y Fan Zone. Ond roedd y tecst gwpwl o oriau yn ôl. Dechreuodd rywun ganu 'Don't Take Me Home' eto, ac i ddeud y gwir, roedd y gân yn dechrau mynd ar fy nhits i'n barod. Dwi'n cofio hi'n cael ei chanu am tua hannar awr yn Cyprus, lle y dechreuodd gydio go iawn. Erbyn y gêm gyfeillgar yn erbyn yr Wcráin yn Kiev, roedd hi wedi dechra cymryd drosodd a boddi rhai o'n tshants eraill ni. Ar ôl y gêm honno, tra'r oeddan ni i gyd wedi'n cadw ar ôl yn y stadiwm am tua hannar awr i aros i'r ffans cartra glirio, cafwyd perfformiad hollol wych o 'Hogia Ni' wrth sefyll o flaen robocops yr Wcráin (y tro cynta i mi glywed y gân Gymraeg hon mewn gêm bêl-droed). Mi gafodd ei chanu diolch i'r grŵp Gwerinos, oedd wedi recordio fersiwn ohoni ar gyfer yr Ewros, ac wedi cyhoeddi fideo ar YouTube (ac elw'r gân o werthiant iTunes yn mynd i elusen). Ond ar ôl rhyw bum munud, dechreuodd rhywun floeddio 'DTMH' ac ymunodd pawb yn honno. Iawn, mae isio symud o gân i gân, does? Ond mae ei chanu fel tiwn-gron am hannar awr mor ddiflas â gwatsiad *action replay* o Grêt Brutish Bêc-Off.

Gyda llaw, ro'n i'n rhy slô i ffilmio 'Hogia Ni' ar fy ffôn yn Kiev. Erbyn i mi dynnu'r teclyn o fy mhoced roedd pawb wedi troi at DTMH. Ac wrth wylio'r fideo wnes i o honno y sylwais, am y tro cynta, bod rhyw ffenomen ryfedd iawn yn digwydd bob tro'r o'n i'n ffilmio'r gân yn cael ei chanu – sef bod lleisiau pawb yn troi'n lleisiau *chipmunks*. Ar y pryd ro'n i'n meddwl mai *one-off* math-o-beth oedd o, ond mae pob fideo dwi wedi'i ffilmio yn Ffrainc yr un fath – yn hollol iawn efo caneuon eraill, ond y funud rydan ni'n symud ymlaen i DTMH mae'r *chipmunk effect* yn cicio i mewn eto. Wrth gwrs, tydi o ddim yn arwydd o lwc drwg na dim byd felly, achos mi wnaethon ni'n hollol anhygoel yn Ffrainc. Ond mae 'na rwbath am y gân sydd ddim yn cytuno efo fy ffôn.

Ta waeth, mi adewais y bar a'r môr o wydra plastig, a mynd draw am y Fan Zone, rhag ofn i mi ddal y Lyfgrins. Roedd y lle'n gwagio, a gwrthododd y stiwardiaid fy ngadael i mewn efo peint – er ei fod mewn gwydr plastig. Mi oedd y stiwardiaid yn ddigon clên, fodd bynnag, yn enwedig y ddwy ferch ifanc ofnadwy o siriol a thlws. Triais roi clec i'r beint, ond gan mai gwydr plastig oedd o roedd y cwrw wedi mynd yn fflat braidd, a bu bron i mi chwydu. Doedd fawr o bwynt mynd i mewn, fodd bynnag, gan ei bod yn amlwg fod popeth drosodd a'r Ffrancwyr wedi mynd am y tafarnau i ddathlu eu buddugoliaeth ers tro, bellach.

La Terreur

Heblaw am gerdded heibio, dyna oedd yr unig dro y buais i mor agos at y Fan Zone yn unrhyw un o'r dinasoedd fuais i ynddyn nhw. Safai Fan Zone Bordeaux ar y Place des Quinconces ac roedd y fynedfa reit wrth ymyl cofeb drawiadol ac anhygoel o hardd – y Monument aux Girondins.

Codwyd y gofeb ar ddechrau'r ganrif ddwytha i gofio am y Girondiniaid, aelodau mudiad gwleidyddol fu'n weithredol yn y Chwyldro Ffrengig (ddechreuodd yn 1789) rhwng 1791–95. Roedd rhai ohonyn nhw hefyd yn aelodau o'r Jacobiniaid, mudiad radical, gweriniaethol, gwrth-frenhinol a sefydlwyd gan y Llydawyr ac a dyfodd yn brif fudiad gweriniaethol Ffrainc ar ddechrau'r 1790au.

Sefydlwyd y Cynulliad Cenedlaethol yn 1789, ac erbyn 1793 roedd dwy garfan amlwg o'r mudiad Jacobin yn eistedd ar naill begwn y cynulliad, sef y Montagne (y Mynydd) oedd yn radical, a'r Gironde, oedd yn gymhedrol ac yn fwy ceidwadol. Tyfodd hollt chwerw rhwng y Montagnards a'r Girondins wrth i eidioleg y Montagnards dyfu'n fwy eithafol a threisgar, a dechreuodd pethau ddirywio tuag at ryfel cartref rhwng y ddwy garfan. Roedd hi hefyd yn gyfnod lle'r oedd lot o gynllwynio yn mynd ymlaen i drio tanseilio a dymchwel y Chwyldro – cynllwynio gan ysbiwyr o dramor, yr Eglwys, yr Uchelwyr ac, wrth gwrs, y Teulu Brenhinol (oedd wedi colli eu grym absoliwt pan gyfyngwyd eu statws i Fonarchiaeth Gyfansoddiadol).

Tyfodd paranoia eithafol ymysg y Montagnards, oedd yn gweld gelynion y Chwyldro ymhob haen o gymdeithas a phob cwr a chornel o'r wlad. Ac yn 1793, dan eu harweinydd Maximilien Robespierre, lansiwyd yr hyn a elwir gan haneswyr yn La Terreur (The Terror), pan y lladdwyd dros 41,500 o bobol a ystyriwyd yn elynion y Chwyldro – gan gynnwys nid yn unig y Brenin Louis XVI, Marie Antoinette ac aelodau eraill o'r teulu brenhinol, ond athronwyr, gwyddonwyr, offeiriaid, darlithwyr ac unrhyw un oedd yn gwrthwynebu'r Montagne neu'n dadlau o blaid cymedroldeb.

Ymhlith y rhai a ddienyddwyd oedd arweinwyr y Girondiniaid. Lladdwyd hyd at 60 ohonyn nhw yn y diwedd, ond dim ond 21 gafodd eu dal a'u cyhuddo i ddechrau, a sefyll eu prawf o flaen Tribiwnlys y Chwyldro. Fe'u cafwyd yn euog o 'frad' yn syth (syrpréis syrpréis!), a chwech diwrnod wedyn, ar Hydref 31, 1793, aeth y cwbl i'r *guillotine*. Dienyddwyd y cwbl mewn hannar awr.

I'r Ffrancwyr, mae'r Girondiniaid yn arwyr a merthyron

y Chwyldro Ffrengig. I bobol Bordeaux maen nhw'n fwy na hynny, hyd yn oed, achos mai o ardal y Gironde oedd y mudiad a'i aelodau blaenllaw yn hanu. I drigolion Bordeaux, eu hogia nhw oedd y Girondiniaid. Eu harwyr a'u merthyron nhw. Eu 'hogia ni' nhw.

Felly doedd hi'n ddim syndod gweld y 'robocops' yn llusgo cwpwl o hogia Cymru allan o'r ffownten wrth droed y Monument aux Girondins y noson gynta honno yn Bordeaux. Doeddan nhw ddim yn hapus o gwbl eu bod nhw wedi tynnu'u dillad a neidio i mewn. Driais i dynnu llun, ond daeth copar ataf yn syth a dweud, "No photos".

Newid gêr...

Es yn fy mlaen am y Place de la Comédie wrth weithio fy ffordd am Rue Saint-Rémi. Dwi'm yn cofio pwy yn union, ond roedd rhywun wedi tecstio i ddweud eu bod nhw yno. Tu allan i rhyw far ar y Place roedd 'na ugeiniau o ffans Cymru yn canu a dawnsio efo Ffrancwyr, y crysau cochion yn gymysg â'r gleision – y Les Rouges a'r Les Bleus – a'r Ddraig Goch a'r Le Tricolore yn hedfan ochr yn ochr mewn un parti gwyllt. Y Ffrancwyr yn dathlu buddugoliaeth hwyr dros y Rwmaniaid, diolch i gôl wych Dimitri Payet, a'r Cymry'n dathlu cyrraedd Bordeaux, dathlu cyrraedd yr Ewros, a dathlu... wel, jesd dathlu. Dydan ni ddim angan esgus i gael parti.

Ymlaen â fi, gan basio mwy o ddathliadau a *love-ins* rhyngwladol a, rhywsut neu'i gilydd, dewis y stryd iawn i'w dilyn o'r Place, a chael hyd i'r Rue Saint-Rémi yn ddidraffarth wedyn. Wrth grwydro trwy'r llu o grysau cochion ro'n i'n llygadu'r dorf am wynebau ffrindiau, a chyn hir clywais lais yn gweiddi "Prys!"

Gilly oedd yno, yn sefyll tu allan bar yn smocio. Boi o'r canolbarth ydi Gilly, yn byw yn Drenewydd. Ddois i'w nabod o trwy Hywel Lövgreen, sydd hefyd yn byw yn Drenewydd. Y tro cynta i mi gael peint efo Gilly oedd yn nhafarn y Clutha yn Glasgow, adeg gêm Cymru yn erbyn yr Alban yn Hampden Park yn ystod ymgyrch Cwpan y Byd 2014. Ers hynny rydan ni wedi dod yn ffrindiau da. Mae o a Hywel yn gefnogwyr Wrecsam selog, y ddau yn regiwlars ar Y Cas Ras, ac wedi bod i gefnogi Lerpwl droeon. Maen nhw hefyd yn chwara pêl-droed i'r Newtown Evergreens.

Efo Gilly yn y bar roedd Nelly a Jamie, dau foi arall o'r canolbarth ddois i'w nabod trwy Gilly a Hywel – y tro cyntaf yn Cyprus ym mis Medi y llynedd, pan gurodd Cymru 1–0 diolch i rocet o beniad gan Gareth Bale. Roedd hi'n braf dod o hyd i'r tri yn Bordeaux o'r diwedd. Ac ar ben hynny, yn y bar roedd llwyth o hogia eraill ro'n i'n eu nabod – yn cynnwys dau neu dri o hogia Port. Ar ôl yfed fy ffordd o Nantes i Bordeaux, symudodd y sesh i fyny rhyw gêr neu ddwy.

Aeth hi'n agos i bedwar o'r gloch y bora arnan ni'n penderfynu gadael y pybs, a gyddfa pawb yn dechra mynd yn gryg efo'r holl ganu. Ac oedd, roedd 'Don't Take Me Home' fel tiwn gron ym mhenna pawb. Penderfynodd hogia Drenewydd fod eu llety nhw yn llawer rhy bell i gerdded iddo (roedd tacsis yn brin) felly gwahoddais nhw i gysgu yn 'Penthouse Prys'.

Tangent Tacsi

Bu'r prinder tacsis yn stori gyfarwydd yn ystod nosweithiau Bordeaux, ac mi fyddwn i'n clywed sawl stori ddigri am droeon trwstan wrth drio cael hyd i dacsi, gan wahanol griwiau o Gymry. Fel honno gan un o gerddorion y sin gerddoriaeth Gymraeg, a'i fêts. Roedd hi'n oriau mân y bora arnyn nhw'n ei throi hi am adra rhyw noson, a'r tacsis wedi diflannu fel niwl i'r nos. Roeddan nhw wedi dechrau cerdded i'w llety, oedd rai milltiroedd i ffwrdd, gan ddilyn y ffordd lydan oedd yn dilyn yr afon, pan stopiodd *hatch-back* bach wrth eu hymyl. Ar yr olwg gynta mi welsant ddynes neu ferch eitha glamyrys yn eistedd tu ôl yr olwyn, ond wedi peilio i mewn i'r car – un yn y ffrynt a thri yn y cefn – sylwyd nad dynes oedd hi, ond dyn. Trawswisgwr, neu berson trawsrywiol, oedd yno. Roedd hi'n blastar o golur, ac yn gwisgo fawr ddim ond top a sgert gwta, a bŵts. Doedd hi ddim yn dransfestait ifanc, smart a 'secsi' chwaith, medda nhw, ond yn hytrach yn edrych yn union yr hyn oedd hi – dyn canol oed mewn dillad a cholur dynes. Ac mi oedd hi'n chwil gachu gaib, ac yn dipyn o gymeriad. Bu'r siwrna yn reiat o hwyl, medda nhw – os ychydig yn beryg wrth iddi roi ei throed ar y pedal tra'n chwara efo coesau'r boi oedd yn eistedd yn y sêt flaen!

Selffi

Dewi Prysor
11 Mehefin · 🔻

Merchaid Pen Llŷn, da chi yn sêr yn unrhyw le, ond yn enwedig yn Bordeaux! x

👍 Hoffi　💬 Sylw　➦ Rhannu

Fodd bynnag, cerddodd bois Drenewydd a finna, a chwpwl o hogia Port, i gyfeiriad y Place de la Comédie. Wrth gyrraedd y sgwâr hwnnw, a minnau'n mwydro pawb am ba mor glên oedd pobol Ffrainc hyd yn hyn, daeth sŵn sodlau main a gwichiadau egseitud o rywle. "O mai god, Dewi Prysor, Dewi Prysor, llun efo Dewi Prysor..." Wedi sbio, gwelais bedair o ferched ifanc yn brysio tuag ata fi, gan adael rhyw foi y buon nhw'n siarad efo yn sefyll yn syfrdan ar ganol y stryd.

Isio llun efo fi oeddan nhw, ac mi oeddan nhw'n amlwg yn ffans! Ffans fy nofelau, obfiysli – tydw i'n amlwg ddim yn 'bin-yp' Cymraeg! Tynnwyd cwpwl o luniau a chael sgwrs fach hwyliog. Genod Pen Llŷn oeddan nhw, merchaid lyfli a chlên

ym mhreim eu hieuenctid! Heb i mi sylwi, tra'r o'n i'n malu
awyr efo'r genod roedd Jamie a Nelly yn brysur yn cael selffis
efo'r boi gafodd ei adael ar ei ben ei hun.

Wedi ffarwelio â'r genod a symud yn ein blaenau, sylwais
fod yr hogia wedi egseitio'n lân, ac hefyd yn chwerthin ar
be oedd newydd ddigwydd. Holais be oedd, ac mi eglurodd
Gilly mai wrthi'n holi Shane Williams am selffi oedd y genod,
cyn gollwng y seren rygbi fel carreg pan welson nhw fi! Fi –
shambyls canol oed o fynyddoedd Meirionnydd. Shane – arwr
a *pin-up* Cymraeg. Roedd rhaid i fi glymu rhaff rownd fy mhen
rhag ofn iddo chwyddo trwy fy ngwallt...

Mi gafodd Nelly a Jamie selffi yr un efo Shane, ac mi oedd
y ddau wedi gwirioni. Doeddwn i fy hun heb sylwi ar Shane o
gwbl. Ro'n i'n teimlo braidd yn chwithig am hynny i ddeud y
gwir. Teimlwn fy mod wedi ymddangos braidd yn ddigywilydd,
wedi'i anwybyddu fo. Ond ar fy marw, wnes i ddim sylwi mai
fo oedd o. Roedd y sefyllfa mor bisâr, a tydi rhywun ddim yn
disgwyl gweld Shane Williams ar strydoedd Bordeaux am
bedwar o'r gloch y bora – a finna wedi piclo erbyn hynny, beth
bynnag. Tawn i wedi sylwi arno mi fyswn i'n bendant wedi
ysgwyd ei law. Tydw i ddim yn ffan rygbi, ond dwi wedi gwylio
digon o gemau rhyngwladol Cymru ar y bocs (a chefnogi'n
ddigon croch wrth wneud).

Nid dyna pam fyswn i'n ysgwyd llaw Shane, er 'mod i'n
edmygu ei athrylith yn ei faes, a'i fod o'n haeddu pob clod fel
un o chwaraewyr rygbi gorau'r byd. Mi fyswn wedi ysgwyd ei
law am y byswn i'n falch o gael gwneud, gan ei fod o'n lejand
i Gymru ac yn Gymro i'r carn. Ac ymhellach, mae o'n ffan
pêl-droed hefyd, ac mi oedd hi'n dda iawn ei weld o allan yn
Ffrainc yn cefnogi'r hogia – nid mewn jysd un gêm, ond yn y
cwbl yn ôl y sôn. Gwd lad.

Ond y noson honno yn Bordeaux dim ond un seren oedd ar
y stryd. 1–0 i fi, Shane bach!

Gwenno Elin Griffith with **Eiri Angharad and 2 others.**

47 mins · 👥

'Hei Shane Williams, gawn ni lun... O MAI GOD DEWI PRYSOR. Shane, Shane, tynna lun ohona ni a Dewi Prysor.' 'Ymmm, ie'.

 Write a comment...   Post

46

Dydd Sadwrn, 11/6/16
Cymru v Slofacia, Stade de Bordeaux, Bordeaux
'Pont Bas' a stumog dyfn!

Gadawodd hogia Drenewydd 'Penthouse Prys' yn y bora er mwyn dal tacsi i'w llety cyn ailddechrau yfed.

Diolch i'r negeseuon tecst sydd yn dal ar fy ffôn, dwi'n gwybod 'mod i'n barod i fynd allan am sesh cyn deg o'r gloch y bora y diwrnod hwnnw. Mae'n debyg 'mod i wedi tecstio Chum, ffrind i mi o Blaenau, am ugain munud i un ar ddeg y noson gynt, yn holi lle'r oedd o a'r criw. Mi atebodd toc wedi 2.30am, ac atebais innau o 'nôl bron i awr yn ddiweddarach. Yn y tecst hwnnw dwi'n sôn fy mod i wedi clywed am anffawd fawr *campervan* criw arall o hogia Blaenau.

Doedd dim problem cael Wi-Fi yn y rhan fwyaf o dafarnau, bariau, caffis a gwestai Ffrainc. Roedd yna hyd yn oed Wi-Fi am ddim i'w gael ar y stryd – er mi oedd hwnnw'n eitha hit-a-miss ar y gorau. Rhywbryd, rhywle yn ystod y sesh neithiwr roeddwn wedi gweld hanes y *campervan* wrth sgrolio drwy Facebook a gweld linc ar fy llinell amser i stori ar safwe WalesOnline efo'r pennawd, 'Second set of Welsh fans get stuck under low bridge'.

Ro'n i'n nabod yr hogia'n iawn, wrth gwrs – pob un yn aelodau neu chwaraewyr CPD Amaturiaid y Blaenau. Doedd neb wedi brifo, diolch byth, ond mi oedd y *campervan* yn *write-off* a'i tho wedi agor fel tun o sardîns. Roedd yr adroddiad WalesOnline yn ddigri a'r hogia'n adrodd y stori yn yr ysbryd hwyliog, ffwrdd-â-hi sy'n nodweddiadol o bobol Stiniog. Wrth ateb cwestiwn ynghylch gorfod cysgu'r nos ar ochr ffordd mewn *campervan* heb do, medd y gyrrwr, "Duw, oedd o'n reit neis, o leia roeddan ni'n gallu gweld y sêr".

Yn naturiol, mi gafodd yr hogia lond trol o dynnu coes. Dwn i'm sut na welson nhw fod y bont yn un isel. Pan welis i nhw yn y pybs nes ymlaen, roedd y gyrrwr yn dweud nad oedd 'na arwydd yn eu rhybuddio. Digon teg. O leia doeddan nhw ddim yn trio beio'r ffaith fod yr arwydd mewn Ffrangeg, achos mae'r Ffrangeg am bont isel mwy neu lai yr un fath ag yn y Gymraeg – Pont Bas. Pont ydi pont, ac mae 'bas' yr un fath â'r gair Cymraeg am 'shallow' – bas, sef lefel isel.

> **Lle da chi met?**
> 10 Jun 22:40

> **Yn charles dickens dani di bod met lle ti mynd yn bora met**
> 11 Jun 02:33

> **Dim syniafd met, ond dwi am ddechra hamro hi tua 8. Roi showt i chdi met. Newydd weld hanas campet van yr hogia!!! Hahaha**
> 11 Jun 03:20

> **Iawn mo lle ti mynd heddiw ?**
> 11 Jun 09:38

> **O gwmpas y fanzone dwi meddwl met.** 👍👍👍👍👍👍
> 11 Jun 09:53

Fel mae'r llun uchod yn ei ddangos, mi decstiodd Chum fi 'nôl bora Sadwrn ac mi atebais am 9.53, yn barod amdani. Er, doeddwn i ddim allan am wyth y bora fel yr addewis yn fy nhecst blaenorol – ac es i ddim i'r Fan Zone chwaith.

Dwi'n nabod Chum ers dyddia ysgol. Roedd o flwyddyn o'dana fi yn Ysgol y Moelwyn, yr un oed â Manon fy chwaer, ac mae o'n gymeriad a hannar. Mae Chum yn dilyn Cymru oddi cartra ers blynyddoedd. Y dyddia hyn mae o'n teithio efo Llyr Mor, Iw Mogs, Meuryn a Pickles, gan amlaf, ond yn Ffrainc, roedd o'n teithio yn ôl ac ymlaen i'r gemau efo Jackie ei gariad a'u dau fab, Carl a Cai. Ar gyfer y gêm hon roeddan nhw wedi hedfan i Bilbao ac wedi dreifio yr holl ffordd i Bordeaux mewn car heirio. Mi ddaeth Cai, ei hogyn ienga, yn wynab cyfarwydd ar sgriniau teledu'r byd pan ddefnyddiodd y BBC shot o'i wynab ynghanol logo calon Gareth Bale, a'i ddefnyddio fel *screenshot* ar eu rhaglenni. Mi ddylai Chum fod yn wynab cyfarwydd bellach hefyd, gan ei fod o – a Llyr Mor – wastad yn cael eu llun ar y teledu ac yn y papurau newydd ymhob gêm. Mae'n rhaid fod camerâu y cyfryngau yn cael eu denu at betha hyll yn y dorf.

> Ok met nai texio chdi wedyn cychwyn o apartment wan
>
> 11 Jun 10:04

> Ok met
>
> 11 Jun 10:04

> Mynd i charles dickens wan
>
> 11 Jun 10:18

> Be di enw stryd lle mae Dickens?
>
> 11 Jun 11:11

> Fuck nose met dani house of parliment
>
> 11 Jun 11:22

> Gifyn i rywun y cont. Yn ffrensh:)
>
> 11 Jun 11:27

> Rue de parlement st catherine

Ar ôl y gyfres o decstiau uchod cefais hyd i'r stryd ar Google Map, ac i ffwrdd â fi am dafarn yr Houses of Parliament. Roedd Chum a'r criw yn dal yno, a chriw da o Penrhyn hefyd (Penrhyndeudraeth nid Penrhyncoch – na Penrhyn San Fransisco). Roedd pethau mewn *full swing* yn barod, ac roedd 'na bump awr arall tan cic-off.

"Diwrnod gorau fy mywyd hyd yn hyn..."

Dyna sut wnes i ddisgrifio'r diwrnod pan guron ni Slofacia yn ein gêm agoriadol yn ein ffeinals Ewro cynta erioed mewn ypdet Facebook.

 Ychawnegodd **Dewi Prysor** 29 llun newydd — gyda Owain Llyr Morris a 4 arall.
13 Mehefin · ▲ ▼

Diwrnod gor fy mywyd hyd yma... heblaw priodi Rhian Medi... a geni Owain Prysor Rhodri Prysor a Geth .... Na, ffyc it, diwrnod gora fy mywyd! 😢😂😂 Chum JonesJOwain Llyr MorrisoWayne GilmorelHywel LovgreengreenYwain Gwyneddynedd cai willYnyr WilliamsISean RobertsbDyfed Jones-owen-Cai WilliamsIJamie MayersaNeil Gormanorman Iwan Hefin JonesJJohn Pugh Pugh Mike Gethin JonesJones

Mae gen i lawer o atgofion hynod – rhai melys, gwallgo a swreal – o'r pum noson yr arhosais yn Bordeaux. Ond y diwrnod hwn, a'r noson o ddathlu gwyllt a ddilynodd oedd y gorau, heb os nac oni bai. Achlysur arbennig o brydferthwch perffaith, pan hudodd ffans Cymru Ffrainc i gyd ac y disgynnodd y cyfandir cyfan mewn cariad efo ni, ac efo Cymru. Dyma pryd y gwthiwyd ein gwlad fach, ei hiaith a'i chefnogwyr hwyliog, meddw, direidus, gwallgo a chyfeillgar i amlygrwydd rhyngwladol. Y dyddia a nosweithiau pan gofleidiodd y Ffrancwyr ni a'n cymryd i'w calonnau – a ninnau hwythau hefyd. Dyma pryd oedd y Cymry ar y newyddion (am y rhesymau iawn) bob nos, a phob nos tan ddiwedd y daith, a'r tafarnwyr yn ein canmol i'r cymylau, ac hyd yn oed yr heddlu yn rhyddhau datganiad swyddogol er mwyn cyhoeddi pa mor 'ffantastig' oeddan ni!

Roedd hyn i gyd yn wrthgyferbyniad llwyr i'r clipiau newyddion o Marseille, lle'r oedd elfennau mwyaf afiach cefnogwyr Lloegr yn rhedeg reiat ac yn cwffio efo'r trigolion lleol (cyn cael chwip din iawn gan y Rwsiaid). Yn syth, mi welodd Ffrainc a'r byd pa mor wahanol oeddan ni i'r Saeson. Ac wedi i ni guro Slofacia, pryd y gwyliodd miliynau o bobol dros y byd y Wal Goch o gefnogwyr a'u cannoedd o faneri yn bloeddio canu 'Hen Wlad fy Nhadau' ar y teledu, roedd lle anrhydeddus y Cymry yn Neuadd Fawr chwedloniaeth pêldroed rhyngwladol wedi ei sicrhau hyd dragwyddoldeb.

Mwya sydyn, Cymru oedd tîm y niwtrals, ac ail dîm pawb, bron – yn enwedig y Ffrancwyr, oedd yn wir ysu i ni gyrraedd y ffeinal i chwara yn eu herbyn. Roedd baneri Cymru yn ymddangos mewn ffenestri siopau, bariau a tecawês kebabs ar draws pob dinas lle'r oeddan ni'n chwara. Roedd gwisgo crys coch Cymru yn golygu reids bysus am ddim, tacsis rhad, ambell i beint am ddim (a tequilas am hannar pris yn Toulouse)! Goleuwyd Tŵr Eiffel yn lliwiau Cymru am y tro cyntaf wedi'r fuddugoliaeth honno yn Bordeaux, ac o fewn wythnos neu ddwy roedd hi'n bosib gweld plant bach Ffrengig yn gwisgo crysau Cymru ag enwau Gareth Bale ac Aaron Ramsey ar y cefn. Yn haul poeth y Gironde, mi drodd Bordeaux yn goch.

Dydd Sadwrn yr 11ed o Fehefin, 2016. Cofiwch y dyddiad. Cofiwch o am byth! Cafodd hanes ei greu; hanes pêl-droed a hanes cenedlaethol. Cafodd chwedloniaeth ei greu. Cafodd arwyr eu hanfarwoli, cewri eu clodfori. Trobwynt yn hanes ein gwlad fach...

...Mae rhaid i mi stopio'n fa'na neu fyswn i'n cario 'mlaen am byth. Dwi'n fardd (erbyn hyn). Dim yn un da, ond yn fardd o ran ysbryd a... wel o ran y gallu i fwydro. Ac mi ddaw'r llith o fwydriadau allan bob yn hyn a hyn, yn enwedig ar ôl profi rhywbeth sbesial neu ddirdynnol ac emosiynol... Dyna fi yn dechrau mynd eto. Stopia wir dduw, hogyn! Ti'n waeth nag Odlgymix...

Ond yn ôl at *cyn* y gêm... Dyma ni, hogia! Roedd yr amser wedi dod. Hon oedd hi. Ar ôl blynyddoedd o ddilyn Cymru i bellafion Ewrop, ar ôl yr holl dorcalon o foddi yn ymyl y lan sawl gwaith, wedi methu eroplêns, colli baneri, colli 'mhen a cholli 'nannadd – ond dim colli ffydd (a mwynhau pob munud!) – mi wawriodd yr hyfryd ddydd. 'Mae'r haleliwia yn fy enaid bl...' STOP!!! Saethwch fi!

Y farn unfrydol oedd y byddai ennill y gêm gyntaf hon

yn dyngedfennol bwysig. Doedd neb isio bod o dan bwysau wrth wynebu'r Saeson yn yr ail gêm. Felly, er y ffydd tawel oedd ganddon yng ngalluoedd ein carfan, er y gobaith dirdynnol oedd yn ein gyrru ymlaen, roedd nerfusrwydd yn mudferwi – a phawb yn cuddio'r nerfau hynny wrth gytuno mai cyrraedd y ffeinals oedd y llwyddiant mwyaf, y gallwn fodloni ar gyrraedd y llwyfan mawr rhyngwladol o'r diwedd, ac mai bonws fyddai unrhyw beth arall. Ond, os *oeddan* ni am fynd ymhellach, ennill y gêm gyntaf fyddai'r cam pwysica oll...

Ym hob man oedd rhywun yn troi ar strydoedd cul Bordeaux – o'r sgwariau hardd i lawr i'r cei eang ar lannau'r Garonne – roedd afonydd o goch yn llifo i un môr mawr coch, a phawb yn canu'n ddi-stop. Oedd, mi oedd 'Don't Take Me Home' yn dân ar glustiau pawb erbyn hyn, ond doedd dim bwys. Hwn oedd diwrnod y gêm, canwn, canwn, canwn! Yn atseinio o bob cwr a chornel o ganol Bordeaux clywyd caneuon y Cymry; 'Hal Robson-Kanu', 'I Love You Baby', 'Gwŷr Harlech', 'Coleman Had a Dream', 'Viva Gareth Bale', 'Ain't Nobody Like Joe Ledley', 'Give Me Hope Joe Allen', 'Ashley/Jonny', 'Calon Lân' a 'Hymns and Arias', yn ogystal â'r tshants gwrth-Lloegr

arferol – ac wrth gwrs, 'Hen Wlad Fy Nhadau' – yn morio o bob bar a phafin drwy'r dydd. A'r holl ganu yn hudo'r Bordolais (brodorion Bordeaux), a nhwytha'n gwirioni efo ni, yn ymuno yn yr hwyl, yn tynnu lluniau, yn ffilmio, yn dawnsio... Dawnsio i guriadau'n calonnau. Dawnsio i rythmau'r 'Dub Cymraeg'.

Cariad sydd yng nghuriadau'r Cymry oll,
  Dub Cymraeg o'r bryniau,
  Yn Garonne o galonnau,
  Rythmau pur y bur hoff bau.

Tram trwm...

Roedd stadiwm y Nouveau Stade de Bordeaux – y Matmut
Atlantique – chwe milltir o ganol y ddinas, a'r ffordd fwya
hwylus o'i gyrraedd oedd ar y tram. Dyna brofiad oedd hynny
– cannoedd o Gymru a'u baneri, eu crysau coch a hetiau Spirit
of '58 wedi'u gwasgu fel sardîns, i gyd yn bloeddio 'Hen Wlad fy
Nhadau' (a 'Don't Take Me Home'). Prin oedd y drysau yn gallu
cau, a phrin oedd y tramiau'n gallu symud dan y pwysau. A
phob tro'r oeddan nhw'n aros yn y stop nesa roedd yna fôr arall
o grysau cochion a dreigia a hetiau yn trio stwffio i mewn. Bu
rhaid i'r mwya cyfrifol yn ein mysg ddechrau rhwystro pobol
rhag gwneud hynny – mi oedd petha mor ddrwg â hynny, i fod
yn onest. Ond mi oedd o'n beth da, hefyd...

Wedi bron i hannar awr o fod yn sefyll ar bedair troed (fy
nwy droed i a dwy rhywun arall), fy nghorff wedi ei wejo mewn

siâp y llythyren 's' ac yn lled-orwedd yn erbyn rhyw Slofac mawr a'i gariad, gan ddal fy ngafael chwyslyd yn dynn ar un o'r bariau ar y to tra'n canu ar dop fy llais, mi gyrhaeddon ni du allan y stadiwm – lle'r oedd môr arall eto fyth o grysau cochion a hetiau yn gwau fel morgrug o gwmpas y lle.

Roedd y môr coch fel swnt, y cerrynt yn troi yma ac acw wrth i wahanol griwiau gwrdd a sgwrsio a thynnu lluniau, ond yn llifo'n gyffredinol a hamddenol tua'r gatiau – a'r stadiwm sgleiniog a'i wneuthuriad trawiadol yn codi o'n blaenau fel clogwyni llachar o fetel gwyn. Er 'mod i wedi colli criw Blaenau (oedd ddim problem gan ein bod wedi defnyddio'r un côd wrth brynu ticedi, fyddai'n sicrhau y byddai'n seti i gyd efo'i gilydd), mi darais mewn i lwyth o bobol ro'n i'n eu nabod – rhai o dripiau tramor, rhai o gemau cartref a ffrindiau a chydnabod o bob cwr o Gymru – a phob un mewn hwyliau ewfforig, rhai yn fwy meddw nag eraill, ond pob un wedi cael diwrnod i'r brenin. Doedd dim golwg bryderus ar neb. Roedd y nerfau wedi cilio, yr amheuaeth sydd wastad yno oherwydd profiadau'r gorffennol pell wedi diflannu. Roeddan ni'n sicr o guro.

Ffoto-boms a grôp siomedig...

Traws, Blaenau, Llan (Ffestiniog), Port, Penrhyn, Caernarfon, Pwllheli, Nefyn, Bala, Corwen, Llansannan, Llanrwst, Abergele, Nefyn, Drenewydd, Dolgellau, Wrecsam, Caerdydd, Fflint, Cyffordd Llandudno, Caergybi, Y Fali, Amlwch, Aberhonddu, Abertawe, Harlech, Castell Newydd Emlyn, Llandudno Junction, Treffynnon, Aberystwyth, Aberteifi, Caerfyrddin! O'n i wir yn Bordeaux?

Daliais i fyny â Hywel, o'r diwedd, efo Gilly. Ddois i nabod Hywel flynyddoedd yn ôl, trwy Geraint ei frawd, a hynny mewn gêm Cymru i ffwrdd (dwi'm yn cofio pa un), a dwi wedi teithio i lot o gemau efo fo bellach a dod yn ffrindiau da.

Roedd 'na lot o dynnu lluniau'n mynd ymlaen tu allan y stadiwm. Selffis, selffis efo ffrindiau, selffis efo'r stadiwm tu ôl i ni, lluniau grŵp, lluniau ffrindiau, lluniau'r 'môr coch'. Y broblem fwyaf oedd Slofaciaid yn ffoto-bomio lluniau pawb. Mae gennai lwyth o luniau o fi a mêts o Llan a dau foi o Slofacia, mêts o Gaernarfon a boi o Slofacia, mêts o Drenewydd a haid o Slofaciaid...

Chwara teg, roedd y Slofacs yn grêt – yn mwynhau eu diwrnod fel oeddan ninnau. Felly fyddan nhw ar ôl y gêm hefyd, ym mariau Bordeaux, yn baglu dros ei gilydd i ymuno efo'r Cymry gwallgo yn ein dathliadau afreolus. Wna i byth anghofio gadael y stadiwm, ac edrych i fyny ar ei 'glogwyni llachar' a gweld rhesi o Slofaciaid yn sefyll yn y bylchau yn y strwythur modern, i gyd yn ein cymeradwyo.

Wedi tin-droi a dal i fyny efo pawb, symudais yn dow-dow tuag at y gatiau. Yn rhyfeddol, doedd dim *bottle-neck* lle'r oedd stiwardiaid yn archwilio pawb (dan gysgod llygeidiog y 'robocops' a oedd, chwara teg, yn llwyddo i beidio bod yn *rhy* amlwg) a chael cipolwg chwim ym magiau pobol. I ddweud y gwir, wedi'r holl rybuddion am ddiogelwch a'r bygythiad terfysgol (oedd ymhell o feddyliau pawb erbyn hyn, beth bynnag) roedd y seciwriti yn eitha llac. Roedd hynny'n siomedig, braidd; ro'n i wedi edrych ymlaen at gael fy grôpio a ffondlo gan stiwardes sgwarog, ond y cwbl ges i oedd ffrisgiad bach sydyn, megis ffeddar-dystar, gan ryw foi bach eiddil, a ffîl bach sydyn rownd y cwlwm oedd yn dal fy fflag am fy nghanol.

Wna i byth, byth anghofio'r awyrgylch cyn ac yn ystod y gêm. Y Wal Goch wedi meddiannu tri chwarter y stadiwm, a channoedd o faneri o bob cwr o Gymru yn hongian dros y balconis a byrddau hysbysebu. Y canu croch, di-stop, y tîm yn rhedeg i'r cae ac yna'r anthem. Bydd y teimlad wrth ganu 'Hen Wlad fy Nhadau' y noson honno yn aros efo fi am byth. Yr achlysur hanesyddol, yr angerdd a'r gwladgarwch, a'r sŵn mor fyddarol, fel tasa miliwn ohonom yn canu. Methodd rhai â chanu o gwbl, oherwydd yr emosiwn. Mi dorrodd fy llais innau ar y "Gwlad, gwlad..." a methais ganu'r llinell nesa wrth i'r lwmp feddiannu fy ngwddw. Llifodd y dagrau, ac wedi ailddarganfod fy llais crynedig erbyn "i'r bur hoff bau", edrychais o 'nghwmpas a gweld nad oedd yna bâr o lygaid sych yn nunlla. Dwi'n dal i gael lwmp yn y gwddw wrth gofio'r peth, a ias oer drostaf i gyd. Mae fy mlew yn codi wrth imi deipio'r geiriau hyn rŵan, a dagrau'n cronni...

Ac mi ganom ni drwy'r gêm i gyd. Ac mi glywodd y byd ni. Mi glywodd y byd yr iaith Gymraeg yn cael ei chanu trwy gydol y gêm, wrth i'r anthem a 'Calon Lân' lifo dros y cae a meddiannu'r tonfeddi. Gwelodd y byd yr angerdd a'r gwladgarwch hwnnw, a'r undod rhyngom ni'r cefnogwyr a'r chwaraewyr a staff ein tîm cenedlaethol. Ers tro byd, mae'r chwaraewyr wedi bod yn dod i sefyll o flaen y ffans ar ddiwedd pob un gêm, i ddathlu efo ni ac i ddiolch am y gefnogaeth frwd. Mae'r undod hwn wedi creu perthynas sbesial iawn dros y ddwy flynadd ddwytha, ond yn Bordeaux – ar ôl CURO'R GÊM GYNTAF honno – roedd o'n ddirdynnol...

Y Rhaeadr Coch

Golygfa bythgofiadwy oedd y rhaeadr o grysau cochion yn llifo i lawr y grisiau o'r stadiwm ar ôl y gêm, a phob un yn canu 'Don't Take Me Home' (yn ei lle a'i hamser, mae hi'n ffantastig o gân!). Roedd y rhaeadr yn ddi-ddiwedd, yn llifo a llifo a byth yn stopio. O lle'r oedd pawb yn dod? Roedd o fel ffatri creu pobol, yn chwydu Cymry coch allan ar gonfeior belt.

Fel ddwedais i gynt, roedd criw Blaenau wedi defnyddio'r un côd wrth brynu ticedi, fel ein bod i gyd yn cael seti yn ymyl ein gilydd. Felly efo Chum a'i deulu a gweddill yr hogia ro'n i'n gwylio'r gêm. Wrth gwrs, er mor eang ydi'r stands, ac er fod miloedd ohonom yno, mae rhywun yn siŵr o weld 'pawb' mewn gêm bêl-droed. Mae rhywun yn siŵr o weiddi a chodi ei law, a does ond isio edrych o gwmpas mewn cylch a chraffu i fyny ac i lawr i allu gweld rhywun da chi'n nabod. Wel, Cymry ydan ni ynde? Ond mi oedd hi'n anhygoel gweld faint o Gymry oedd allan yn Bordeaux (heb sôn am nes ymlaen, pan fyddai'r exodus mawr yn cyrraedd wedi i'r tîm guro'r grŵp), ac yn rhyfeddol faint o Gymry Cymraeg oedd yn eu mysg. Mae'r Gymraeg i'w chlywed ym mhobman mewn gemau cartref (mae'r Gogs yn bob man, mo!), ac mae yna ganran fawr o ffans gemau oddi cartra hefyd yn Gymry Cymraeg, ond yn Bordeaux – a Toulouse, Lens a.y.b. – roedd hi fel cerdded i lawr strydoedd Caernarfon neu Blaenau neu Bwllheli ar adegau, wrth i'r Gymraeg fyrlymu o bob cwr a chornel a bar.

Ar hannar amser y gêm, fuais i allan ar y concôrs, lle mae'r toiledau a'r stondinau byrgyrs. Tra yno'n smocio ffag, roedd hi fel bod adra. Sumai? Iawn mêt? Sud ŵti? Shwmai? Howaya lad? Treuliais ran da o'r ail hannar i fyny yn y *tier* uchaf efo rhai o griw Port, Penrhyn a'r Cofis.

Os nad ydi rhywun yn gyfarwydd â dilyn tîm pêl-droed Cymru, mae'n anodd iddyn nhw ddallt y frawdoliaeth hon – y teyrngarwch rhwng y cefnogwyr selog, y cyfeillgarwch a'r syniad o fod yn gymrodyr. Lle bynnag ydan ni efo Cymru, rydan ni'n chwilio am ein gilydd, yn cadw llygad am ein gilydd, yn gwylio cefnau ein gilydd, ac yn gwneud yn siŵr ein bod yn cwrdd a chael peint efo'n gilydd i ddal i fyny. Mae hyn, a'r elfen gymdeithasol, yn rhan ganolog o'r diwylliant, fel y mae gwladgarwch a chefnogi ein tîm. Ac yn Ffrainc, ynghanol y môr coch o filoedd ar filoedd (30,000 yn Bordeaux!), a hynny ar achlysur mor hanesyddol, un yr oeddan ni i gyd wedi breuddwydio amdano ers cymaint, roedd cael hyd i'n gilydd, gweld ein gilydd, a chodi peint efo'n gilydd yn gwbl, reddfol o bwysig. Bron yr un mor bwysig â bod yno yn y lle cyntaf. Felly maddeuwch i mi am fynd ymlaen ac ymlaen am y peth...

"Gareth Bale smokes weed!"

Ta waeth, fel ydw i, yn siarad efo hwn-a-hwn-a'r-llall, collais griw Blaena ar y ffordd allan ar ôl y gêm. Ond wedi gadael grownds y stadiwm mi ddois o hyd iddyn nhw eto, yn dilyn y dyrfa tuag at blatfform y tramiau. Wrth edrych tua'r platfform, fodd bynnag, roedd hi'n amlwg y byddai cerdded y 6 milltir i ganol y ddinas yn gyflymach nag aros tram, achos mi oedd yna giw yn ymestyn am hyd at hannar milltir – a digon o bobol i lenwi hannar arall yn aros i ymuno efo'r ciw hwnnw.

"Ffwcio hyn, gia," medda fi, "dwi am gerddad – dilyn y rêls i ganol dre." A dyna wnaethon ni, fel cannoedd o Gymry eraill, gan obeithio y gellid ffendio bar bach yn rhywle i dorri'r siwrna – a gobeithio gallu galw tacsi.

Yn fuan wedi dechra cerdded, tarais mewn i Geraint ac Eleri Lövgreen am y tro cyntaf ers i mi gyrraedd Ffrainc. Roedd hi'n dda eu gweld nhw. Dwi wedi bod yn mynd i gemau ffwrdd efo Geraint ers tro, ac mae Leri yn dod efo fo yn ddigon amal, gan ei bod hitha'n ffan pêl-droed Cymru selog ei hun. Mi gerddais am sbelan efo nhw, ond roeddan nhw'n mynd ar sbid arafach na fi, felly ffarweliais efo nhw cyn brysio ar ôl hogia Blaenau i drio cael hyd i far. Mi welwn i'r Lyfgrins eto, gan y byddan ni i gyd yn aros yn y gwesty roedd Gilly wedi'i fwcio i ni ym Mharis (ar gyfer gêm Lens).

Wedi bod yn yfed drwy'r dydd cyn treulio dwy awr yn sobri yn y stadiwm, ac ar ôl dwy filltir o gerdded roeddan ni'n fflagio. Doedd neb yn siarad, dim ond symud yn ein blaenau mewn tawelwch. Ond er bod fy nhraed a 'mhenglinia'n rhedeg allan o fatris, roedd fy mhen yn dal yn fywiog a gwyddwn y byddai peint o lager yn fy adfywio. Hynny, neu ychydig o banter a thynnu coes. Wrth i'n taith ddilyn glannau llyn (efo'r enw gwreiddiol Le Lac – 'y llyn'), mi ddaeth y tonic tynnu coes ar ffurf plant a hogia ifanc ddaeth i'n harasio ni ar eu beiciau padlo (ac un moped). Roedd rhai yn gofyn am het neu sgarff neu faner ganddon, tra bod eraill yn trio gwerthu gwair. Daeth beic i stop o fy mlaen, efo dau o hogia ar ei gefn yn gweiddi enwau chwaraewyr Cymru fel o'n i'n nesu. Daeth yn amlwg mai trio gwerthu gwair oeddan nhwthau hefyd, achos y slogan roeddan nhw'n ei weiddi i hysbysebu eu cynnyrch oedd "Gareth Bale smokes weed!"

"You've got it wrong," medda finna. "Gareth Bale *scores* weed!"

Ymhen rhyw bum neu ddeg munud arall, roedd rêls y tram yn troi i'r dde, ac yn pasio o flaen stribyn o faes parcio hir ac eitha cul, efo 'chydig o goed a lawnt y tu hwnt iddo. Y tu ôl i'r coed, ar godiad tir, roedd yna adeiladau tebyg i adeiladau Coleg. Ar ochr arall y maes parcio, yn sefyll wrth eu ceir *boy racers* a'u mopeds, roedd llanciau tywyll lleol yn eu hwdis a siacedi lledr yn hysbysebu eu cynnyrch trwy weiddi arnan ni, "hashish, weed, skunk, coca".

Wedi troi cornel arall roedd ein taith yn mynd â ni heibio i floc o fflatiau oedd yn codi'n syth o'r pafin. Cafwyd cyfarchion cyfeillgar o rai o'r ffenestri i ddechrau, cyn i gawod o ddŵr lanio ar ben y bois oedd yn cerdded o 'mlaen i. Dwi'n gobeithio mai dŵr oedd o!

Ar ôl milltir arall eto, roeddan ni'n pasio platfform tram. Wrth edrych yn ôl dros fy ysgwydd mi welis i fod yna dram gorlawn yn nesu. Ro'n i'n tagu am beint erbyn hyn, ac yn amcangyfrif fod tua awr arall o waith cerdded. Gwaeddais ar yr hogia, ond roeddan nhw'n rhy flinedig i ystyried y peth. Un olwg gymeron nhw ar y tun sardîns, cyn troi i ffwrdd a dal i gerdded. Rhedais at y tram a'i gyrraedd fel oedd y drws yn sleidio ar agor. Roedd wal solad o ffans Cymru yn fy ngwynebu. Neidiais i'w canol nhw a gwthio mor galad ag y medrwn i. Cydiodd breichiau ynddo fi a fy nhynnu i ganol y sardîns, a chaeodd y drws tu ôl i mi. A pha sardîns oedd biau'r breichiau wnaeth fy helpu i wasgu i mewn? Hogia Pesda – ac un o'nyn nhw'n byw dros y ffordd i Meleri, fy chwaer ienga, yn Llanllechid. Byd bach mo!

Sebon? C'est bon!

Neidiais i ffwrdd o'r tram yn Quinconces a phiciad i'r siop i nôl sypléis ar y ffordd i'r fflat i sbriwsio fyny 'chydig efo dŵr, cwrw a gwin (nid yn yr un gwydr, gyda llaw!). Tra yn y siop mi gofiais 'mod i angan sebon. Fedrwn i'm gweld sebon yn unlle, felly dyma chwilio am *shower gel*.

Stwff gwirion ydi hwnnw, ac o bosib y rybish mwya a brynodd neb erioed. Sut mae o fod i weithio? Cyn gyntad ag y mae rhywun yn gwasgu peth allan o'r botal mae o'n llithro i ffwrdd o dy ddwylo ac i lawr y plwg efo'r dŵr. Twyll mwya'r byd, debyg iawn – ar ôl y bancars. Mae pwy bynnag feddyliodd am ei greu o siŵr o fod wedi gwneud ffortiwn allan o barodrwydd pobol i brynu petha hollol da i ddim, cyn bellad â'i fod o'n ogleuo'n neis. Ac i lle mae o i gyd yn mynd ar ôl diflannu i lawr y peipiau heb wneud ei waith? Oes yna fôr o bybyls yn tyfu o dan ein strydoedd? Neu ydi'r *gel* yn uno efo'i gilydd yn y siwyrs, yn creu un blob anferth a fydd un diwrnod yn chwyddo allan o bob gwtar a thoilet a sinc, a byta'r byd i gyd?

Dwn i'm, ond heb sebon, doedd gennai'm llawer o ddewis. Ar ôl chwilio'n ofalus ar y silffoedd shampŵs, a darllen pob potel yn fanwl yn chwilio am unrhyw air oedd yn cyfleu 'shower' neu 'gel', roedd rhaid i mi fynd draw at y cowntar i holi'r ddynas.

"Avez vous la *gel shower?*" holais mewn acen Inspector Clouseau. Daeth dim ateb, dim ond golwg ddryslyd. Triais eto, yn fy Ffrangeg coloman ac mewn Saesneg. Ond doedd hi'n dallt dim. Doedd dim amdani ond meimio. Meimiais ddŵr cawod yn disgyn drostaf, yna meimio 'molchi dan fy ngheseiliau a fy mrest a dechrau mwmian canu wrth wneud.

Dwn i'm am y canu, ond mi weithiodd y meim. Chwarddodd y ddynes yn uchel, cyn mynd "Oui, oui," a cherddodd draw at y silff i estyn potelaid i fi. Edrychais ar y label. Doedd dim byd i'w weld arni – boed yn air na llun – i ddeud mai *shower gel* oedd y tu mewn iddi, ond mi gymerais ei gair hi.

Wedi yfed potelaid fawr o ddŵr, mi es am gawod sydyn cyn mynd allan – er mwyn cael gwared o'r chwys ac, yn bwysicach, i ddeffro'n iawn. Cyfle i destio'r *shower gel*, felly. Hyd heddiw, dwi'n dal ddim yn argyhoeddiedig mai dyna be oedd o. Doedd o ddim fel unrhyw *shower gel* a welais i cynt nac wedyn. Doedd o ddim yn stwff llithrig, fel tasa fo'n fyw, ond fel crîm *moisturiser* lliw hufen. Ac mi oedd o'n ogleuo fel y stwff mae rhywun yn roi ar losg haul – *After Sun*, neu beth bynnag maen nhw'n ei alw fo. Deud y gwir, mae hwnnw hefyd yn un o'r petha gwiriona mae bobol yn ei brynu, achos mae tomato yn gwneud yn union yr un peth i losg haul. Dyna oeddan ni'n ei wneud pan yn blant, os oeddan ni wedi llosgi; bydda Nain yn torri tomato yn ei hannar ac yn ei rwbio i mewn i'r croen. Roedd o'n gwneud y

tric yn berffaith, yn lladd y llosgi yn syth ac yn gwella'r croen. Yr unig broblam oedd fod y pips yn sticio ar ein croen. Ond be dio bwys am hynny?

Mi fuodd y *moisturiser* efo fi reit tan ddiwedd y daith drwy Ffrainc, ac efo hwnnw o'n i'n 'molchi bob tro – oni bai 'mod i'n aros mewn gwesty, pan o'n i'n defnyddio'r sebons a phacedi bach o *gel* oedd i'w cael am ddim. Uchod, mae yna lun o baced sebon ddois i adra o Baris fel swfenîr o Hôtel Saint-Germain. Dyma'r ffordd i folchi. Safiwch y byd rhag y blob!

La terreur de trolley! (Supermarket Sweep)

Ar ôl cawod yn y fflat, rois i glec i botel o win coch, FaceTeimio Rhian a Geth, wedyn mynd allan i ddathlu. Yn ffresh i gyd, er braidd yn sigledig fy nghamau wedi i'r awyr iach gymysgu efo'r gwin, es yn syth am ganol dre heibio'r Jardin Public a'r Fan Zone.

Ym mhen pella'r Place de la Comédie, roedd gwaith celf mawr o ben person wedi'i wneud o ddeunydd tebyg i fetel o liw rhwd. Roedd wedi ei greu i edrych fel pe tae y pen yn troi wrth i rywun gerdded heibio. O gwmpas y pen roedd yna berfformwyr stryd yn curo drymiau, bongos ac offerynnau taro. O'u hamglych nhw roedd criw o Gymry wedi tynnu'u crysau ac yn dawnsio fel nytars tra'n chwipio'u crysau mewn cylchoedd uwch eu pennau. Roedd torf o Ffrancwyr wedi casglu i wylio a ffilmio'r sioe ar eu ffonau. Mi stopias innau a dal fy ffôn uwch fy mhen tra'n ffilmio'r miri.

Wedi bod wrthi am rhyw bymthag eiliad dyma rywbeth trwm, pwerus, oedd yn trafaelio ar gryn gyflymdra yn fy hitio fi o'r tu ôl, ar fy nhin a chefn top fy nghoesau, nes fy ngyrru oddi ar fy nhraed ac i fyny i'r awyr a glanio rhyw ddwy lathan ymhellach i lawr y sgwâr, ynghanol y Ffrancwyr. Am gwpwl o eiliadau ro'n i'n meddwl 'mod i wedi cael fy hitio gan gar, ond yn yr un cwpwl o eiliadau mi sylweddolis nad o'n i wedi brifo digon i hynny fod wedi digwydd. Trois i sbio wrth godi ar fy nhraed, a be oedd yno ond rhyw Gymro o'r sowth wedi wejo ei hun yn sownd tu mewn i droli archfarchnad, yn ailadrodd y gair 'sori' drosodd a throsodd.

Be oedd wedi digwydd oedd bod ei fêts o wedi ei bwsio fo i lawr y sgwâr ar sbid, a gadael iddo fynd i gyfeiriad y dorf. Roedd yna fymryn o rediad ar i lawr yn y sgwâr ac mi helpodd hynny i gynyddu'r cyflymdra. Erbyn iddo fy hitio fi, roedd o'n ei môtro hi.

"Sorry, sorry, sorry!" medd y boi eto wedi i mi godi, tra'r oedd rhai o'r Ffrancwyr yn syllu mewn braw. Ond erbyn hynny ro'n i'n chwerthin yn braf ac yn gofyn iddo *fo* os oedd *o'n* iawn, achos mi oedd hi'n dipyn o sgèg iddo fynta hefyd, fyswn i'n ddeud. Cyrhaeddodd ei ddau fêt o wedyn, a dechrau ymddiheuro'n ddi-baid. Ddudais i wrthyn nhw na wnaed unrhyw ddrwg na difrod, ac iddyn nhw beidio poeni (do'n i fawr gwaeth, neu mi fysa nhw *wedi* cael rhywbeth i fod yn sori yn ei gylch!).

Sylwais i wedyn fod y fideo'n dal i recordio ar fy ffôn. Trwy gydol fy 'ffleit' trwy'r awyr a fy nglaniad caled a thrwsgl, roeddwn wedi dal fy ngafael yn dynn yn fy ffôn rhag iddi falu! Mae'r fideo dal gennai o hyd – ac mae o'n ffacin hilêriys. Un eiliad mae'r ffôn yn symud yn hamddenol braf efo bît y bongos, a'r eiliad nesa yn bob man, yn troi a throelli trwy'r awyr ac yn rowlio ar y cobls cyn dod i stop ynghanol coesau.

Caniadau'r Cysegr!

Y cof nesa sydd gennai ydi un ai y Rue Saint-Rémi neu y Rue Parlement Sainte-Catherine – dwy stryd gul, llawn o fariau, sy'n arwain o brif stryd siopa canol Bordeaux i lawr am y sgwariau bach wrth yr afon. Cerddais i mewn i ryw café-bar,

lle'r oedd Tal – ffrind o'r ysgol, 'run oed â fy chwaer Manon, ac
un o ddilynwyr ffyddlonaf Cymru ers blynyddoedd – yn ista
wrth fwrdd efo'i fab a chriw o Cricieth (lle mae o bellach yn
byw). Es i at y bar i nôl cwrw er mwyn ymuno efo nhw, ond
roedd o wedi rhedeg allan o gwrw. Roedd y Cymry wedi yfed
y lle'n sych.

Tu allan roedd tua cant o Gymru'n canu, eu baneri'n
hongian dros ffenestri, a chriw ar ben cadeiriau yn 'arwain y
côr'. Dwi'n cymryd mai ffans Abertawe oedd y codwrs canu
yma, achos dwi'n siŵr mai bois Crymych oeddan nhw. Roedd
fflag Crymych tu ôl iddyn nhw, beth bynnag, a dwi'n siŵr 'mod
i'n iawn i ddeud 'mod i'n nabod eu gwynebau fel hogia o'r
ardal honno. 'Nes i 'rioed feddwl fod Crymych yn lle ffwtbol
– rygbi a thractors ydi'u petha nhw, o be welais i pan fuo ni'n
campio yno fel teulu un haf – ond mae pêl-droed yn gryf iawn
yn yr aradaloedd cyfagos, yn enwedig dros y ffin yn Sir Gâr.
Ond falla bod yna fwy o bêl-droed yng Nghrymych nag y mae
rhywun yn ei feddwl. Mae rygbi'n tueddu i gael ei bortreadu fel
y gêm fwyaf boblogaidd ymhob man, a dim ond wrth grafu'r
wynab mae rhywun yn dod ar draws dilyniant pêl-droed. Ac
wrth gwrs, i Ysgol y Preseli yng Nghrymych aeth Joe Allen.

Oedd, mi oedd 'Don't Take Me Home' yn diwn gron o hyd
yn Bordeaux y noson honno, ond diolch i'r codwrs canu yn y
pulpud, roedd *repertoire* eitha llawn o ganeuon yn cael chwara
teg tu allan y bar hwn. Mi ganwyd 'Hen Wlad fy Nhadau' fwy nag
unwaith hefyd, ac ambell gân Gymraeg arall. Un o gyfraniadau
gwych ffans Abertawe i gemau Cymru'n ddiweddar ydi 'Calon
Lân'.

Nos Sadwrn oedd hi, felly roedd cannoedd o Bordolais allan
am y noson – llawer wedi'u denu gan bresenoldeb y Cymry,
synnwn i ddim. Stryd gul, ddi-draffig oedd hon, ac roedd y
cantorion Cymreig yn ei llenwi, felly roedd unrhyw un oedd
yn cerdded heibio yn gorfod nafigêtio'u ffordd drwy'r dorf.
Ond doedd neb yn gwneud hynny heb aros ychydig i brofi'r
awyrgylch. Boed yn unigolion, cariadon, teuluoedd neu griw
o ffrindiau, roeddan nhw i gyd yn stopio i ymuno yn y *buzz*,

ac i ffilmio ar eu ffonau – fel oedd perchennog y dafarn ei hun (Ffrancwr o dras Indiaidd) yn ei wneud tra'n sefyll ar ei falconi uwchben y bar, yn wên o glust i glust. Yn y *mass love-in* hwn, yn ogystal â 'Hen Wlad fy Nhadau' roeddan ni'n canu'r 'La Marseillaise' ar y cyd efo'r Ffrancwyr.

Gwahoddwyd Slofaciaid i ganu rhai o'u caneuon hwythau, ond er rhoi pob chwara teg iddyn nhw – a galw am dawelwch efo "hysh-shshsh" gan y dorf – ychydig o anti-cleimacs gafwyd bob tro, gan fod eu caneuon braidd yn ddifywyd a'u perfformiad yn eitha tila. 'Boddhaol', 'gweddol' a 'nid da lle gellir gwell' fysa'r athrawon yn sgwennu yn eu ripôrts. Ond o leia roeddan nhw'n trio!

Tra'n canu yn fan hyn mi ddaliodd criw Drenewydd i fyny efo fi eto – y Lyfgrins (Hywel, Yvonne ei wraig, eu merch Bethan a'i gŵr Anthony), Gilly, Nelly a Jamie. Ond mi gollodd pawb ei gilydd eto wrth ddiflannu i nôl cwrw o'r bariau cyfagos.

Mae bron bopeth arall am y noson hon yn niwl. Dwi'n cofio taro mewn i lot o ffrindiau pêl-droed – rhai hen a diweddar. Da oedd gweld criw Castell Newydd Emlyn a chriw y Canton Hotel; Rhys Ioro, Dafydd Emyr, Andrew a Gafyn a gweddill yr alltudion o'r gogledd sy'n yfed yn nhŷ potas gorau Caerdydd. Dwi hefyd yn cofio troi i lawr stryd ochr oedd yn cysylltu St Rémi a St Catherine, ac yn syth i ganol tua chant o Gymry'n canu a dawnsio, a matras yn cael ei phasio rownd uwch eu pennau efo pobol yn crowd-syrffio arni! Ac ynghanol hyn i gyd, roedd rhyw Ffrancwr wedi parcio ei gar bach reit ynghanol y dorf. Mi oedd o'n gwneud llwyfan grêt.

"Ian Rush, Ian Rush, Ian, Ian Rush. He's gorra moustache, loads of cash, Ian, Ian Rush!"

Rushy ydi fy *all-time* arwr pêl-droed Cymru, ac fy ail arwr pêl-droed yn gyfan gwbl ar ôl Kenny Dalglish. 'Nes i gwrdd â fo tu allan i Stadiwm y Mileniwm unwaith, yn dod allan o fynedfa'r wasg wrth yr Holiday Inn. Roedd o'n siarad efo Oliver Hides a rhywun arall pan o'n i'n digwydd pasio. 'Nes i dorri ar draws y sgwrs efo "Ryshi!" ac ysgwyd ei law o. Chwara teg, roedd o'n grêt, *eye contact* dyn clên a didwyll, a llaw gyfeillgar, gadarn a gonest. Nyff sed.

Wrth siglo'n hamddenol tuag adra yn oriau mân y bora ar ôl dathlu'r fuddugoliaeth hanesyddol dros Slofacia, mi gyrhaeddais y Place de la Comédie – lle ges i'r profiad o hedfan, diolch i'r Sweep de la Supermarché rai oriau ynghynt. Mae'n debyg ei bod hi o gwmpas pedwar o'r gloch y bora, ac roedd 'na dorf go fawr o ffans Cymru wedi casglu tu allan y Grande Hotel de Bordeaux. Roeddan nhw i gyd wedi egseitio, ac yn canu, "There's only one Ian Rush... Walking in the Rushy wonderland". Yn naturiol, es i draw i fusnesu.

Ian Rush oedd yno (syrpréis syrpréis), yn cael ei mobio wrth gyrraedd yn ôl i'r gwesty ar ôl bod allan yn dathlu. Mi arhosais ar gyrion y dorf, yn ffilmio, dan ganu "Ian Rush... gorra moustache, loadsa cash..." Chwara teg i Rushy, mi ysgydwodd o bob un llaw gafodd ei hestyn tuag ato, ac erbyn iddo gyrraedd y drws roedd o'n crio dagrau oherwydd yr emosiwn. Does dim byd arall i'w ddeud. Heblaw un gair; parch.

Dydd Sul, Mehefin 12, 2016
Symud

Ro'n i fod allan o 'Penthouse Prysor' erbyn un ar ddeg. Fyddai hynny ond rhyw 6 awr ers imi gyrraedd adra ar ôl gweld Ian Rush yn cael ei fobio. Dwi'm yn cofio pryd ddeffris i – ond dwi'n tueddu i ddeffro'n fuan ar ôl sesh, gan fod y cwrw'n troi yn fy mol fel dillad mewn peiriant golchi. Roedd 'na bedwar *missed call* ac un neges Voicemail yn aros amdanaf ar y ffôn. Rhyw foi o'r enw Dominic oedd yno, yn galw'i hun yn 'caretaker' ac isio trefnu i nôl goriad y fflat.

Wedi pacio, clirio a llnau rhywfaint – a thynnu lluniau – ges i gawod, cyn rhoi clec i weddillion y gwin coch. Ffoniais Dominic y gofalwr am 11:48 am ac ymddiheuro am fod yn hwyr. Doedd o ddim yn meindio, medda fo. O fewn pum munud, roedd o wedi cyrraedd ar gefn ei feic. "Ça va?" "Oui, très bien, et vous?" Roedd Dominic yn foi clên iawn, ond mynnais fynd â fo rownd y fflat iddo gael gweld nad oedd unrhyw ddifrod wedi'i wneud. Yna gadewais 'Penthouse Prysor' ar yr un adeg â fo, gan gerdded i lawr y grisiau cerrig a thrwy 'borth y castell' am y tro ola. Ysgydwais law Dominic ar y pafin, a neidiodd ar ei feic a phadlo i ffwrdd efo "Au revoir" siriol.

Dydd Sul oedd hi, a doeddwn i ddim yn tsiecio mewn i'r hostel tan rhwng 4pm a 6pm, felly roedd gen i ddigon o amser i'w ladd. Roedd y bag dillad yn drwm ac roedd gen i focs efo chwech o boteli lager o dan fy mraich. Croesais y ffordd ac i mewn â fi i barc y Jardin Public, ac eistedd ar fainc yng nghysgod y coed i yfed y cwrw wrth wylio'r jogars yn loncio heibio. Roedd 'na lot o'nyn nhw – merched ifanc siapus, hogia ffit a llwyth o gyplau canol oed. Sylwais mai yr un rhai oedd yn pasio bob rhyw bum munud, felly doedd y *circuit*, na'r parc, ddim yn un mawr.

Roedd olion y ffliw annwyd fuodd arna i cyn gadael Cymru yn dal i gydio. Drwy gydol y trip hyd yma roeddwn wedi bod yn chwythu fy nhrwyn yn ddi-stop – y math o chwythu trwyn roedd rhaid cael hancas i'w wneud, gan nad oedd ei wagio y ffordd draddodiadol (bys ar un ffroen a chwythu'r llall) yn gwneud y tric. Mi oedd o wedi bod yn gwella'n ara deg, ond heddiw roedd o mewn *relapse* go iawn, ac yn llifo fel afon o jeli. Doedd gennai ddim tishws ar ôl, felly doedd dim amdani ond chwythu y ffordd draddodiadol. Ond yn lle saethu *snots* allan yn daclus, dim ond stremps hir oedd yn mynnu hongian fel rhaffa bynji rhwng fy nhrwyn a'r llawr, a dim ond chwythu a chwythu, rhwbio a chwythu eto oedd yn gweithio. Ar ôl deg munud o hyn, dan edrychiadau rhyfedd o du'r jogars, llwyddais i wagio 'nhrwyn. Tynnais lun selffi ar y ffôn er mwyn gwneud yn siŵr nad oedd 'na 'samons' yn dal i lechu yn fy ffroenau, cyn gorffen potel arall o lager tra'n siarad efo Rhian dros y ffôn.

Symudais ymlaen at y Fan Zone, ac eistedd ar y meinciau yng nghysgod ambell goeden dros ffordd i gofeb y Girondins. Gorffennais y bocs o lagers cyn mynd â'r bag dillad trwm draw i'r stondin Baggage – y gwasanaeth cadw bagiau pobl tra'r oeddan nhw yn y Fan Zone. Wedyn es i lawr am far yr Houses of Parliament, ac yn fy mlaen wedyn at y Charles Dickens. Drws nesa i hwnnw roedd bar efo byrddau y tu allan, ac mi oeddan nhw'n gwneud croque-madame am €7, sef £5. Mae croque-madame fel croque-monsieur, ond efo wy meddal ynghanol y caws. Wedi byw ar fagéts a brecwasts o gorn fflêcs am ddyddia, roedd y croque-madame yn fendigedig – a dyna fuodd fy mrecwast am weddill fy amser yn Bordeaux.

Drwy gyfrwng Facebook a tecst, mi ges i wybod fod Meirion Wyn a Paul Dirky ar y ffordd. Hogia o ardal Bethesda ydi'r ddau, ac maen nhw'n trafaelio dipyn trwy Ewrop yn pigo mefus a ballu. Roeddan nhw wedi bod yn aros yn nhŷ ffrindiau iddyn nhw y tu allan i Bordeaux. Mae gennai lwyth o ffrindiau yn Bethesda ers tua 30 mlynadd, a dwi wedi yfed lot yn y pentra, gan fwynhau amal i barti gwyllt yno. Mae rhai o'r criw dwi'n nabod yn ffrindiau agos, ac mae'r rhan fwyaf o'nyn nhw'n gerddorion a beirdd, ac hefyd yn nytars cynnes, amryddawn a phositif iawn. Maen nhw i gyd, bron, o'r un genhedlaeth â fi, ond 'chydig o flynyddoedd yn hŷn. Ond yn ddiweddar dwi wedi dod i nabod cenhedlaeth newydd o gerddorion a nytars cynnes, amryddawn a phositif o Pesda, trwy gerddoriaeth a fy nghysylltiadau Pesdaidd a'r ffaith 'mod i'n nabod rhieni rhai o'nyn nhw! Mi ddois i nabod Mei a Dirky trwy'r to iau hynny o gerddorion, gan eu bod nhw'n rhan o'r un criw.

Daeth Mei a Dirky o hyd i mi yn bwyta croque-madame tu allan y pyb drws nesa i'r Charles Dickens. Cyn hir, daeth criw o hogia Llan Ffestiniog i ymuno â ni – Sean, sydd yn nai i Iwcs, un o fy ffrindiau bora oes o Traws (o le ydw i'n wreiddiol, wrth reswm), Dyfed, a Gwi Jôs sydd bellach yn byw y tu allan i Bournemouth. Mae'r tri yn ffans pêl-droed Cymru ac yn wynebau cyson yn y gemau cartref yng Nghaerdydd, ac mae Gwi Jôs – sydd â'i dad a hannar ei deulu yn dod o Traws – yn nai i Buff, un arall o fy ffrindiau gorau, a fu farw ychydig flynyddoedd yn ôl. Yn naturiol, trodd y pnawn yn dipyn o sesh, ac roedd rhaid i mi atgoffa fy hun bob yn hyn a hyn fy mod angan nôl fy mag dillad a mynd i jecio mewn i'r hostel.

Efo hogia Llan roedd dau foi o Gaerfyrddin. Dwi wedi anghofio enw un, ond Ben oedd enw'r llall. Gan mai hogan o Gaerfyrddin ydi Rhian fy ngwraig mi fuais i'n siarad dipyn efo nhw, a holi os oeddan nhw'n ei nabod hi. Doeddan nhw ddim, gan eu bod nhw'n iau na hi, ond mi oedd un wedi mynychu'r un ysgol, sef Ysgol Bro Myrddin. Honno ydi'r ysgol Gymraeg, ac roedd Rhian yno ar yr un pryd â Matthew Stevens y chwaraewr snwcer, a Stephen Jones y boi rygbi. Dau hogyn iawn oedd Ben a'r llall. Roedd un yn Gymro Cymraeg a'r llall yn ddi-Gymraeg, a'r rheswm am hynny, meddent, oedd fod y naill wedi mynychu Ysgol Bro Myrddin a'r llall wedi mynychu ysgol uwchradd arall Caerfyrddin.

Rhywbryd ar ôl 4pm penderfynais fynd i wneud yr hyn oedd rhaid i mi ei wneud cyn meddwi gormod. Felly trefnais i ailgwrdd â'r criw ymhen rhyw awr neu ddwy. Brysiais i nôl y bag a neidio ar y tram yn Quinconces. Ymhen llai na deng munud roeddwn yn gadael y tram yn Chartrons, sydd tua milltir neu ddwy i fyny'r afon o le fuais i'n yfed drwy'r pnawn efo'r hogia. Ar ôl munud o gerdded i fyny stryd fudur a blêr mi lwyddais i gael hyd i'r 'hostel'. Doedd dim arwydd na dim arall i ddangos fod yna lety yno. Triais agor y drws dwbwl pren, ond er fod y cwbl lot yn ysgwyd, doedd dim golwg agor arno.

Cyn hir, tarodd dyn pen moel ei ben drwy ffenast ddau lawr i fyny. "Bonjour," gwaeddodd yn glên, ac atebais yntau yr un fath. Diflannodd y pen, ac o fewn munud roedd o'n sefyll o fy mlaen i yn y drws. Tu ôl iddo roedd pasej hir, tamp a thywyll, nid rhy anhebyg i lefel chwarel. Ar y llawr roedd cobyls, ac ar y waliau, ffyc ôl ond cerrig. Yn y pasej, roedd beic a – er syndod imi – piano. Doeddwn ddim yn synnu gweld y piano ei hun, achos, yn Ffrainc mae rhywun yn dod i arfer gweld pianos mewn llefydd cyhoeddus – er enghraifft, mae yna bianos ymhob gorsaf trên, ac yn y meysydd awyr hefyd, fel y gall unrhyw un fynd draw i'w chwara nhw (ac mae 'na bobol wastad yn gwneud). Na, nid gweld piano oedd yn fy synnu, ond gweld piano mewn lle fel hyn. I ddechrau efo hi, twnnel hir oedd y pasej, heb olau yn agos iddo – prin oedd rhywun yn gallu gweld yn iawn yn ystod dydd, heb sôn am yn y nos. Ac yn ail, roedd y pasej yn damp – nid yn amlwg wlyb o damp – ond yn damp serch hynny. Nid y lle callaf i gadw piano.

Arweiniodd y dyn fi at risiau ac, wedi dringo i'r ail lawr, dangosodd sut i agor drws mawr pren arall, oedd hefyd yn ysgwyd. Doedd y clo ddim yn strêt-fforward, chwaith. Rhowch hi fel hyn – roedd yna 'nac' iddo fo. Triais gofio'r 'nac' a dilynais y dyn drwyddo ac i gwrt bach 'awyr agored' lle oedd planhigion yn tyfu, un bwrdd bach crwn ac ashtrê arno, a dwy gadair ar ganol y llawr. Er mai awyr-agored oedd y lle, roedd yna do drosto – to plastig sî-thrŵ, corigêtyd.

Aeth y *monsieur* â fi trwy ddrws arall, a dangos lle'r oedd fy ngwely, a lle'r oedd y gegin a'r bathrwm. Dwedodd fod pawb yn gorfod mynd allan am awr bob dydd am un ar ddeg y bora, er mwyn i'r "merched llnau" wneud eu gwaith.

'Guest House Paradiso'

Sut alla i ddisgrifio'r hostel? Wel, i ddechrau efo hi, fyswn i *ddim* yn ei disgrifio fel hostel. Roedd 'na stafall fach efo tri gwely haearn o'r math a geir mewn carchardai, a chwpwrdd efo toilet ynddo fo. Drwodd yn y gegin fechan roedd yna sinc metel, a phob tro ro'n i'n ei gyffwrdd o, neu y tap neu'r dŵr oedd yn llifo ohono, ro'n i'n cael sioc drydanol. Roedd rhaid i fi ddefnyddio mwg tê porselin i yfed dŵr, ac iwsio handlan y mwg i droi'r tap ymlaen ac i ffwrdd. O'r gegin roedd yna ddrws yn arwain i'r bathrwm – toilet oedd yn cael traffarth fflysho, sinc porselin (diolch byth) a bath (plastig, diolch byth) efo peipan o'r tapiau i declyn cawod oedd yn hongian ar y wal. Y disgrifiad syml o'r 'hostel' felly, oedd lle i gysgu, cachu a 'molchi. Dim byd arall.

Ond dyna fo. Dyna ro'n i ei angan, yn y bôn. Ac o leia roedd y lle'n lân...

Tan i'r chwain ddechrau brathu...

Dim ond un person arall oedd yn aros yno am y dair noson oeddwn i yno. Hwngariad oedd o, boi annwyl, clên a hwyliog, a chyfeillgar dros ben, o'r enw Tamás (ynganiad 'Tamash'). Yno i gefnogi Hwngari oedd o, gan eu bod nhw'n chwara yn erbyn Awstria yn Bordeaux ar y nos Fawrth. Roedd o wedi gwirioni efo'r Cymry, ac wedi mabwysiadu Cymru fel ei ail dîm. Welis i erioed rywun mor siriol ac 'effro' yn y boreuau – rhy siriol i rywun fel fi, sydd (oni bai 'mod i'n dal wedi meddwi) yn ddeffrwr blin, gan amlaf. Mi fydda Tamás i fyny efo cŵn Caer bob dydd, ac yn mynd allan i rywle a dod yn ôl efo ffrwythau, pacedi bisgets a *croissants* oer, ac yn mynnu eu hwrjo arna i. Ond dwi'n casáu *croissants*, heb sôn am rai oer. Fysa'n well gen i fwyta mwsog. Ond mi o'n i'n mynd i ista ar y bwrdd bach crwn tu allan i smocio a sgwrsio efo fo yn y boreua. Dwi'n dal mewn cysylltiad Facebook efo fo hyd heddiw, ac mi fu'n gyrru negeseuon i mi'n rheolaidd yn ystod yr Ewros, pan oedd Cymru'n chwara.

Gwely Tamás oedd yr un agosa at ddrws y dorm, a gan fod y dorm mor fach, roedd y gwely yn agos *iawn* i'r drws. Pan ddois yn ôl yn oriau mân y bora y noson gynta waldiais fy nghrimog (*shin*) yn erbyn y ffrâm haearn yn y twllwch. Roedd hi'n ffwc o swadan, a dwi'm yn gwybod sut 'nes i gadw fy hun rhag gweiddi mwrdwr dros y lle a deffro Tamás druan. Bu rhaid i fi fynd allan i'r cwrt, lle'r oedd yna olau yn dod ymlaen efo sensor symud (ac yn mynd i ffwrdd ymhen deg eiliad) er mwyn neidio o gwmpas tra'n rhegi a griddfan wrth fygu'r awydd i sgrechian. Codais goes fy nhrwsus i weld y damej. Gwaed. Lot o waed. Mae'r graith yn dal gennai heddiw.

Pan ddaeth perchennog yr 'hostel' o gwmpas y lle yn y bora, mi soniais wrtho am y sioc letrig ro'n i'n ei gael o'r sinc. Mi aeth i sbio, gan gyffwrdd ei fys yn y tap, ac yn y sinc, ond doedd o ddim yn cael unrhyw sioc. Dwi 'di gweithio rhai blynyddoedd fel sbarci, felly ro'n i'n gwybod mai *neutral earth fault* oedd o, achos mi fysa *live earth* yn lladd rhywun (gan ei bod hi'n amlwg nad oedd yna ffiwsus RCD yn y mêns). Mi ddwedais hynny wrtho, mewn cyfuniad o Ffrangeg, Saesneg a Chymraeg, ac mi addawodd o gael "a man" i gael golwg ar y letrigs. Electrishan gobeithio, meddyliais!

Tra'r o'n i'n eistedd tu allan yn smocio efo Tamás mi ddaeth 'odd job man' yr hostel o rywle – Ffrancwr, tua'r un oed â finna. Fuodd o'n ffidlan efo clo'r drws pren rhwng y landing a'r cwrt am sbelan, cyn dechrau ei agor a chau drosodd a throsodd. Wedi bodloni ar ei waith mi gyhoeddodd wrthon fod y 'system' agor a chau y drws wedi newid. Yn lle troi'r goriad i'r chwith a symud y latsh efo'r cloc, byddai rhaid troi'r goriad i'r dde a symud y latsh yn erbyn y cloc. Hynny ydi, roedd yna 'nac' newydd o hyn ymlaen.

Mi ddaeth draw aton ni wrth y bwrdd i gael smôc wedyn. Hen foi iawn. Ar y pryd, ro'n i'n meddwl mai rhywun oedd wedi galw yn un swydd i drwsio'r clo oedd o, felly wnes i'm sôn wrtho am y sinc. Y diwrnod canlynol, mi ddois ar ei draws o yn y gegin, yn ffidlan wrth y sinc. Dyna pryd sylweddolis i mai fo oedd boi *odd jobs* y llety – ac mai fo oedd y "dyn" roedd y perchennog am ei yrru draw i gael golwg! Doedd ganddo ddim tŵls, a dim clem. Mi adewis i o yn agor plwg y tecall efo cyllall fenyn.

Ond mwy am yr hostel yn nes ymlaen...

Ar ôl symud

Wedi tsiecio mewn a stasho fy mag, es yn ôl allan at y criw. Dwi ddim yn cofio lle ddaliais i fyny efo nhw, na lle fuon ni wedyn, na phwy welson ni, na dim. Ond dwi'n gwybod 'mod i'n dal efo Mei a Dirky ddiwedd y noson. Mae gen i gof – a lluniau meddw – ohono ni'n crwydro heibio'r adeiladau mawreddog, goleuedig ar y cei hir wrth yr afon. Tynnwyd y lluniau hynny cyn ac ar ôl hannar nos.

Mae gennai gof, wedyn, o adael y ddau tua un o'r gloch y bora. Roeddan nhw am fynd i chwilio am ffrindiau iddyn nhw, ac roeddan nhw'n bendant fod yna ardal llawn tafarnau yn yr un cyfeiriad â lle'r oedd eu ffrindiau. Ro'n i, fodd bynnag, yn bendant nad oedd unrhyw beth i'r cyfeiriad hwnnw, ond mi o'n i hefyd yn hollol, gyfan gwbl shitrwts o geiban, felly duw a ŵyr. Fodd bynnag, ddudais i "Wela i chi fory – à demain, à bientôt, au revoir," a'i throi hi i ganlyn yr afon am fy llety, neu 'Guest House Paradiso' fel roeddwn yn ei alw fo erbyn hyn, ar ôl gwesty Eddie a Richie yn y ffilm o'r un enw.

Un cam ymlaen ac un cam yn ôl oedd hi. Erbyn i mi gyrraedd y stryd iawn, ro'n i'n llwgu cymaint roedd bocha'n nhin i'n byta'n nhrwsus i. Cofiais fod perchennog y llety wedi sôn fod yna tecawê ar y chwith ar ôl gadael pen arall y stryd. Mi es, yn linc-di-lonc tuag at y golau...

Wedi troi i stryd fwy agored a llydan, pwy welis i'n dod i fy nghwfwr ond Mei a Dirky ac un neu ddau o bobol Ffrengig efo nhw – ac mae gennai gof bod dau Gymro arall dwi'n eu nabod efo nhw, hefyd. Roeddan nhw wedi cerdded milltiroedd yn chwilio am bybs agored, mae'n debyg. Heidiodd y cwbl ohonan ni i mewn i'r lle pizzas a kebabs. Roeddan nhw ar fin cau, ond mi aethon nhw ati i wneud bwyd i ni. Ffrancwyr o dras Arabaidd oeddan nhw, a hen fois iawn, wedi gwirioni efo'r "crazy Gallois!" Fuon ni'n sgwrsio'n braf am rhyw chwarter awr, cyn i griw o Saeson gyrraedd a newid yr awyrgylch yn syth. Ar un adeg ro'n i'n meddwl "dyma ni", a dwi'n cofio sobri fy hun ddigon i fod yn wyliadwrus, a chael fy synhwyrau mewn trefn – jesd rhag ofn. Doedd y lleill ddim yn meddu ar yr un reddf i synhwyro perygl, ac er nad oeddan nhw'n gyfforddus efo'r ffordd yr âi'r sgwrs yn ei blaen roeddan nhw'n dal i drio bod yn gymdeithasol. Ddwedais i 'run gair, dim ond gwylio. Gwyddwn y byddai'r hogia tu ôl y cowntar yn bacio ni fyny tasa hi'n cicio off.

Ond ddaeth hi ddim i hynny. Cŵn cyfarth, nid brathu, oedd y prics. Mi ddaeth ein bwyd, ac mi adawom. Aeth yr hogia i un cyfeiriad ac es i â fy mhizza i'r Hotel Paradiso a'i bwyta wrth y bwrdd crwn ar y cwrt 'awyr agored' – gan chwifio fy mraich bob deg eiliad er mwyn i'r sensor droi'r golau 'nôl ymlaen. Wedi chwalu'r pizza, es i mewn trwy ddrws y dorm a hitio fy nghoes ar y gwely haearn hwnnw.

Dydd Llun, Mehefin 13, 2016

Y bora wedyn, ro'n i 'nôl yn y dafarn efo peint o lager ac yn bwyta croque-madame. Roedd yna dipyn o Awstriaid a Hwngariaid wedi cyrraedd. Roedd hi'n rhyfedd gweld cymaint o grysau coch nad oedd yn Gymry.

'Diolch i chi am ddod.'

Ges i decst gan Dafydd Nant am chwarter i bedwar yn deud ei fod o yn y Charles Dickens, a bod pobol y dafarn wedi rhoi arwydd yn Gymraeg tu allan. Erbyn hynny ro'n i yn y Le Castan, drws nesa ond un i'r Charles Dickens, yn yfed efo merched o'r Bala. Roedd un o'r criw yn ferch i chwaer Glen (Glenys) sy'n cadw'r Tap, fy 'local' yn Blaenau. Roedd ei chefnder, Hefin, mab y Tap, yn dal yn Ffrainc yn rhywle, ac mi decstiais o i ddeud 'mod i wedi ffendio'i gnithar o yn Bordeaux. Byd bach! Eto.

Bicias i draw i'r Charles Dickens i weld Dafydd Nant a'i fêts, ac yn wir i chi, mi oedd y landlord wedi rhoi arwydd i fyny o flaen y dafarn yn deud 'Diolch i chi am ddod'. Mi oedd y landlord hwn wedi bod yn un o'r rhai mwyaf cyson ei ganmoliaeth i'r Cymry ar y cyfryngau. Ar ôl sgwrs yn y Dickens, es yn fy ôl at fy nghwrw a'r lêdis yn y Castan, a chyn hir mi laniodd Mei a Dirky i ymuno yn y swig. Mi adawodd merched Bala rhywbryd wedi wyth, a sgennai ddim cof o gwbl lle aeth Mei, Dirky a finna wedyn.

"Hey! This is a hostel, my 'friend' – you do not put light on!!"

Cyn imi adael Guest House Paradiso y bora hwnnw, roedd rhywun arall yn cyrraedd i gymryd y trydydd gwely yn y dorm. Hwngariad arall oedd o – boi mawr, oedd ddim hannar mor hawddgar â Tamás. Wedi i mi ddod yn ôl o'r pybs y noson yma, ac osgoi hitio 'nghoes y tro hwn, mi ges fy neffro ganol nos gan sŵn chwyrnu uchel. Yr Hwngariad mawr oedd wrthi, yn y gwely drws nesa i mi. Roedd o'n annioddefol, yn rhuo fel byffalo efo dannodd yn bwyta kitchen foil. Yn y diwadd neidiais o fy ngwely a rhegi'n uchel arno. Cododd ei ben a gofyn, mewn Saesneg go dda, "Was I snoring?"

"Like a ffycin elephant!" atebais, ac mi ymddiheurodd y boi. Rŵan 'mod i'n effro mi sylwais 'mod i wedi mynd i gysgu yn fy nillad ar ben y dillad gwely, ac wedi anghofio rhoi fy ffôn ar tsharj a fy nannadd mewn gwydr. Yn hannar cysgu o hyd, chwilotais yn y twllwch am fy mag bach cefn er mwyn nôl y tsharjar. Mi oedd yna lampau batri bychain ar ochr ffrâm y gwely, ond doeddwn i heb sylwi mai dyna be oeddan nhw (blond moment arall), felly, heb feddwl, trois olau mawr y dorm ymlaen. Camgymeriad! Mi wylltiodd yr Hwngariad mawr a swingio'i goesau allan o'i wely a rhuo'n ymosodol arnai, "THIS IS A **HOSTEL**, MY FRIEND! YOU **DO NOT** PUT LIGHT ON!"

"WELL YOU SHOULDN'T BE FFYCIN SNORING EITHER!" bloeddiais yn ôl o ganol y llawr, yr un mor flin – fel tasa gan y cradur help ei fod o'n chwyrnu. Roedd o ar fin neidio amdanaf i pan gafodd Tamás y blaen arno. Dwi 'rioed wedi gweld rhywun yn symud mor sydyn, achos o fewn eiliad roedd o wedi neidio i ganol y llawr rhwng y ddau o'nan ni, ac wedi rhoi pâr o *ear plugs* rwber i mi. "You do this," medda fo, a twistio un pen iddyn nhw yn bigyn main. Eiliadau wedyn, roedd o wedi tawelu ei gydwladwr efo brawddeg sydyn yn eu hiaith nhw. Rhoddodd hwnnw ei ben yn ôl dan ei flanced, ac mi rois innau fy ffôn ar tsharj, fy nannadd mewn gwydr a'r plygiau yn fy nghlustiau… a'r golau i ffwrdd.

Dydd Mawrth, Mehefin 14, 2016

Ro'n i'n effro eto o fewn cwpwl o oriau. Roedd hi wedi goleuo, ac roedd yr arth yn y gwely drws nesa yn pacio. Gwrandewais arno'n hel ei betha, gan agor un llygad bob yn hyn a hyn i sbeio arno fo. Yna, mi aeth. A welis i mo'no fo wedyn, diolch byth.

Cododd Tamás wedyn, yn wên o glust i glust fel arfer,

gan gynnig bisgets i mi. Holodd sut oedd y plygiau clust, a chwerthin. Ymddiheurais am ddeffro pawb, ond pwysleisiodd Tamás nad oedd rhaid i fi. "He was not nice man," medda fo. Dwinna chwaith, pan dwi'n cael fy neffro, medda fi. Teimlwn ychydig yn euog. Ddyliwn i heb fod wedi gweiddi arno. Ond mi *oedd* ei chwyrnu'n erchyll, chwara teg. Ac er fod pobol *yn* rhoi golau 'mlaen mewn dorms hostels, ddyliwn i ddim fod wedi gwneud hynny, chwaith. Ond dyna fo. Roedd popeth yn iawn.

Heblaw am y chwain.

Ro'n i wedi cael dau frathiad cas ar fy mreichiau, un ar fy nghoes ac un ar ochr fy mol. Yn y fatras oedd y basdads bach yn byw, does dim dwywaith am hynny, ac yn dod allan yn y nos i fy mwyta fi. Ymhen 'chydig ddyddia mi fydda'r brathiadau wedi tyfu'n lympiau coch efo hoel dannadd yn eu canol – digon i wneud i mi ddechrau meddwl mai un o'r pryfid cop 'false widows' hynny oedd wedi bod wrthi. Mewn tua pythefnos fydda rhaid i fi wneud rhywbeth yn eu cylch, achos erbyn hynny roedd hi'n edrych fel 'mod i'n mynd i gael gwenwyn yn y gwaed. Ond mwy am hynny eto.

Roedd hi'n fora'r gêm rhwng Awstria a Hwngari ac mi aeth Tamás i gyfarfod ei fêts oedd yn cyrraedd ar y dydd. Doedd dim cymaint o Gymry o gwmpas erbyn hyn – llwyth wedi symud i lefydd eraill oedd yn agosach at leoliad y gêm nesa. Gwyddwn fod rhai o hogia Port, Penrhyn, Pwllheli a'r Cofis wedi mynd i Biarritz am 'chydig ddyddia i ddathlu pen-blwydd Ger Bach yn 40, a bod yna griw o Ben Llŷn yn aros yn Limoges. Roedd Mei a Dirky wedi'i throi hi am dde Ffrainc, dwi'n meddwl. Ond gwyddwn fod y Lyfgrins a rhai o hogia Drenewydd yn dal o gwmpas Bordeaux yn rhywle.

Gwin a Myfyrdod

Penderfynais fynd am dro rownd strydoedd cul a sgwariau bach niferus Bordeaux, gan mai hwn fyddai fy niwrnod llawn ola yn y ddinas hardd honno. Doedd hi'm yn hir cyn imi gael hyd i ambell far gwin bach difyr yn y ddrysfa o strydoedd bach tlws. Fydda hi'n amharchus i beidio profi'r grawnwin lleol ac amsugno diwylliant hamddenol a diwylliedig y ddinas. Mi es i sawl bar gwin ac archebu diod mewn Ffrangeg, a mwynhau gwydreidiau helaeth o'r stwff coch mewn tawelwch, tra'n darllen y papurau newydd lleol – neu, o leia trio dilyn be oeddan nhw'n ei ddeud.

Mi oedd yna lot fawr o ganmoliaeth i ffans Cymru, roedd hynny'n hollol amlwg, ac ro'n i'n teimlo balchder mawr bod ein gwlad fach wedi gwneud argraff mor bositif. Mi fyddai hyn yn thema fyddai'n cryfhau yn sylweddol dros yr wythnosau i ddod, wrth gwrs, ond mae'n bwysig cofio mai yn Bordeaux y dechreuodd hynny – mai yno, yn nyddiau cynharaf yr antur fawr y cododd seren Cymru gyntaf.

Mae cymaint o brofiadau bach nad oes lle iddyn nhw yn y llyfr yma, ac mae rhai ohonyn nhw'n ymwneud â'r iaith Gymraeg. Dwi wedi colli cownt o faint o weithiau y bûm yng nghwmni Cymry di-Gymraeg oedd yn ymhyfrydu yn yr iaith. Mi welwch fod hyn yn cael ei fynegi drwy gydol y ffilm *Y Wal Goch / The Red Wall* a ffilmiwyd yn ystod un diwrnod yn Bordeaux. Ynddi, mae Cymry di-Gymraeg yn datgan mor falch oeddyn nhw o'r iaith Gymraeg, ac mor dda oedd ei chlywed o'u cwmpas ymhob man. Ar fy ffordd o'r Château du Chwain (fel oeddwn wedi ailfedyddio Guest House Paradiso, erbyn hyn) roeddwn yn pasio criwiau o Gymoedd y de yn y boreuau, yn eistedd tu allan i rhyw far neu'i gilydd yn cael blewyn y ci efo 'chydig o fwyd. Ar ddau achlysur gwahanol mi ges fy ngalw draw at rai o'nyn nhw am 'beint sydyn', oherwydd eu bod wedi fy nabod i o'r gyfres *Stori Pêl-droed Cymru*.

Oeddyn, mi oeddan nhw'n gwylio S4C (diolch i'r is-deitlau) ac yn canmol y sianel fel rhywbeth oedd yr un mor bwysig ag ysgolion Cymraeg er mwyn cynnal yr iaith. Ond, i filoedd o Gymry a ddaeth i Bordeaux cyn y dyddia hudol hynny, doedd y Gymraeg ond yn iaith a siaradwyd gan eu cyd-Gymry yn y gogledd a'r gorllewin – iaith yr oeddan nhw'n gefnogol iddi fel rhan o hanes a diwylliant Cymru, ond dim mwy. Rŵan, fodd bynnag, roedd y Gymraeg wedi ennill ei lle yn eu cenedligrwydd. Daeth y Gymraeg i fod yn haen ychwanegol yn eu hunaniaeth cenedlaethol Cymreig. Sylweddolon nhw fod yr iaith yn perthyn i ni gyd, ei bod hi yno, yn enwau eu trefi a'u strydoedd, eu mynyddoedd ac afonydd, eu plant a'u ffrindiau a'u teulu. Ei bod hi'n rhan o'u gwead hwythau, a gwead y genedl.

Clywed y Gymraeg yn dew o'u cwmpas oedd un rheswm, ond rheswm arall oedd ymateb y Ffrancwyr (a chenhedloedd eraill) i hynny. Doeddan nhw heb ddallt tan rŵan fod gennym ni iaith ein hunain, ac unwaith eu bod nhw *wedi* sylweddoli hynny roeddan nhw'n ein cyfri ni yn genedl go iawn yn llygaid y byd. Nid 'West Britons' oedden ni, ond cenedl yn wir ystyr y gair. Nid cefndryd bach lletchwith y Saeson, ond cenedl *bona fide* ar wahân. Rhoddodd yr iaith ddilysrwydd newydd i ni fel cenedl yng ngolwg y byd. Clywodd pawb yr iaith ar y strydoedd ac yn y stadiymau. Clywodd miliynnau hi ar y teledu; miloedd o Gymry'n bloeddio canu 'Hen Wlad Fy Nhadau' cyn, ac yn ystod, y gêm. Gwelodd y byd Gareth Bale a gweddill y sgwad i gyd yn canu'r anthem, a hynny o'r galon.

Yn ystod yr ymgyrch, hefyd, diolch i waith pobol fel Ian Gwyn Hughes yng Nghymdeithas Bêl-droed Cymru, rhoddwyd lle blaenllaw i'r Gymraeg. Mi welai'r byd Osian Roberts yn ateb cwestiynau yn Gymraeg mewn cynhadledd i'r wasg. Byddai fideo o'r chwaraewyr, yn cynnwys Gareth Bale, yn adrodd brawddeg yn Gymraeg yn mynd yn feiral ar y We. Cododd proffil rhyngwladol Cymru fel cenedl o'r iawn ryw i entrychion nas gwelwyd erioed o'r blaen. Cenedl gyfoes, hyderus, unigryw, ddeinamig, greadigol a phositif – a'r Gymraeg yn rhan annatod o hynny i gyd. Dyna sut welodd Ffrainc ni. Dyna sut welodd Ewrop ni. Dyna sut ddaeth y byd i'n nabod ni. Fy ngobaith i, rŵan, ydi y byddwn ninnau yn peidio bod yn hyn mae ein meistri yn ddeud rydan ni, ac yn dechrau gweld ein hunain fel y gwelodd cenhedloedd y byd ni yn Ffrainc.

Dydd Mercher, Mehefin 15, 2016
Au revoir Bordeaux. Merci x

Gorffennodd y noson gynt efo gêm Gwlad yr Iâ yn erbyn Portiwgal, mewn rhyw far efo'r Lyfgrins a chriw y Canton Hotel. Dwi'n licio Gwlad yr Iâ. Fuon ni yno i wylio Cymru mewn gêm gyfeillgar unwaith; fi, Geraint, Hywel a'r diweddar Gareth Cwm. Roedd hi'n fis Mai, a doedd hi ond yn (llwyd) dywyll am awr yn ystod y nos. Y diwrnod ar ôl y gêm aethom i'r Blue Lagoon i nofio mewn llyn awyr agored gâi ei gnesu'n naturiol gan wres folcanig o'r ddaear islaw. Daeth tîm Cymru i gyd yno. Bellamy oedd y capten ar y pryd, ac mi ddaeth draw i siarad efo ni.

Roedd fy nhrên i Baris yn gadael am chwarter wedi deg y bora, felly roedd gofyn bod o gwmpas fy mhethau ben bora. Felly mi sleifiais o'r dafarn cyn un ar ddeg, heb ddeud dim byd wrth neb. Roeddwn yn fflagio'n arw erbyn hynny, beth bynnag, felly – er gwaetha'r ffaith y bu bron i mi gael fy nharo i'r llawr gan blismon ar gefn *segway* – roedd o'n benderfyniad call.

Roedd Tamás i fyny cyn fi eto, ac yn hapus braf fod Hwngari wedi curo Awstria o ddwy i ddim. Codais innau pan oedd o wedi pacio ac yn barod i fynd, a ffarwelio efo ysgwyd llaw a hyg. Roedd y boi wedi bod yn gwmni difyr, chwara teg, ac yn donic yn y boreua efo'i wên a'i *croissants*. Wel, falla ddim y *croissants*... Diolchais am ei gwmni ac am y plygiau clust.

Rhaid i bopeth da ddod i ben, ac roedd rhaid ffarwelio â Bordeaux. Ro'n i'n teimlo'n eitha emosiynol, i ddeud y gwir, wrth gamu allan o'r 'lefel chwarel' a'i beic a phiano, a cherdded i lawr y stryd tuag at stop tram Chartrons. Mae cwrw yn gwneud hynny i rywun, tydi? Wel, nid y cwrw yn union, ond yr hangofyr...

Aeth y tram â mi i Gare Bordeaux-Saint-Jean. Prynais boteli cwrw a dŵr i fynd efo fi ar y trên, cyn eistedd ar fainc tu allan y stesion yn smocio tra'n tecstio Rhian. Wrth fy ymyl, wedi ei sticio ar un o'r paneli *ply-wood* a charpad lliwiau'r Ewros oedd wedi eu gosod rownd lampau'r stryd, roedd un o'r llwyth o wahanol sticeri roedd ffans Cymru'n eu sticio ymhob man. Be oedd yn wahanol am y sticer yma oedd yr hyn oedd wedi ei sgwennu arno mewn beiro. "Merci/Diolch, Bordeaux."

Yn union, meddylias innau, a dechra ffycin crio!

Lens

Dydd Mercher, Mehefin 15, 2016
Gare du Nord, Paris

Am ddeng munud wedi un ro'n i'n pasio drwy Angoulême ar y trên. Cofiais mai fan hyn oeddwn wedi bwriadu aros am dair noson, yn wreiddiol, yn hytrach na'r Châteaux du Chwain. Cofiais 'mod i wedi colli €150 oherwydd i mi ganslo, ond doedd o'n poeni dim arna i. Sioc o'r tap dŵr, briw gwaedlyd a phoenus ar fy nghrimog, ffrae ganol nos efo Hwngariad mawr blin, a chael fy mwyta gan chwain neu beidio, fyddwn i heb ffeirio fy mhump noson ym Bordeaux am unrhyw beth.

Am 14:42, arafodd y trên wrth blatfform gorsaf y Gare du Nord ym Mharis. Roedd y Lyfgrins wedi cyrraedd ar drên fymryn yn gynharach, ac roedd Hywel mewn tafarn yn aros amdana i.

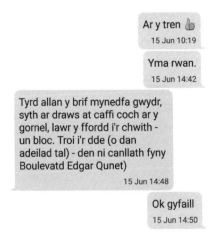

> **Ar y tren** 👍
> 15 Jun 10:19
>
> **Yma rwan.**
> 15 Jun 14:42
>
> Tyrd allan y brif mynedfa gwydr, syth ar draws at caffi coch ar y gornel, lawr y ffordd i'r chwith - un bloc. Troi i'r dde (o dan adeilad tal) - den ni canllath fyny Boulevatd Edgar Qunet)
> 15 Jun 14:48
>
> **Ok gyfaill**
> 15 Jun 14:50

Roedd ei gyfarwyddiadau yn anghywir (fel arfer), ond mi

Hogia Blaenau yn yr Houses of Parliament, Bordeaux.

Dub Cymraeg, Bordeaux.

Mei Emrys (chwith) efo *posse* Llys Gwilym, Llan Ffestiniog: Dafydd Wyn, Cai, Ynyr ac Yws Gwynedd.

Hogia Stiniog a ffoto-bomars Slofacaidd.

Efo Gilly a Hywel – a ffoto-bomar Slofacaidd.

Y Wal Goch yn llenwi tri chwarter y stadiwm yn Bordeaux.

Y Wal Goch a'r baneri yn Stadiwm Bordeaux.

Chum.

Y Rhaeadr Coch.

Dathlu ar strydoedd Bordeaux.

Y fatras syrffio!

Milwyr ar y stryd yn Bordeaux. Hawdd oedd anghofio am y bygythiad terfysgol.

Yr arwydd Cymraeg tu allan y Charles Dickens. Dafydd Nant efo'i beint yn yr awyr.

Efo'r Bala Lêdis yn y Castan, Bordeaux.

Chwith i'r dde: Gwi Jôs, Mei, Sean, Dirky, boi o Gaerfyrddin, fi a Dyfs.

Gwylio gêm Gwlad yr Iâ v Portiwgal efo'r Lyfgrins a criw y Canton Hotel.

Gilly a Jamie yn Gare du Nord, Paris, a'r brodyr Lyfgrin yn astudio'r fwydlen.

Y Tŷ Sy'n Toddi, Gare du Nord.

Gwesty Cymru.

Nelly (dde) a
Jamie yn hapus
wedi cael llun o'r
Eiffel Tower.
Llun: Jamie Mayers

Tŷ rhywun yn
Lens.

Tu allan y
dafarn yn Lens.

Efo Geraint.

Lens efo Lyfgrin a Gwi Jôs.
Fyddwn i ddim yn gweld y faner
tan Lille.

Lloegr v Cymru, Lens.

Joe Ledley'n cael triniaeth.

Efo Owen Shwl Di Mwl yn Lens, cyn cofio 'mod i wedi gadael fy fflag yn y stadiwm.

Criw cefn y bws ar y ffordd yn ôl i Baris.

Yr hogia'n ffendio'n gilydd yn Gare du Nord. Slei, Ffish, TC, Gerad – a fi'n trio cael y camera i weithio!

Super Furry Animals yn Toulouse SFA OK!

Bois y bar, yr Albert, Place du Capitole, Toulouse.

Diwrnod y gêm v Rwsia. Dei a Lewgi, *scooter boys*!

Y craic tu allan y Melting Pot,
a baner 'Together Stronger
– Many Tribes One Nation'.

Beau Peep mo!
Llun: Gwion Jones

Draig ar ben to.

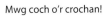

Mwg coch o'r crochan!

Ar y ffordd i Stadiwm Toulouse.
Cym on Cymru!

Y Wal Goch eto, a baner
Ffestiniog yn y dorf.

Rwsia v Cymru, Toulouse.

Awyr goch fin nos, mwy o ddyddiau da i ddod i Gymru!

Rwsia 0–3 Cymru.

"We are top of the league!"

"We all dream of a team of Chris Gunters…"

Dathlu!

Carl, Jackie, Cai a Chum. Teulu hapus iawn!

Efo Andrew Evs (chwith) a Tim Williams tu allan i stadiwm Toulouse.
Llun: Tim Williams

Parti, parti, parti!!!

Cerdded o Stadiwm Toulouse a'r lleuad yn gwenu.

Cops yn aros y streicwyr ar y Boulevard de Stalingrad, Nantes.

Y band yn nhafarn Les Fleurs, Nantes.

Toiledau Tavarn Ty Anna eto. Sylwer ar 'BZH LIBRE' ('Llydaw Rydd').

Tafarn y Westport, Rennes.

Melltan, Rennes; *still* o fideo wnes i.

Mei a Dirky ar y Rue St Michel.

Ar y Rue St Michel.

Tri peint a tri tequila, Rue St Michel.

Châtelet, Paris, noson cyn gêm Gogledd Iwerddon.

Wrth y Fontaine du Palmier, Châtelet, cyn gêm Gogledd Iwerddon: mae'r cerflun tu ôl i ni yn gwneud rhywbeth tebyg i be wnes i y noson gynt.

Cofeb i fuddugoliaethau Napoleon, Fontaine du Palmier, Châtelet.

Cymru, Crannog a Châtelet.

Cymru v Gogledd Iwerddon, Paris. Tyrone a Gerad yn morio canu.

lwyddon i gael hyd i'n gilydd. Wedi cael cwpwl o beints aethon i gyd i chwilio am yr Hotel Cambrai roedd Gilly wedi'i fwcio i bawb. Yn ôl rhyw ap ar ffôn rhywun, doedd o ddim yn bell o'r stesion, ac mi gawson hyd iddo heb fawr o broblem. Roedd o'n westy bach iawn, efo Wi-Fi am ddim yn y lobi lawr staer. Roeddan nhw wedi gwneud camgymeriad efo stafall fi a Gilly, gan roi stafall sengl yn lle *twin* i ni. Ond doedd neb yn poeni llawer am fanylion pitw felly.

Ar ôl sortio pob dim cwrddodd pawb yn y lobi, lle ges i gyfle i siarad efo Rhi a Geth ar FaceTime cyn mynd allan. Roedd Geraint a Leri wedi mynd o'n blaenau ac wedi ffendio lle bach dros ffordd i orsaf y Gare du Nord, lle'r oedd y boi wedi ecseitio'n botsh i weld Cymry ac wedi brysio i hongian baner Draig Goch uwch y byrddau tu allan, cyn rhoi CD o gôr meibion yn canu 'Hen Wlad Fy Nhadau' ar lŵp.

> Yn Zinc gyferbyn â'r orsaf.
> Fedrwch chi'm methu'r ddraig
> goch 😌
>
> 15 Jun 18:33

> Shit, ma'r boi di codi union jac
> rwan hefyd.
>
> 15 Jun 18:50

> Ma'n chware Hen wlad fy
> nhadau ar lŵp rwan!! O ddifri!
>
> 15 Jun 18:59

Fel y gwelir o'r tecst uchod, erbyn i ni gyrraedd roedd y boi wedi gosod baner Jac yr Undeb hefyd. Ddudon ni wrtho mewn cymysgfa o Ffrangeg a meim, fod y fflag yn offensif i ni, ac y dylai o ei thynnu hi i lawr. Cytunodd i wneud, ond wnaeth o ddim. Aethon oddi yno ar ôl gorffen ein peints – nid am fod jac yr undeb yn hongian, ond am ei bod hi'n hongian uwch ein pennau ni!

Dwi'm yn cofio lle'r aethon ni wedyn, ond mi fu trafodaeth am fynd i weld Tŵr Eiffel – a oedd, meddai Google Map, yn ôl Jamie, ddim ond 20 munud o waith cerdded. Roedd y syniad yn iawn – gweld y tŵr (gan bo ni mor agos), wedyn iahŵ iddi. Ond wedi cryn drafod, sylweddolwyd fod Jamie wedi camddarllen Google Map – y siwrna tram oedd yn 20 munud. Roedd cerdded yn ddwy awr. Rhoddwyd sac i'r syniad hwnnw, felly.

Erbyn oriau mân y bora roedd pump ohonom yn dal i sefyll a chawsom hyd i rhyw far bach heb fod yn rhy bell o'r gwesty. Roedd yna griw o Gaerdydd yno, ac roedd y perchennog yn groesawus. Roedd yna ambell i Wyddel yno hefyd, a dau neu dri o Wyddelod y Gogledd, ac mi ddaeth rhyw lond dwrn o Saeson i mewn. Heblaw am ddau neu dri o'nan ni ac un o'r Gogleddwyr, doedd neb yn gwisgo lliwiau. Ond mi oedd yna faner y Weriniaeth gan y Gwyddelod.

Ymysg y Saeson, roedd yna un afal drwg (mae yna wastad un, o leia). Boi bach oedd o, ac roedd o'n gymaint o dwat bach chwerw ro'n i bron â theimlo piti drosto yn ei fodolaeth amoebic. Daeth i sefyll wrth ochr y bar yn fy ymyl i tra ro'n i'n codi peint, a dechrau lladd ar y Cymry; pethau fel, "We hate you cunts" ac "I can't understand what you're saying". Wnes i ddim brathu, dim ond ateb efo, "Feeling's mutual, pal" ac "That's because you've just crawled out of the slime, you cunt".

Roedd hi'n amlwg nad fi oedd y person cynta iddo siarad efo, achos mi sylwais fod un neu ddau o bobl eraill yn ei glocio fo – yn aros am gyfle i roi peltan iddo. Talais am fy mheint ac es allan at y byrddau smocio. Ond am yr awran y buon ni yn y bar hwnnw, wnaeth y twat ddim byd ond mynd at bobl i'w mwydro nhw – a'r un diwn gron oedd ganddo, sef rhestru pobl oedd o'n eu casáu; hynny ydi, pawb yn y byd heblaw Saeson. Bob tro ro'n i'n ei basio fo ac yn ei glywed o'n mynd trwy'i bethau, roedd rhyw genedl wahanol dan sylw ganddo. Nid yn unig llond trol o sylwadau hiliol ac atgas, ond esboniad manwl o feiau cenhedloedd eraill. Hynny ydi, nid ond ei fod o'n casáu pawb, ond roedd ganddo ddadleuon 'rhesymegol' i egluro pam! "What I don't like about 'em is..." a "The problem with the French is..." ac yn y blaen. Ar fy marw, welis i ddim person mor drist a phathetig yn fy myw. Roedd o'n mynd i dreulio'i holl fywyd yn casáu pawb. Sut fath o fywyd ydi hynny? Nefoedd gwyn, get a ffycin leiff, y corrach bach chwerw. Mi aeth ei fêts o â fo oddi yno wedyn, achos roedd hi'n amlwg fod ganddo diced un-ffordd i A&E, ac roedd yna fwy nag un person yn y bar yn fodlon ei helpu i gyrraedd yno.

Cyn hir, mi oedd y tafarnwr angan cau cyn iddo gael cwynion am y sŵn. Roedd yna fflatiau uwchben y bar ac roedd ganddo ofn i'r tenantiaid ffonio'r cops. Fel oeddan ni'n gadael, roedd 'na bobl lleol yn trio perswadio'r Gwyddelod (o ddwy ochr y ffin) i gael tynnu llun efo'i gilydd efo baner y Weriniaeth. Yn amlwg, doedd ganddyn nhw ddim syniad!

Dydd Iau, Mehefin 16, 2016
Lloegr 2–1 Cymru, Stade Bollaert-Delelis, Lens
"We know where you are, we know where you aaaare, eating an omelette, outside a bar."

Roedd bysus Leigh James i gario cefnogwyr i Lens yn cychwyn am 10 y bora. Dim yn rhy ddrwg – heblaw bod angan teithio ar y metro i ochr arall Paris i'w dal nhw. Dim ond *croissants* oedd i frecwast yn y gwesty, felly aethon ni heb ddim. Fysa'n well gennai fyta hosan.

Wedi ffendio'r metro iawn, a sortio'r newidiadau cywir, daethon yn ôl i olau dydd ar ben arall y ddinas. Roeddan ni eisoes wedi talu am ein ticedi bws ymlaen llaw, ond roedd angan ciwio i'w nôl nhw tu allan yr orsaf metro. Roedd y ciw yn anferth, felly i ffwrdd â phawb i wahanol gaffis a bariau i chwilio am beint a rwbath i fyta. Es innau i nôl baco, a dod o hyd i Geraint a Leri tu allan restront yn bwyta omlet yr un. Roedd rhaid cael tshant newydd i nodi'r achlysur. "We know where you are, we know where you aaaare, eating an omelette, outside a bar." Mi fyddai'r tshant yn ailymddangos yn hwyrach ymlaen yn y dydd.

Mae Geraint a Hywel Lövgreen yn greuwyr tshants eitha proliffic. Mae'r brodyr Boore yr un fath i lawr yng Nghaerdydd, ond y brodyr Lövgreen ydi'r ateb iddynt yn y Gogledd. Mae Geraint yn sgwennu caneuon pêl-droed hefyd, fel arfer yn parodïo tonau adnabyddus fel 'Y Brawd Houdini' a 'Living Next Door to Alice' ('Living Next Door to England... England, England, Who the fuck are England?') ac yn y blaen. Mae tshants gwreiddiol fel hyn (nid yr addasiadau cyffredin gwlad-i-wlad a chlwb-i-glwb) yn rhan o hanes, achos mae pawb yn cofio ym mha gêm y cafodd y tshant ei geni. A 'geni' ydi'r gair cywir, yn hytrach na 'chyfansoddi', achos mae'r tshants gorau yn spontêniys – yn ymateb i rywbeth sydd newydd ddigwydd y funud honno – mewn gêm neu mewn bar. A gorau po fwya swreal ydi'r tshant hefyd.

Swreal ydi'r math o tshants mae Hywel a finna'n eu creu. Tydyn nhw byth yn glyfar, ond maen nhw wastad yn ddigri ac ar-y-pryd, ac mae eu hannar nhw – a dyma ydi llinyn mesur tshant – yn gofiadwy. Hynny ydi, yn gofiadwy am (o leia noson) ddyddia neu wythnosau i ddod. Ac os ydi'n dal i gael ei chofio a'i chanu ar y daith i ffwrdd nesa, wel mae hi'n 'hit' ac yn haeddu'i lle yn yr oriel.

Am ryw reswm cafwyd cynhaeaf toreithiog o jants ar y daith i Montenegro ychydig flynyddoedd yn ôl (gêm ola Toshack fel rheolwr, os dwi'n cofio'n iawn), ac ar y bws o Budva i Podgorica ar ddiwrnod y gêm y ganwyd y rhan fwya. Gan fod ticedi gemau oddi cartref yn gallu bod yn hwyr i gael eu rhyddhau gan gymdeithasau pêl-droed tramor, mae'r FAW yn rhannu ticedi allan ar ddiwrnod y gêm (mewn bar mewn rhyw westy fel arfer) ym mha bynnag ddinas fo Cymru'n chwara. Yr hyfryd Lucy Mason o'r Gymdeithas ydi'r angel sy'n gwneud y gwaith pwysig yma. Felly, pan basiodd y bws y gwesty lle'r oedd Lucy'n rhannu'r ticedi allan yn Podgorica, mi anwyd y tshant (ar diwn enwog y Beatles) 'Lucy in the bar with tickets...'

Ar yr un daith bws cafwyd tshant oedd mor sâl, roedd hi'n briliant. Mae hi'n dal i gael ei chanu heddiw – er dim ond gan Hywel a finna, ac un neu ddau o hogia Llanllyfni. 'Mae David Vaughan yn haeddu cân... [rhoi llaw ar y gên]... ia, ia.'

Ia, wel, roedd rhaid i chi fod yno.

Raffl

Wedi eistedd ar y bws am chwarter awr yn aros i'r confoi gychwyn, tra'n yfed lager a vodka coke, roedd rhai ohonan ni bron iawn yn ôl yn yr un stad ag oeddan ni'n cyrraedd y gwesty ychydig oriau ynghynt. Roedd pawb mewn hwyliau da, a chriw da yn rhannu'r bws efo ni. Roedd rhai o griw Llanllyfni i lawr tua blaen y bws, ac mi oedd yna Gogs Cymraeg eraill yma ac acw hefyd.

Cyn i'r bws ddechrau symud, neidiodd Leigh James arni a brysio i fyny'r canol tuag ataf i. Rhoddodd grys Cymru wedi'i arwyddo gan y sgwad i gyd, bag du gwag a llyfr ticedi raffl ar fy nglin. "Can you do the raffle for us – signed shirt, five euros a go, all proceeds for Gôl. Thanks buddy." Ac i ffwrdd â fo rownd gweddill y bysus.

Ers blynyddoedd bellach mae criw Gôl wedi codi miloedd o bunnau i elusennau yng Nghymru, ac i gartrefi plant amddifad mewn gwledydd tlawd pan mae Cymru'n digwydd chwara yno. Ar ben hynny, mae Leigh a'r criw yn World in Motion yn trefnu bysus cefnogwyr i'r gemau pan fo'r stadiwm yn bell o le mae pawb yn aros. Ar gyfer Ffrainc, mi oeddan nhw hyd yn oed yn trefnu bysus i gario ffans yr holl ffordd o Gymru ac yn ôl. Does gen i ond y parch mwya iddyn nhw am eu hymroddiad. Felly roeddwn i'n falch o allu helpu. Falch hefyd o gael rhywbeth i'w wneud i basio'r amser ar y siwrna ddwy awr a mwy i Lens. Yn sicr, roedd o'n gyfle gwych i ddod i nabod pawb ar y bws a chael sgyrsiau hwyliog wrth wneud.

A dyna fu. Prynodd pawb dicedi. Helpodd Hywel a Gilly fi i blygu'r ticedi a'u rhoi yn y bag du, ac ymhen rhyw awr roeddan ni'n barod i dynnu'r raffl. Mi rois y joban bwysig i hogyn bach tua saith oed oedd yn eistedd yn y blaen efo'i rieni – pobol o'r sowth yn rhywle. Roedd y boi bach wrth ei fodd, a finna wedi pwysleisio wrtho mai hon oedd joban bwysica y dydd. A deud y gwir, ro'n i'n gobeithio fyddai o'n tynnu un o dicedi ei rieni allan o'r bag er mwyn iddo fo gael y crys – ond ysywaeth, mi aeth i Myrf o Lanllyfni.

"You only work when it's windy, work when it's windy...!"

Wedi cadw'r pres raffl yn saff mewn bag plastig roedd hi'n amser ymlacio eto, ac wrth i'r lager a'r fodca fynd i lawr, roedd yr hwyliau'n codi. Cyn hir, roedd Jamie'n egseitio. Y noson gynt roedd o wedi rhoi ei fryd ar fynd i weld Tŵr Eiffel cyn sylweddoli ei fod o wedi darllen Google Maps yn anghywir. Ond mwya sydyn, roedd o wedi gweld peilon trydan go fawr yn ymddangos bob yn hyn a hyn o du ôl y coed wrth i'r bws yrru i lawr y draffordd. "That'll do," medda fo, wrth estyn ei ffôn o'i boced a thynnu llun y peilon. "That's the Eiffel Tower sorted!"

Dyna hi wedyn. Pawb yn gweld pob math o 'landmarks' rhyngwladol a Safleoedd Treftadaeth Unesco ymhob man. Y Taj Mahal oedd rhyw ffatri â simneiau, peipiau a thanciau'n codi tua'r awyr, a Pyramid Mawr Giza oedd un o'r tomenni wâst glo oedd yn dechrau ymddangos wrth i ni nesáu at Lens. A'r llwyth o felinau gwynt oedd ddim yn troi – wel, tshant gennyf i gafodd rheini. "You only work when it's windy, work when it's windy...!"

Pybs ar agor

Cyn hir roeddan ni'n tynnu mewn i faes parcio canolfan hamdden neu ysgol, oedd â caeau chwara eang ar un ochr. Wedi trosglwyddo'r bag pres a gweddill y llyfr raffl i Neil Dymock, oedd yn dod rownd y bysus i'w casglu, cerddom tua hannar milltir i lawr stryd eang, goediog – neb yn gwybod yn union i le'r oeddan ni'n mynd, heblaw i gyfeiriad cyffredinol canol y dref. Yn ffenestri rhai o'r tai oeddan ni'n basio roedd pobol yn gwerthu caniau lager, a gan fod pawb wedi clywed ar y newyddion y byddai tafarndai Lens i gyd ar gau oherwydd ofnau am drwbl, roedd y gwerthwyr yn cael cryn lwyddiant.

Ond cyn hir mi ddaethon at ddau dŷ tafarn drws nesa i'w gilydd – ac roeddan nhw ar agor. Oedd, mi oedd yr heddlu wedi gorchymyn i bob bar ac off-leisans gau, ond yn hen draddodiad clodwiw y Ffrancwyr, roedd y tafarnwyr wedi codi dau fys ar yr awdurdodau, ac wedi agor fel arfer. A phwy all eu beio nhw? Gwerthu cwrw oedd eu bywoliaeth nhw, ac roedd pob diwrnod gêm siŵr o fod yn talu'u biliau nhw am flwyddyn gyfan.

Roedd y cyntaf o'r ddau far yn llawn Cymry, fel oedd y pafin llydan tu allan iddo. Crysau coch, baneri Cymru a hetiau Spirit of '58 ym mhob man. Ac roedd y pyb drws nesa yn llawn Saeson. Ond doedd dim helynt o gwbl, wrth gwrs. Yr awdurdodau, fel arfer, yn amheus o ffans pêl-droed, yn meddwl mai thygs a hwligans (a dinasyddion eilradd) ydan ni i gyd. Yn y canol, lle'r oedd y ddau set o ffans yn cyd-gyffwrdd, roedd dipyn o sgwrsio ymysg y banter cyffredinol. Mae'n werth cofio, er gwaetha'r ffaith nad yw pethau'n dda rhwng y Saeson a'r Cymry, ac nad yw cymysgu a chyd-yfed ar raddfa gyffredinol yn digwydd (gan amlaf oherwydd *segregation*, ond hefyd oherwydd gelyniaeth rhwng y ddau set o ffans), mai cefnogwyr pêl-droed normal ydi'r rhan fwya o ffans Lloegr hefyd.

Ond doedd y poleitrwydd anghyffredin oedd i'w weld tu allan y ddwy dafarn ddim yn golygu fod yna gadoediad o ran y tshants. Tydi Lloegr ddim yn ein licio ni o gwbl, ond tydyn nhw ddim yn meddwl amdanom ni fel cymaint o elynion ag yr ydan ni'n eu cyfri nhw. I ni, Lloegr ydi *y gelyn*. O ganlyniad mae gennym ni gasgliad go dda o jants gwrth-Lloegr – a llawer ohonyn nhw'n dywyll ac agos iawn at yr asgwrn (fel mae tshants i fod) – tra does gan y Saeson fawr ddim byd wedi ei anelu atom ni yn benodol. Yr unig beth wnan nhw ydi canu eu hanthem, neu 'Rŵl Brutania', gan wybod fod hynny'n ddigon i godi'n gwrychyn.

Wna i ddim ailadrodd ein tshants gwrth-Lloegr traddodiadol yn fan hyn (mae pawb yn gyfarwydd â nhw) ond mae un o'r rhai newydd a gafodd eu creu yn Ffrainc yn werth ei dyfynnu, er mwyn cyfleu ein hiwmor tywyll, drygionus a didrugaredd pan ddaw i dynnu blew o drwyn y Saeson; "We saw you run on the telly, run on the telly...!" Cyfeiriad ydi hwn at yr olygfa, ar sgriniau teledu'r byd, o gefnogwyr Lloegr yn sgrialu o flaen rhuthr y Rwsiaid yn y stands yn ystod eu gêm gyntaf. Wrth gwrs, roeddan ni'n dallt yn iawn mai'r Rwsiaid oedd ar fai y noson honno a bod eu hymosodiad trefniedig yn gwbl warthus, ac mai ffans diniwed yn cynnwys teuluoedd oeddan nhw'n rhuthro amdanynt. Ond hiwmor iach ydi hiwmor miniog. A phan mae'n dod i Loegr, y gorau po ddyfnaf mae'r gyllell yn suddo.

Ac mi gawson nhw flast o "Fuck off England, we're Russia and Wales" ganddon ni hefyd, jysd iddyn nhw gael dallt nad oeddan ni'n mynd i gael ein llusgo i mewn i'w storm gachu nhw. Rhyngthon nhw a'u potas.

Ta waeth – er gwaetha'r ffaith i ni fwlio'r Saeson efo tshants didrugaredd, wnaeth pethau ddim troi'n gas o gwbl. Mi oedd yr hwyliau'n ddigon ysgafn, ac roedd yna bêl yn cael ei bŵtio i'r awyr yn ôl ac ymlaen rhwng y ddau set o ffans. Roedd yna ambell i griw bach o robocops yn sefyll yma ac acw ar ochr arall y stryd, a chawson nhw ddim achos i godi bys o gwbl.

Gawson ni bnawn da yn ymlacio yn yr haul cyn y gêm. Er gwaetha'r negeseuon gan deuluoedd adra yn deud wrthan ni am fod yn ofalus a "cadw'n saff", doedd dim pryder yn y byd gan unrhyw un ohonan ni. Drwy gydol y mis yn Ffrainc, glywais i neb yn sôn am y bygythiad terfysgol, chwaith. Mae'n debyg fod pethau'n wahanol i'r sawl oedd ddim yno, efo'r cyfryngau yn gwneud môr a mynydd o bob diferyn a lwmp o faw. Mae'n naturiol a dealladwy i deuluoedd boeni wrth weld lluniau dychrynllyd o drais y Saeson ym Marseille a'r Rwsiaid ar y rampej yn y stadiwm. Ond i ni, er ein bod yn clywed sibrydion ar y 'jyngl-dryms' am ambell i sgrap meddw rhwng cefnogwyr mewn ambell i le, doedd y profiad yn Ffrainc yn ddim byd ond hwyl. Roeddan ni'n byw y freuddwyd, a dyna hi.

Ar ddiwedd y dydd, roedd y codi bwganod am helynt yn Lens – yn syml iawn – yn anghywir. Pêl-droed oedd ar feddwl pawb. A phêl-droed enillodd y dydd.

Andrew James Wright @LEFTY_AMLWCH · Jun 16
Quote of the day in Lens... @krj1404 newydd gofyn i @DewiPrysor "Be ydi'r plan Dewi???" "Mynd i'r gêm de!!!" 😂😂😂😂😂

↩ ♺ 2 ♥ 10 •••

Y gêm Cymru v Lloegr mwya poleit erioed

Parhaodd yr ysbryd cwrtais trwy gydol y gêm. A deud y gwir, dwi erioed wedi bod mewn unrhyw gêm Cymru v Lloegr mor 'gyfeillgar' a pholeit yn fy mywyd! A dyma'r tro cyntaf i ni beidio bwio 'God Save the Queen' – yr UNIG anthem y mae'r Cymry yn ei bwio.

Mi fydda rhywun yn taeru fod y Cymry'n ymwybodol o'r argraff dda roeddan ni wedi ei roi i weddill y byd hyd yma, yn ein ffeinals cynta yn y cyfnod modern, ac am barhau i arddangos ein hymddygiad gyfeillgar a gwâr o'i gymharu â nonsans neanderthal y Saeson hynny fu'n pardduo'u gwlad unwaith eto ar strydoedd Marseille (cyn i'r Rwsiaid eu hambygio). Wrth gwrs, doedd yna ddim consensws trefniedig o gwbl, dim ond bod yn naturiol oeddan ni – yn mwynhau ein hunain yn yr Ewros, yn falch o fod yno ac yn trysori pob eiliad, gan anghofio pob negatifrwydd a gelyniaeth a oedd, wedi'r cwbl, yn gwbl amherthnasol i ni ac i'r holl bwynt o fod yno yn y lle cynta – sef cefnogi ein gwlad. Cadwon ein hurddas a'n hunan-barch, a chodi uwchlaw y nonsans ac ymbellhau o'r holl lol. Roedd hynny ynddo'i hun yn ddigon o wrthgyferbyniad i'r hyn oedd elfennau gwaetha Seisnigrwydd yn ei gynnig i'r byd. Doedd dim angan i ni fwio 'God Save the Queen' i ddangos i'r byd ein bod yn wahanol i'r Saeson. Roeddem eisoes wedi gwneud hynny trwy fod yn ni ein hunain.

Ac o ran y Saeson, roedd hi'n ymddangos nad oedd elfennau mwya gelyniaethus eu cefnogwyr yn y stadiwm, a bod y rhan fwya o'r ffans oedd yno yn bobol normal, a oedd – yn y bôn, ac o safbwynt pêl-droed – yn falch o weld Cymru yn Ffrainc. Na, wnaethon nhwythau ddim bwio 'Hen Wlad Fy Nhadau' chwaith – ac maen nhw wastad yn gwneud hynny, fel arfer.

Hyn oedd i gyfri am y clapio dwylo fu rhwng rhai o gefnogwyr y ddwy wlad wedi'r anthemau. Wrth gwrs ei bod hi'n rhyfedd ei glywed, ond nid cymeradwyo 'God Save the Queen' oedd y Cymry, ond cymeradwyo ysbryd pêl-droed – a'r parch a ddangoswyd gan y naill ochr a'r llall ar y pryd. Wnes i ddim clapio, cofiwch, ond wnes i ddim diawlio'r rhai a wnaeth. Ac mae'n rhaid cofio fod rhai o ffans Cymru wedi troi eu cefnau ar GSTQ.

Ond falla bod rhyw fath o gadoediad isymwybodol ar yr elyniaeth ffyrnig sydd rhyngom y diwrnod hwnnw, ond unwaith y dechreuodd y gêm ei hun, roedd hi'n *all-guns-blazing* a *fire-at-will* am 90 munud, ac roedd ein gynnau mawr yn eu powndio nhw.

Biti am y sgôr terfynol. Pan sleifiodd cic rydd Gareth Bale o dan Joe Hart i'r rhwyd, roeddan ni mewn ecstasi llwyr – yn rhannol oherwydd rhyddhad, gan nad oeddan ni wedi chwara gystal â'r disgwyl yn erbyn tîm llawn sêr na allai chwara fel tîm. Er fod Hodgson wedi gwneud camgymeriad trwy adael ei dri chwaraewr peryclaf ar y fainc, roeddan ni'n eistedd yn ôl llawer gormod yn hytrach na mynd amdanyn nhw. Gormod o 'barch' ar y cae, hefyd, falla (mewn iaith pêl-droed, hynny ydi).

Ond pan ddaeth Vardy a Sturridge ymlaen am yr ail hannar a ninnau'n dal i eistedd yn ôl, roedd y sgrifen ar y mur, bron, a doedd ond gobeithio y byddan ni'n gallu'u cadw nhw allan, trwy groen ein dannadd. Rydan ni'n gwybod be ddigwyddodd, fodd bynnag. Hyd yn oed wedi i Vardy sgorio cyn yr awr, roedd rhyw deimlad yn troi yn y stumog fod yna gôl arall ar y ffordd. Ac wedi i Rashford ddod ymlaen i greu problemau teimlwn fod *sucker punch* yn sicr o'n taro. A dyna ddigwyddodd wrth gwrs, ddwy funud wedi'r 90. Fel'na mae pêl-droed.

Ond mae'n rhaid cofio mai lwcus oedd Lloegr yn y diwedd – diolch i'r eilyddion – a phe tai Cymru wedi llwyddo i gadw'r sgôr yn 1–0 ac ennill, neu os fysa peniad Bale wedi taro'r rhwyd ym munud ola y 90, fyddai neb yn deud fod ein tactegau yn anghywir, ac fyddai neb yn gallu deud nad oeddan ni'n haeddu ennill.

Fflag a bag!

Mae'n syndod mor effeithiol ydi rheolaeth torfeydd mewn stadiwms – hyd yn oed yn y rhai sydd ddim mor newydd â hynny. Mae'n gwbl rhyfeddol pa mor sydyn maen nhw'n gwagio. Roeddwn wedi cerdded allan o'r stadiwm ac wedi cyrraedd y gatiau ola pan gofiais am fy maner. Ro'n i wedi ei gadael tu mewn, yn hongian ar un o'r ffensys gwahanu secshyns.

Trois ar fy sodlau a gweithio fy ffordd yn erbyn y dorf o filoedd o Gymry a Saeson oedd ar eu ffordd allan, ac o'r diwedd mi ddois i ben y grisiau i gyrraedd y stadiwm ei hun. Ond mi oedd rhes o stiwardiaid gwasgod coch yno yn fy rhwystro rhag mynd ymhellach. Er i mi egluro mai angan nôl fy fflag oeddwn i, roeddan nhw'n benderfynol na chawn i fynd i mewn. Yna mi welodd Iwan a Geth Goch, dau foi o ardal Port, fi yn dadlau efo'r stiwardiaid. Roedd y ddau ohonyn nhw yn dal yn y stadiwm – oedd yn gwbl wag erbyn hynny – ac yn sefyll ar y grisiau nesa, sef y grisiau i gyrraedd y seddi.

"Sut fflag ydi hi, Prys? Awn ni i nôl hi, mêt," medda nhw.

"Fflag Cymru efo 'Y Tap' arni, diolch 'gia," atebais. Ond fel oeddan nhw'n troi i frasgamu fyny'r grisiau, daeth stiward gwasgod melyn – oedd yn amlwg yn fòs ar y lleill, ac oedd wedi clywed y ddadl – o nunlle a deud wrth y minions gwasgod coch i adael fi 'nôl fy fflag. Felly mi ges fynd i mewn, ac mi ddudodd Iw a Geth y byddan nhw'n aros amdana i tu allan. Brysiais i fyny'r grisiau nesa, ond fel o'n i ar fin camu i'r rhesi o seddi, daeth mwy o minions gwasgod coch i fy stopio. Tra'n sefyll yno'n dadlau efo nhw mi allwn edrych dros eu hysgwyddau a gweld nad oedd y fflag yn y lle'r o'n i wedi'i hongian hi. Daeth stiward gwasgod melyn arall draw i holi be oedd, ac mi esboniais. Ond mi eglurodd y boi fod "your friends have taken it for you".

Iawn felly, meddyliais wrth ddiolch iddo. Es i 'nôl allan, dan feddwl, hold on – *pa* ffrindiau, achos mae gennai gannoedd o'nyn nhw! Ond o leia roedd hi wedi cael ei hachub, ac y byddai'n siŵr o ffendio'i ffordd yn ôl i mi yn go fuan. Es i allan ar y grisiau anghywir, a methu Iwan a Geth. Gweithiais fy ffordd yn ôl drwy'r dorf a dois o hyd i Hywel, Jamie a Nelly. Roedd pyb y Cymry yn orlawn i'r stryd a dim gobaith cael peint, felly es i mewn i dafarn y Saeson, oedd yn llawer tawelach a phrynu rownd. Aeth y beint honno i lawr heb dwtsiad yr ochra. Cawsom rownd arall, a dwi'n meddwl i rywun brynu caniau i fynd ar y bws efo ni.

Dyna Lens drosodd, felly. Noson arall ym Mharis amdani. Ond mi oedd un gorchwyl arall i'w wneud cyn hynny. Wedi cyrraedd ein bysus a cychwyn am Baris, sylweddolwyd fod dau foi ifanc ar goll a bod eu rycsac yn dal ar y bws. Wedi gadael y bag ar y bws tra yn y gêm, roeddan nhw'n amlwg wedi neidio ar y bws anghywir wrth adael. Ffoniais Leigh James, ac mi gafodd hyd i'r ddau foi ar un o'r bysus eraill. Roedd y bws hwnnw o leia ugain munud y tu ôl i ni a gofynnwyd i fi os fyddwn i'n meindio aros amdanyn nhw ar ôl cyrraedd Paris er mwyn dychwelyd eu bag. Doedd hynny'n ddim problem o gwbl. A beth bynnag, mi stopiodd ein bws ni mewn Gwasanaethau ar y ffordd, felly erbyn i ni gyrraedd Paris roedd y ddau foi ifanc yno yn aros amdanan *ni*.

"Un banana, deux banana, trois banana, quatre..."

Doedd gan yr un o'nan ni syniad yn lle'r oeddan ni, na phryd oedd y Metro ola, ond mi benderfynom aros yn yr ardal lle gollyngodd y bws ni, a chael busnesiad bach a "ffiw bîars". Mae amseroedd fy lluniau yn dangos i ni adael y bws am naw o'r gloch, ac i ni lwyddo i ddal metro i'r Gare du Nord am hannar nos. O ran y dair awr rhwng hynny, dwi'n cofio dim o gwbl. Does gen i ddim hyd yn oed fflashbac.

Y peth nesa dwi'n gofio ydi cerdded trwy goridor tanddaearol, hir wrth adael y metro yn stesion y Gare du Nord, dan ganu "I'd rather be an omelette than an egg".

Ia...

Y peth nesa dwi'n gofio wedyn ydi dod allan i'r awyr iach dan ganu "Un banana, deux banana, trois banana, quatre – cinq banana, six banana, sept banana huit, lalala-lala-lala..." Roeddan ni ar stryd gefn, dywyll, a doeddan ni'm yn dallt sut lwyddon ni i ddod yno. Y gwir ydi, wrth gwrs, fod mwy nag un Sortie (Fford Allan) mewn gorsafoedd Metro, i gyd yn dod allan ar strydoedd gwahanol. Roeddan ni wedi dewis y Sortie pellaf – sef y coridor tanddaearol hir fuon ni'n gerdded ar hyd'ddo – ac wedi dod i fyny ymhell o ganol ardal y Gare du Nord, a reit slap-bang ynghanol y strydoedd Arabaidd a Moslemaidd. Mi drodd y camgymeriad hwnnw yn un gwych ac ysbrydoledig.

Wedi cyrraedd prif stryd yr ardal, aethon i mewn i far bach tywyll efo byrddau pren oedd yn cael ei redeg gan hogia Ffrangeg Arabaidd. Gawson ni groeso iawn, a rownd neu ddau o boteli Stella. Cyn hir mi es i allan am ffag ac ista ar un o bedwar bwrdd picnic oedd mewn rhes ar y pafin. Ar y ddau fwrdd nesa ataf i roedd criw o gantorion, merched gan fwya, yn yfed a smocio ac yn canu 'Girls and Boys' gan Blur – yr oeddan nhw'n amlwg wedi ei rihýrsio a'i pherfformio o'r blaen – mewn trefniant acapela dawnsiadwy a hwyliog. Roeddan nhw'n lleisio, yn clapio a chlicio'u bysidd pan fo raid, ac yn defnyddio'r gwahanol leisiau i greu rythm, melodïau a haenau ychwanegol. Yn syml iawn, roedd yna lot o "hooh hooh hooh hooh-hooh-hooh" yn mynd ymlaen.

Ro'n i wedi gwirioni. Roeddan nhw'n hollol ffantastig. Fyswn i wedi gallu eistedd yno'n gwrando arnyn nhw drwy'r nos. Ond yn lle gwneud hynny, penderfynais ganu cân iddyn nhw...

Y *tumbleweed* oedd y cliw cynta nad oedd fy nghân draddodiadol Gymraeg at eu dant. Yr ail gliw – a'r clinshar – oedd pan drodd y cwbl i ffwrdd ac ailgydio yn un o'u caneuon eu hunain, ar ganol fy ail bennill. Na, doeddan nhw ddim yn rhy cîn ar 'Y Gwcw Lon'.

Ia, y Gwcw Lon. O'n i'n meddwl, gan eu bod nhw'n licio lleisio a synau bach digri, y bysan nhw'n licio 'chydig o 'gw-cw gw-cw gw-cw'. Mae o dipyn mwy catshi na 'ffal-di-ro' a ballu, tydi? Ond na, doeddan nhw ddim...

Ond ro'n i'n ffyddiog y byswn i'n gallu cofio cân Gymraeg fyddai'n ticlo'u tonsils nhw. Ac mi es amdani efo 'Oes Gafr Eto?'. A diolch byth, roedd yr hogia wedi dod allan erbyn hynny, ac mi ganodd Hywel efo fi. Ac mi blesiwyd y cantorion. A deud y gwir roeddan nhw wedi gwirioni. Fuon ni'n sgwrsio efo nhw wedyn, ac erbyn dallt, *troupe* o berfformwyr cerddorol oeddan nhw, yn practisio mewn stafall fawr mewn adeilad ar draws y ffordd bob nos Iau, ac yn dod i'r bar yma am beint wedyn, bob tro. Eu henw ydi L'Echo Râleur, a'u safle we ydi www.lechoraleur. paris. Mae llwyth o'u perfformiadau ar YouTube. Dechreuwch trwy deipio 'L'Echo Râleur Monkey Man' yn y bocs chwilio. Gewch chi mo'ch siomi.

Hen Wlad Fy Nhadau

Ia wir, cangymeriad prydferth oedd gadael y Metro trwy'r Sortie anghywir. Nid yn unig oherwydd y profiad efo'r trŵp cantorion, ond hefyd am i ni gael hyd i far gwych yn uwch i fyny'r stryd, lle'r oedd y strydoedd 'Arabaidd' yn cyrraedd canol Gare du Nord.

Roedd yna groeso cynnes yn y bar hwnnw. Café-bar oedd o, mewn gwirionedd, ond bod y lle bwyta wedi cau gan adael jysd y bar yn agored. Aeth petha braidd yn flêr arna i yno. Collais fy maco, a wnes i addurno'r pafin efo lager oedd yn rhy gynnes i fy stumog ei handlo. Ac mi oedd fy mhen yn troi wrth gael fy mwydro gan ffrind i gefndar i mi oedd yn mynnu siarad am hanes Cymru ar saith gan milltir yr awr, reit yn fy ngwynab, er gwaetha fy erfyniadau ymbilgar arno stopio.

Mi ddaeth yna bedwar Sais i mewn, nhwytha fel ninnau yn chwilio am beint hwyr. Spurs oeddan nhw, a hen hogia iawn. Heblaw am un (mae 'na wastad un!). Ond mi ddiflannodd hwnnw pan gafodd rywun air yn ei glust o. Tua 2 o'r gloch y bora oedd hi pan deimlais fraich yn gafael rownd fy ysgwyddau. Trois fy mhen i weld Tommie yn wên o glust i glust, a Ffish, Slei a Gerad efo fo. Roeddan nhw'n digwydd bod yn aros yn yr un ardal â ni. Dyna hi wedyn, ail wynt i'r sesh. Mae gennai fideo *priceless* o'r deg ohonan ni – hogia Drenewydd, Porthmadog, Caernarfon a Blaenau – yn bloeddio canu (neu falla mwrdro!) 'Hen Wlad Fy Nhadau' ar dop ein lleisiau wrth y bar. Darn bach o Gymru yn y Gare du Nord, Paris. Mi fyddai'n rai oriau eto cyn i ni gyrraedd y gwesty, ond canu'r anthem ydi'r peth ola dwi'n ei gofio'n iawn. Mae popeth arall yn Blur. Hooh hooh hooh hooh-hooh-hooh…

Toulouse

Dydd Gwener, Mehefin 17, 2016

Ro'n i wedi bwcio ticed trên i Toulouse ymlaen llaw. Roedd o'n gadael stesion Gare d'Austerlitz o gwmpas naw o'r gloch y bora. Roedd gofyn, felly, i mi ddal Metro o'r Gare du Nord i stesion Austerlitz. I wneud yn siŵr o gyrraedd Austerlitz ar amser roeddwn yn bwriadu dal y metro tua wyth y bora. I sicrhau hynny, roeddwn angan gadael y gwesty cyn 7.30am er mwyn cael amser i ffendio'r metro cywir, ac ati. I adael y gwesty cyn 7.30am penderfynais y dylwn godi am chwarter i saith – ar yr hwyraf – er mwyn cael cawod, pacio a chael fy mhen at ei gilydd. O ystyried ei bod hi bron yn hannar awr wedi pump y bora arna i'n cyrraedd yn ôl i'r gwesty, roedd yna dalcan calad o fy mlaen.

Mi wnes i hi, fodd bynnag. Camais allan o orsaf Gare de Toulouse-Matabiau am hannar awr wedi pedwar y prynhawn hwnnw. Eisteddais ar fainc i smocio ffag tra'n amsugno awyrgylch prysurdeb y ddinas, ac ymgyfarwyddo â'i sŵn. Mae yna 'hŷm' arbennig i bob dinas, dwi'n meddwl, rhyw rwnian, neu ganu grwndi sydd ar nodyn unigryw i'r ddinas honno.

Wedi tecstio Rhian, llwyddais i groesi trwy draffig peryglus Toulouse, ac ar fy mhen i far (neu 'Cafe Brasserie') o'r enw Le Bristol, lle'r oedd Wi-Fi cryf a dibynadwy. Eisteddais ar y byrddau tu allan, archebu peint o Stella gan wêtres ifanc, benfelen a llygaid glas golau Slafic, ag acen anarferol ganddi. Roedd hi'n annwyl a siaradus, felly mi ofynnais iddi os oedd hi'n dod o'r Balkans. Doedd hi ddim. O Ffrainc oedd hi. Myfyrwraig ym Mhrifysgol Toulouse. Ond roedd ei mam yn Wyddeles, a falla mai hynny oedd i gyfri am y tinc yn ei hacen.

Dewi Prysor
16 Mehefin · ·

Diolch i bwy bynnag ath i nol fy fflag. Gai hi gena chi yn Toulouse!

👍 Hoffi   🗩 Sylw   ↱ Rhannu

Dim baner am y tro...

Am bedwar munud wedi naw o'r gloch y noson gynt, ar ôl gêm Lens, rhois yr apêl uchod ar Facebook. Wrth jecio am ymatebion ar Wi-Fi y Bristol sylwais fod neges Messenger wedi cyrraedd. Iolo Cheung o Lanfairpwll oedd yno. Mae'n debyg fod rhai ohonoch yn ei nabod o fel gohebydd i Golwg360. Dwi'n ei nabod o fel cefnder cyntaf i feibion Manon fy chwaer, ac un o'r bobol mwya hynaws ac annwyl fedrwch chi gwrdd ag o. Dyma'r neges:

"*Hi ti'n iawn? Nesdi adael fflag Y Tap yn y stadiwm yn Lens ddoe? Un o mets fi di pigo fo fyny.*"

Gwych! Ro'n i'n gwybod ei bod hi'n saff, felly! Trefnom i gwrdd – wel, nid 'trefnu' ydi'r gair iawn, ond cytuno i obeithio cwrdd – yn Toulouse rhyw ben. Aidîal. Heblaw, wnaeth hynny ddim digwydd, a wnaeth ein llwybrau ddim cwrdd tan Lille, bythefnos wedyn. Dwi'n chwerthin yn aml wrth feddwl bod fy maner a minnau wedi teithio rownd Ffrainc, ond gan ddilyn llwybrau a lleoliadau gwahanol i'n gilydd.

...a dim llety chwaith

Y sefyllfa oedd hyn. Roedd Gilly wedi bwcio tŷ i bedwar yn Toulouse drwy Airbnb. Gan mai tri ohonyn nhw oedd yn aros yno – fo, Nelly a Lee, cefnder Nelly o Drefaldwyn – roedd lle i minnau hefyd. Job done. Ond yn ystod diwrnod y gêm yn Lens cafodd Gilly ei alw adra am gwpwl o ddyddia ar fyr rybudd. Felly mi decstiodd gyfeiriad y tŷ i mi yn ystod fy nhaith drên i lawr i Toulouse. Roedd Nelly yn cyrraedd ar drên lai nag awr ar fy ôl i, ac roedd Lee yn cyrraedd tuag awr ar ôl hynny.

Roedd Le Bristol – y dafarn gynta dros ffordd i'r stesion – yn lle perffaith i aros amdanyn nhw, felly. Erbyn i'r tri ohonom gael ffiw bîars, a chael tacsi i'r tŷ, roedd hi wedi troi hannar awr wedi saith. Ond a ninnau yn y tacsi ac ar ein ffordd i'r tŷ, mi ffoniodd Gilly o rywle ym Mhrydain ar ei ffordd adref, a deud fod dynes y tŷ wedi canslo'r bwcing. Ei rheswm, meddai, oedd ei bod wedi bod yn aros amdanan ni ers dwy awr. Mae hyn yn broblem gyffredin efo Airbnb, medda nhw, ac mae gofyn cymryd gofal i jecio'r print mân – a'r adolygiadau – i weld os ydi'r perchnogion tai yn cadw'r hawl i ganslo, neu wedi canslo am fod pobol yn hwyr yn cyrraedd yn y gorffennol. Mi driodd Gilly resymu efo hi mewn sawl galwad ffôn, gan egluro ein bod wedi cael ein dal yn ôl gan drenau hwyr. Ond doedd dim yn tycio. Roedd hi wedi pwdu'n llwyr. Ac wrth gwrs, doedd dim byd yn mynd i'w hysgogi i newid ei meddwl gan ei bod wedi cael ei harian eisoes.

Erbyn i ni gyfnewid ambell alwad ffôn efo Gilly roeddem yn sefyll tu allan y tŷ, ar rhyw stryd fach gul o dai teras bychain ar allt uwchben y ddinas, a'r tacsi wedi mynd. Cawsom rif ffôn y ddynes gan Gilly, ond roedd hi wedi troi ei ffôn i ffwrdd.

Wedyn, mi ddechreuodd fwrw glaw.

Merci et au revoir ma jolie

Cerddom i lawr y rhiw, gan ddilyn y ffordd ddaeth y tacsi â ni i fyny. Troeson i lawr allt arall, lle'r oedd bloc o fflatiau *high-rise* yn sefyll ar y chwith. Ar y stryd, yn sefyll ar ei ben ei hun mwy neu lai wrth droed y fflatiau, roedd café-bar bach. I mewn â ni i ofyn am rifau tacsi. Roedd y bar yn lle bach hynod, efo naws Affro-Jamaicaidd iddo – o ran addurn ac o ran cerddoriaeth Bob Marley yn chwarae dros y sbîcyrs. Doedd neb yno ond y ferch oedd bia'r lle. Roedd hi'n ddynes hynod o smart. Ychydig yn hŷn na fi, roedd hi'n ferch ddu o dras gogledd-Affricanaidd, yn urddasol a thalsyth, yn gwisgo ffrog dynn, liwgar oedd yn amlygu siâp ei chorff ac yn cyrraedd dros ei phengliniau. Roedd ganddi golur tew ar ei llygaid, a lipstic trwm coch llachar ar ei gwefusau. Roedd ei harddwch yn drawiadol, a'r ffaith nad oedd ei cholur trwm yn cuddio'i naturioldeb, ond yn hytrach yn ei amlygu, yn gadael i'w chymeriad serennu.

Dwi'm yn cofio'i henw hi, ond dyna oedd enw ei bar hi hefyd. Doedd ganddi ddim Saesneg o gwbl, ond yn ei ffordd hollol *laid-back* a hamddenol, fel tasa amser ddim yn bodoli, mi wnaeth bopeth posib i'n helpu ni tra hefyd yn paratoi'r bar am y noson o'i blaen. Prynom gwpwl o boteli yr un tra'r oedd hi wrthi.

Ges i ddim llun, ond mi ges i ei llawysgrifen: y nodyn efo rhif tacsi.

Tra'r o'n i allan yn cael ffag sylwais fod yna stop bws dros y ffordd, rhyw ugain llath i lawr y rhiw. Dwi'm yn cofio os wnaethon ni weithio'r amserlen allan yn iawn (ac mae rhywbeth yn deud wrtha i mai tacsi gawson ni yn y diwedd, er alla i ddim bod yn siŵr). Yr unig beth dwi'n gofio am adael y bar oedd mynd draw at y ddynes a rhoi clamp o sws iddi ar ei boch amlwg, a gweld y wên gynnes anwylaf dan haul yn lledu dros ei gwynab. Merci et au revoir ma jolie.

Dyfal donc...

Yn ôl yn y Bristol, efo peintiau o'n blaena, dyma benderfynu holi yn y gwestai am *cancellations*. Roedd yr ardal hon dros ffordd i'r brif orsaf drenau yn frith ohonyn nhw, a rhes gyfan o'nyn nhw'n dechrau wrth ymyl y Bristol ac yn canlyn camlas y Canal du Midi. Fel yn Nantes, ond ar raddfa fwy, hon oedd ardal 'sbageti western' Toulouse.

Wedi galw mewn tua chwech lle, heb fawr o lwc, daethon at westy eitha swanc o'r enw Riquet oedd ag ambell wely gwag. Ond dim ond lle i ddau berson oedd ar gael y noson honno, tra bod lle i dri y noson wedyn. Bwciodd Nelly a Lee i mewn am y noson, a'r tri ohonom ar gyfer y noson wedyn, a hynny am €70 y noson yr un. Dim yn rhy ddrwg o gwbl dan yr amgylchiadau. Mi ges innau wely am y noson gyntaf yng ngwesty iCare, am €60 (tua £45 ar y pryd). Roedd o yn y rhes o westai wrth y gamlas, a dim ond 200 llath o'r Bristol, a drws nesa i siop oedd yn gwerthu poteli dŵr oer a ffrwythau. Ac heb fod yn bell o *pharmacia* oedd yn gwerthu ibuprofens, chwaith. Aidîal.

Ymunais â Nelly a Lee yn y Riquet am yr ail noson, a'r bora ar ôl hynny es yn fy ôl i'r iCare a chael fod gwely arall wedi dod yn rhydd ar gyfer y noson honno, am €56. Ar fora'r pedwerydd dydd, diwrnod y gêm, es i lawr i'r Dderbynfa a holi os oedd yna wely arall wedi dod yn rhydd. Roedd fy lwc i mewn – stafall fach ym mhen draw'r bloc o sialets yn y cefn, am €36. Champion mo!

Dydd Sadwrn, Mehefin 18, 2016
Un dydd, mewn londrét yn Toulouse...

Tra'n ista efo peint yn haul y bora tu allan y Bristol, yn dechrau poeni am y brathiadau chwain ges i yn Bordeaux, oedd bellach yn dechrau chwyddo'n lympiau hyll, daeth Malcolm Allen i ymuno efo fi. Roedd o a'i griw teledu yn aros yn yr Ibis, y gwesty agosa at y Bristol, drws nesa ond dau i'r iCare. Fuon ni'n sgwrsio am rhyw awr, ac mi holais os oedd o'n gwybod lle'r oedd y londrét agosa. Mi oedd o, ac mi roddodd gyfarwyddiadau i mi – oedd yn swnio'n ddigon hawdd ar y pryd.

Wedi i'w gydweithwyr ddod i'w nôl o, mi aeth Mal i lawr am ganol dre. Roedd hi'n hen bryd i mi sortio'r golch dillad, achos erbyn hyn roedd fy mag wedi troi'n WMD – arf o ddinistr torfol fyddai ISIS wrth eu boddau'n ei ddefnyddio mewn ymosodiad biolegol. Penderfynais fynd amdani.

Doedd dod o hyd i'r londrét ddim mor hawdd â'r disgwyl. Nid bai cyfarwyddiadau Malcolm Allen oedd hynny, ond fy Ffrangeg i. Ro'n i'n chwilio am arwydd 'Launderette' achos roedd o'n swnio fel gair Ffrengig i mi. Ond er holi a holi ar y strydoedd bychain, doedd neb yn gwybod lle'r oedd y 'launderette' rhyfedd 'ma roedd y Gallois gwirion oedd yn drewi o sanau budr yn fwydro amdano. Cafwyd conffrans ar un adeg, wedi i bobol tu allan i gaffi alw'r perchnogion, ac i'r rheiny alw pobol random ar y stryd i ddod i drafod lle – a be yn union – oedd y 'launderette'.

O'r diwedd mi ddalltodd rhywun, a fy ngyrru i fyny stryd fach oedd yn arwain yn ôl at y gamlas. Byddai'r lle golchi dillad ar y chwith, hannar ffordd i fyny'r stryd. Wedi cerdded 'chydig mi ges i hyd i'r tŷ golchi, a sylwi mai 'laverie' ydi'r gair Ffrangeg amdano, nid launderette.

Un person oedd yno, felly dim ond un enaid fyddwn i'n ei ladd wrth agor fy mag a gadael i'r nwy beiolegol lifo allan. Ond trwy ryfeddol wyrth, chafodd o mo'i effeithio o gwbl gan y cwmwl anweledig o wenwyn a ddihangodd o fy nillad. Boi o Gaerdydd oedd o. Fuon ni'n siarad dipyn tra'r oedd fy sanau yn cerdded am ddrws y peiriant golchi, ac wedi gwneud yn siŵr nad oedd un o fy nhronsys wedi dianc a chuddio dan un o'r cadeiriau, aeth y ddau o'nan ni allan am smôc.

Wedi i'r boi o Gaerdydd bacio'i fag o ddillad glân, cynnes a'i throi hi am y drws, dyma fo'n gofyn i mi, "Did you play in a reggae band a few years ago?"

Fe'm synnwyd. Mi *oedd* gennai fand reggae a pync unwaith, o'r enw Vatès. Ond mae hynny flynyddoedd yn ôl, a doeddan ni ddim yn adnabyddus o gwbl. Wnaethon ni sesiwn radio yn 2004, rhyddhau CD yn 2007 a gigio 'chydig am flwyddyn wedyn. Sut fyddai boi o Gaerdydd wedi clywed amdanon ni – heb sôn am gofio fy ngwynab? Ysgydwais fy mhen.

"Oh," medda'r boi, "It's just I thought I'd seen you in Clwb Ifor Bach."

Mi ddechreuodd petha wawrio ana i wedyn. "Ah! What, playing?"

"Yes, you and another band."

Mi gofiais i wedyn. "Ah, ffyc, of course, yes, we were supporting Gwibdaith Hen Frân!"

"Yes, that's it," medda fo.

Fy nillad yn y tymblar, a sticar ar y drws.

Dwi'n cofio'r gig yn iawn. Roedd y ddau fand wedi menthyg mini-bus Estella, ac wedi teithio i lawr efo'n gilydd. Phil o Gwibdaith Hen Frân oedd yn drymio i ni. Troi allan mai'r boi o'n i'n siarad efo mewn londrét yn Toulouse oedd boi PA y Clwb, a fo oedd yn gwneud y sain y noson honno! Byd bach eto!

Y Melting Pot

Erbyn 6 o'r gloch roeddwn wedi cyrraedd y Melting Pot – y dafarn oedd y 'lle i fod' yn ôl y jyngl-dryms. Roedd hi'n orlawn yno, ac ar ôl codi peint mi welis i gip o Chum a hogia Blaena draw yn y cefn, felly es i draw atyn nhw. Ond doedd dim posib cael sgwrs gall achos mi oedd yna gadwyn o bobol yn pasio casgenni cwrw gwag rhwng hatsh y selar, oedd yn y llawr tu ôl y bar, a'r drws cefn. Yna mi sylwais i pwy oedd wrthi – hogia Blaena, rhai o'r criw iau oedd drosodd yno, hogia tîm darts y Tap sy hefyd yn chwara i Blaenau Amateurs. Am eiliad, mi feddylias i fod y diawliad yn dwyn casgenni. Ond helpu bois y pyb oeddan nhw, gan fod delifyri wedi cyrraedd reit ynghanol un o'r adegau prysuraf welson nhw ers oes.

"Tyrd ag un llawn tro nesa, Geth!"

Jackie, Cai a Carl, a Mike 'Pont Isel'!

SFA OK

Trwy gyd-ddigwyddiad bendigedig roedd y Super Furry Animals yn chwara yn Toulouse y noson honno, mewn gŵyl awyr agored ar lannau'r Garonne. Roedd Gilly wedi cael ticedi i bawb, a doeddan nhw ond yn €7 (£5) yr un! Rio Loco ydi enw'r ŵyl yma sy'n cael ei chynnal yno'n flynyddol, a phob blwyddyn mae yna thema benodol. Eleni, bandiau o wledydd Celtaidd oedd y thema. Roedd safle'r ŵyl yn fendigedig, ar dir glaswelltog a elwid Prairie des Filtres, islaw y bont hardd Pont Neuf a'r Amgueddfa Hanes Meddyginiaeth (ibuprofen, falla?). Mi oedd yr ŵyl ymlaen am bedwar diwrnod, a dim ond €30 fyddai tocyn i'r ŵyl gyfan.

Mi aeth yna griw da ohonom draw. Y Lyfgrins a chriw Drenewydd i gyd, a Mei Wyn a Dirky, oedd wedi dal i fyny efo fi eto. Roedd y Super Furries yn hedleinio ar y prif lwyfan, ar ôl rhyw fand anhygoel â *brass section* oedd yn llenwi hannar y llwyfan. Roedd rheiny'n fonws arbennig i fi, achos rydw i wrth fy modd efo bandiau pres. Pan o'n i'n hogyn bach, mi gollwyd fi yn yr Eisteddfod Genedlaethol yn Bangor yn '71, a bu chwilio mawr amdana fi am oriau, hyd nes cael hyd i mi yn eistedd o flaen band pres, wedi cael fy hudo. Yn Sioe Sir Feirionnydd, rywbryd wedyn, mi gollwyd fi eto, ac ar ôl chwilio ffrantig cafwyd hyd i mi, unwaith eto, yn eistedd o flaen band pres, wedi cael fy hypnoteiddio. Felly, mi ydach chi'n gwybod lle i chwilio os byth fydda i'n mynd ar goll yn rhywle...

Mi oedd y Super Furries yn wefreiddiol, fel arfer. Chwaraeon nhw glasur ar ôl clasur, ac wrth gwrs, mi berfformion nhw 'Bing Bong' – a yrrodd y dorf yn bing-bong-boncyrs. Pan ganon nhw fy ffefryn-o-ffefrynnau, 'Mountain People', ro'n i ynghanol criw ifanc gwyllt o Bethesda, efo Mei a Dirky. Pobol y mynydd i gyd efo'n gilydd. Yn Toulouse!

Mae'r Furries yn dilyn tîm pêl-droed Cymru – Cian yn wynab cyfarwydd mewn gemau, a Guto mewn gemau oddi cartref (mae'i frawd Iwan yn bresenoldeb parhaol ymhob gêm ers blynyddoedd) – ac roedd tua hannar y dorf hefyd yn Gymry oedd drosodd am y gêm, a'u baneri draig goch a'u hetiau Spirit of '58 i'w gweld ymhob man. Rhwng y caneuon, roedd pawb yn tueddu i tshantio "Hal, Robson, Hal Robson-Kanu," yn ddibaid. Ond mi ddechreuodd y band ddefnyddio hynny fel rhan o intros eu caneuon, ac athrylith Cian (efo'i het Spirit of '58 ar ei ben) yn amseru ac uno bîts a rythms cychwynnol y caneuon efo'r tshant.

Roeddwn i ynghanol y mosh pit trwy gydol eu set, ac wedi iddyn nhw orffen y gig efo 'The Man Don't Give a Fuck' roedd fy nghoesau yn gleisiau byw, a'r briw ar fy nghrimog wedi ailddechrau gwaedu. Mi ganodd y dorf 'Hen Wlad Fy Nhadau' wedyn, ac mi ddaeth Cian allan i flaen y llwyfan – yn dal yn ei het Spirit of '58 – a sefyll yno, yn canu efo ni.

Yn laddar o chwys, ac yn llawn o adrenalin a serotonin, gadawsom yr ŵyl yn gwbl argyhoeddiedig ein bod wedi bod i lefel newydd o ecstasi cerddorol. Profiad i'w drysori yn wir. Dwi wedi gweld y Furries ddwy waith ers hynny – yn Gŵyl Rhif 6 ac yn y Liverpool Festival of Psychedelia – ac erbyn i rai ohonoch ddarllen y geiriau yma, mi fyddaf wedi bod i'w gweld eto, yn Llandudno. Does dim digon i gael. SFA OK.

Dydd Sul, Mehefin 19, 2016
Y Grande Café Albert

Wrth jecio allan o'r Hôtel Riquet, lle'r oeddwn wedi ymuno â Nelly a Lee am yr ail noson, mi ges i adael fy mag yn y stafall bagej tra'r o'n i'n mynd 'nôl i'r iCare i holi am wely y drydedd noson. Wedi cael y gwely, roedd rhaid aros tan un ar ddeg i jecio mewn. Felly mi gefais fy hun yn y Bristol unwaith eto, yn llyncu brecwast o Stella ac ibuprofens. Doedd dim byrddau tu allan heddiw; ordors gan yr heddlu, oedd yn tybio fod y Rwsiaid ar eu ffordd ar gyfer y gêm fory.

Ffoniodd Nelly i holi pa lwc ges i efo'r gwesty, a deud eu bod hwythau wedi cael stafall yn y Riquet am noson arall hefyd, a'u bod nhw ar eu ffordd i'r Bristol. Gofynnais iddo ddod â fy mag efo fo, a dyna wnaeth o, wedi i mi siarad efo'r concierge dros y ffôn i gadarnhau fy enw, ac ati. Ar ôl i mi jecio mewn i'r iCare cerddom am ganol y ddinas – y tro hwn yn syth i lawr yr Allée Jean Jaurès, drwy'r Jardin Pierre Goudouli, ar hyd y Rue Lafayette ac i'r Place du Capitole.

Roedd pawb ar eu cythlwng, felly rhywle oedd yn gwneud bwyd efo cwrw oeddan ni ei angan. Yr unig le felly oedd yn agored ar y Place oedd y Grande Café Albert, neu, 'yr Albert' fel o'n i'n ei alw fo. Doedd dim byrddau tu allan oherwydd fod Y RWSIAID YN DOD felly roedd rhaid eistedd tu mewn. Doedd 'na fawr o ddewis o fwyd, ac yn sicr doedd yna ddim brecwast llawn (ro'n i'n dechrau anghofio sut oedd y rheiny'n edrych erbyn hyn) ond mi ges i rywbeth na alla i gofio be oedd o.

Mae'n debyg ein bod ni ar ein trydydd rownd o gwrw pan ddaeth tri neu bedwar boi oedd y ddau arall yn eu nabod i mewn. Criw o Drefaldwyn oeddan nhw. Criw pêl-droed y Spar Mid-Wales League, fel Lee a Nelly. Mi ddaeth dau foi o Gaergybi i mewn wedyn, ac es i draw i siarad efo nhw, gan holi os oeddan nhw'n nabod Tiny – boi o Gaergybi sydd wedi dilyn Cymru awê ers i Gymru ddechrau cael dilynwyr awê. Ro'n i wedi cael peint efo fo ym Mharis y noson cyn gêm Lloegr, ac roedd hi'n dda ei weld o eto. Ond doedd y ddau foi yma ddim yn ei nabod o.

Bicias i rownd y gornel i siop swfenîrs, wedyn, i weld be oedd ganddyn nhw. Chwilio am rywbeth random i Rhian neu Geth

o'n i, ond doedd 'na'm cymint â hynny o betha 'gwahanol' yno, felly es i stydio'r casgliad o fagnets ffrij oedd ganddyn nhw. Digon diflas oedd rheiny hefyd, tan i mi weld hwn.

Wrth gwrs, cofiais, Occitanie ydi'r hen wlad yn y rhan yma o Ffrainc. Ac Occitan ydi'r iaith leol. Dwi'm yn gwybod llawer o hanes yr iaith, ond dwi'n meddwl ei bod yn iaith Lladin fel Ffrangeg,

Eidaleg, Sbaeneg, Portiwgeieg, Rwmaneg a Chatalaneg. Dwn i'm faint o wahanol ydi hi i Ffrangeg erbyn heddiw, na faint o bobol sy'n dal i'w siarad, ond 'Tolosa' ydi enw Toulouse yn iaith y brodorion. Llwyth Galaidd oedd yma yn wreiddiol, tan i'r Rhufeiniaid lanio efo'u maps a'u concrit, eu *discoteques* a *rollercoasters*. Ar ôl i'r Rhufeiniaid fynd yn bancrypt yn y 5ed ganrif, y Visigoths (rhan o genedl y Goths, rhyw fath o Emos) oedd y pen-bandits am sbelan wedyn, tan i'r Ffranciaid gicio'u tinau nhw a'u hel nhw a'u dillad duon i gornel dywyll o'r cyfandir i ffantaseiddio am *suicidal tendencies*.

Efo'r ffrij magnet yn fy mhocad, picias i'r pharmacia dros ffordd i stocio fyny ar "ibuprofen, s'il vous plaît" – jesd rhag ofn. Pan ddychwelais i'r Albert roedd yna rownd arall o lager yn fy aros. Doeddwn i ddim isio fo am ddau rheswm; i ddechra efo hi, ro'n i angan symud i byb arall, ac yn ail, roeddan nhw wedi dechra rhoi cwrw mewn gwydra plastig. Gymrais i swig dda o'r peint, cyn mynd allan yn slei (doedd y toiled ddim yn rhydd) a chwydu'r lager allan – a be bynnag ro'n i wedi'i fyta. Roedd hyn yng ngolau dydd, ar ddydd Sul, pan oedd *la maman et le papa avec l'enfants* yn crwydro'n hamddenol o gwmpas y sgwâr. Ond mi fuais i'n ddigon *discreet*.

Arhosais allan yn smocio ffag, gan wylio'r llwyfan anferth oedd wedi ei godi ar y Place o'n blaenau. Roeddan nhw'n chwara miwsig uchel drwy'r PA wrth i'r sgaffoldwyr fynd o gwmpas eu gwaith efo'r *finishing touches*. Daeth atgofion o'r Super Furries y noson gynt i lifo trwy fy mhen, ac estynais fy ffôn i weld y lluniau a'r fideos dynnais i. Roedd yno luniau o'r daith gerdded o'r gig hefyd, golygfeydd o oleuadau'r ddinas yn dawnsio ar wynab yr afon, a lluniau'r eglwys, Cadeirlan Saint-Étienne, lle y bu *rhaid* i mi fynd i biso yn y gwrych ar y lawnt o flaen ei drws. Weithiau, mae lluniau'n atgoffa rhywun o bethau nad ydi o *isio'u* cofio.

Ar yr adeg yma, yn fras, fe gafwyd newid shifft yn yr Albert. Yn lle'r dyn efo mwstash GoCompare a'i was bach, mi ddaeth dau foi ifanc hwyliog i gymryd drosodd. Mwya sydyn, roedd miwsig call yn dod dros y stereo, a doedd neb yn bwyta, dim ond yfed. Agorwyd hatsh tu ôl y bar er mwyn i bobol allu prynu cwrw tra'n sefyll tu allan. Holais at be oedd y llwyfan ar y Place. Yr unig beth ddalltais oedd fod rhywbeth yn digwydd mewn cwpwl o ddyddia. Mi eglurodd hefyd y byddai cannoedd o gadeiriau a byrddau ar y sgwâr, fel arfer, ond gan bod Y RWSIAID YN DOD, roedd yr heddlu wedi… Wel, rydach chi'n gwybod bellach.

Er 'mod i wedi bod isio symud, roedd naws yr Albert wedi newid yn gyfan gwbl i be oedd o'n gynharach. Ro'n i bellach yn teimlo'n gartrefol, a phan ddudodd Nelly eu bod nhw am symud ymlaen efo criw Powys, mi arhosais i. Ro'n i wedi cael ail wynt, ac roedd yna sesh afreolus ar y gweill. Roedd hi'n amser…

…TEQUILAAAAAAA!

Daeth Lewgi a Patrick o rywle. Dau gymeriad o Port. Dechreuodd Lewgi brynu lagers i mi. Er gwaetha fy mhrotestiadau, roedd o'n mynnu dal i osod peintia llawn wrth ochr y peintia llawn oedd gennai'n barod. Wnes i ddeud wrtho ei fod o'n wastio'i bres am na allwn i yfed piso cynnas o wydr plastig. Ond daliodd ati. Mi dalais o 'nôl drwy brynu tequilas iddo fo, er gwaetha'i brotestiadau.

Mi drodd hi'n sesh hen ffasiwn yn go fuan. Cyn hir, roedd y ddau foi tu ôl y bar yn rhoi tequilas am hannar pris i ni – llai, weithia – am ein bod ni'n Gymry. A phan ddaeth gwerthwr sgarffiau a hetiau i werthu'i stwff ar gornel y sgwâr, mi redodd y ddau draw i brynu het Cymru yr un.

Pecyn Amheus!

Sawl tequila wedyn ges i fymryn o bwl drwg, felly i mewn â fi i'r bar er mwyn iwsio'r toilet. Ro'n i yno am bum munud da, ond pan ddois allan roedd drysau'r bar wedi cau ac wedi'u cloi, a doedd neb yn cael mynd allan a neb yn cael dod i mewn. "But my friends are outside," protestiais. Ond eglurodd y bois mai'r cops oedd wedi cau pawb i mewn a clirio'r Place (sef y sgwâr)

i gyd, oherwydd eu bod wedi cael hyd i *suspicious package*.
Pan es i *i'r* toiledau ro'n i ynghanol parti tequila, a phan ddois
i allan ro'n i reit ynghanol bomscêr. Dwi'm yn cofio llawer heblaw am ambell i fflashbac
bregus. Doedd yna ddim dychryn na phanig. Wnaeth fawr
ddim newid, ac arhosodd pawb mewn hwyliau da. Mi fuon
ni yno am dipyn o amser, o leia awr, dwi'n siŵr – os nad mwy.
Erbyn iddyn nhw agor y drysau roedd Lewg a Pat wedi hen
fynd. Ond chawsom ni, y rhai fu dan glo yn y bar, ddim gadael
y Place yn syth. Yn hytrach, mi gawson ein corlannu ar stryd
fach dros ffordd, lle'r oedd y *pharmacia* ar y gornel. Roedd
rhaid i ni sefyll tu ôl *police line* am beth amser eto – o bosib
hyd at hannar awr.

Yn ddiweddar, tra'r o'n i yn rhywle na alla i gofio ar y funud,
mi ddaeth boi i siarad efo fi, gan ddeud, "Y tro dwytha i mi dy
weld di roeddan ni wedi cael ein cloi mewn pyb yn Toulouse".
Roedd o'n cofio dipyn mwy na fi, a phan holais ai *false alarm*
oedd y bomscêr, esboniodd fod y bag wedi cael ei chwythu i
fyny mewn *controlled explosion* tra'r oeddan ni wedi'n cloi yn
y bar, ac mai'r rheswm am ein cadw ar y stryd fach wedyn
oedd er mwyn rhoi amser iddyn nhw wneud yn siŵr nad oedd
'dyfais' eilradd. Mi glywais yn rhywle, hefyd, fod y digwyddiad
wedi bod ar y newyddion lleol. Mae'n rhaid i mi gyfadda nad
o'n i'n ymwybodol iawn o ddifrifoldeb y sefyllfa ar y pryd!

Reggae reggae

Ar y Rue Lafayette ger parc Square Charles de Gaulle roedd yna
waith celf ar ffurf y llythrennau 'UEFAEURO2016' yn lliwiau
baner drilliw Ffrainc wedi ei osod dros dro.

Yn eistedd o flaen y rhif 6 roedd hen rasta yn bysgio efo
gitâr, yn canu reggae. Dyma be dwi'n gofio nesa ar ôl y bomscêr.
Fyswn i ddim yn cofio, chwaith, oni bai i Paul Carwyn o
Cricieth yrru fideo i mi ar Facebook. Mi ddaeth popeth yn ôl
i mi, wedyn. Fuais i yno am sbel, yn dawnsio a hwrjo bobol i
daflu pres i'r boi, a'i gariad o'n dawnsio efo fi. Dim ond yr un

gân oedd ganddo, ac mi oedd hi'n mynd ymlaen ac ymlaen am byth. Welis i o'r noson wedyn hefyd, pan fuais i'n ista yn siarad efo fo am 'chydig.

Bob yn hyn a hyn yn ystod y dyddia oedd i ddod roedd pobol yn dod i fyny ata fi ac yn deud petha fel, "Mŵfs da gen ti yn Toulouse!" Does dim modd cuddio yn unlla, nagoes – mae rhywun yn siŵr o dy weld di, lle bynnag wyt ti. Dwi wedi cael ambell i sgwrs (digon diniwed) fel hyn hefyd:

"O'chdi off dy ben yn Toulouse, neu rwbath?"

"Be?"

"O chdi'n fflio mynd efo'r bysgar 'na."

"O ia. Pam, be oedd yn rong efo hynny?"

"O, dim byd, ond oedd y gitâr allan o diwn."

Mi oedd hi fymryn, ond dim digon i amharu ar y gân, y sganc na'r hwyliau. Gitâr rad oedd hi, a'r tannau yn tueddu i golli mymryn o diwn ar ôl hyn a hyn, ac angan y twist bach lleia i'w cael yn ôl i'w pitsh perffaith. "Cer o'na, nagoedd tad!"

"Wel oedd! Dwi'n deud wrtha ti," yn ddifrifol a diffuant, fel tasa gitâr allan o diwn y bygythiad mwya wynebodd y ddynoliaeth erioed.

"Duw, nagoedd," dechreuais. "Oedd hi'n swnio'n iawn i fi."

"Wel, mae'n *rhaid* dy fod ti off dy ben, felly!"

Does dim pwynt dadlau. Dim pwynt egluro y byswn i'n dawnsio i reggae ar y stryd taswn i'n sobor, heb sôn am fod yn llawn tequila ac ysbryd glân. Dim pwynt esbonio mai miwsig sy'n gwneud i rywun ddawnsio, nid be mae o wedi'i 'imbeibio'. Dim pwynt a dim awydd. Yn rhannol am fy mod i (erbyn hyn) yn un da am adael i bethau fynd dros 'y mhen i, ac yn rhannol am nad oes gan bobol sy'n gwneud sylwadau tebyg unrhyw fath o fwriad maleisus. Gwahanol feddylfryd ydi o i gyd, dim byd mwy. Mae'r hangofyr ôl-Fethodistaidd yn dal i ddal ei afael ar Gymru, mae arna i ofn.

A beth bynnag, wrth wylio'r fideo eto, mi *oedd* y gitâr 'chydig bach mwy allan o diwn nag o'n i wedi sylwi ar y pryd. Ac mi *o'n* i off 'y mhen.

"Ffownten mo..."

Tua naw o'r gloch oedd hi pan gydiodd yr haleliwia ynof a fy ngyrru i berlewyg ysbrydol efo reggae'r bysgar a'i wejan. Dwi'n gwybod hynny achos dwi 'di tynnu lluniau o'r ffownten, a cwpwl o selffis, ym mharc y Jardin Pierre Goudoli am ugain munud wedi naw. Dwi hefyd wedi ffilmio fideo o fy hun efo'r ffownten yn y cefndir! Mae'n amlwg 'mod i isio rhannu rhywbeth o bwys – rhyw ddyfyniad athronyddol, dwfn mwya thebyg. Ond yr unig beth dwi'n ddeud ydi, ar ôl mymbl sydyn, "Ff-ffownten mo..."

Dyna pryd ddechreuodd y tequila droi'n formaldehyde yn 'y ngwythiennau. Yn araf deg bach, ddechreuis i fynd yn fwy a mwy cartrefol ar y fainc, wrth i sŵn y ffownten fy suo... Ac yna, yn sydyn, wrth imi syllu i nunlle'n benodol ymddangosodd tri gwynab cyfeillgar yn ffrâm fy ngolwg, reit o flaen fy ngwynab. Ffrindiau oedd yno, diolch byth – Owen a Jen Shwl Di Mwl a Richard Jones Fflach. Ddudis i nad oedd posib cuddio'n unlla, yndo! Roedd golwg ychydig yn consýrnd arnyn nhw (dwi ddim yn synnu, achos do'n i'n sicr ddim yn gallu siarad yn glir), ond mi sicrhais i nhw fy mod i'n 'ffein a dandi'. Dwi'n gweld y Shwl Di Mwls a Rich yn aml mewn gemau dramor, ac roedd hi'n dda eu gweld nhw yn y Jardin Pierre Goudoli, yn Toulouse. Fel arall, dwi'n siŵr fyddwn i wedi cysgu yn y fan a'r lle.

Un diod arall...

Mynd am y gwesty wnes i. Cael nap bach oedd y bwriad, a mynd allan nes ymlaen. Ond mi oedd hi'n hannar awr wedi tri y bora arna i'n deffro. Ro'n i angan bwyd, a chofiais fod un o'r tri tecawê-caffis rownd y gornel o'r Bristol yn agored tan o leia 3am (ges i gibab a tships yno rhyw noson). Es allan i'w drio fo, rhag ofn.

Doedd o ddim yn agored. Nos Sul oedd hi. Ond wrth basio ffenast bar yr Ibis, welis i griw o dri neu bedwar o fois Caernarfon a'r ardal yn ista wrth fwrdd wrth y ffenast. Ro'n i'n nabod un o'r Cofis yn iawn, ac mi ddaeth o at y drws i fy ngadael i mewn. Felly, o leia ges i gwrw.

Roedd y barman yn fewnfudwr diweddar o Asia, yn ôl ei acen, ac mi oedd o'n foi clên – efo digon o amynedd. Dwi'n siŵr ei fod o wedi laru clywed, "One last drink for my friend," "One more," a "Last one, honest". Aeth hi'n wedi pump arna i'n gadael. Dwi'n siŵr ei bod hi wedi dechrau goleuo. Pan basias i'r siop ffrwytha fach wrth y gwesty, roedd y dyn wrthi'n byseddu ei blyms, anwylo'i afocados a sortio'i *olives* allan. Ges i botel o ddŵr ganddo fo, ac es i 'nôl i fy stafall.

Dydd Llun, Mehefin 20, 2016
Rwsia 0–3 Cymru, Stadium de Toulouse, Toulouse

Wedi cael napan bach arall, a cawod, es i lawr i'r Dderbynfa i holi am stafall rydd (a chael yr un y soniais amdani uchod, am €36). Roedd hi'n barod eisoes, medd dynes y ddesg, gan fod y glanhawyr wedi bod yn llnau, felly mi allwn jecio mewn yn syth. Aidîal mo!

Ro'n i wedi gaddo fy nhicad sbâr i'r gêm i ffrind o Llan Ffestiniog. Roedd Dei Huws yn 'rysgol 'run adag â fi, rhyw ddwy neu dair blynadd yn hŷn. Fuodd o'n byw yn Gaerdydd am flynyddoedd, ond yn ôl adra bellach. Fuodd o'n dilyn yr Adar Gleision i bob man, ac mae o'n dal yn ffan mawr.

Trwy gyfrwng tecst a Facebook roedd o'n rhoi ypdets i fi ynghylch pryd fyddai o'n cyrraedd Toulouse. Ro'n i'n ddigon hapus i aros amdano yn y Bristol, "y pyb syth ar draws o stesion Matabiau". Er nad oedd y byrddau allan ar y pafin, roedd y drysau llydan i gyd yn agored led y pen i adael yr haul i mewn. Tra'n aros am Dei mi ges i ambell i beint, ac mi fuais i'n sgwrsio efo criw o Gwm Rhondda oedd wedi fy nabod i o'r gyfres *Stori Pêl-droed Cymru*, a'u holi sut dymor oedd y 'Rhondda Bulldogs' (Ton Pentre FC) wedi'i gael, gan y buom yn y clwb hwnnw yn ffilmio.

Pan landiodd Dei mi gawson ni beint arall cyn symud am ganol dre, gan gael drinc sydyn mewn ambell i far ar y ffordd i'r Melting Pot, lle'r oedd Dei wedi trefnu i gwrdd â rhai o'i hen fêts o'r brifddinas. Ar y ffordd, daethon ar draws Elis James, y digrifwr a ffan mawr pêl-droed Cymru ac Abertawe. Doeddwn heb ei weld o ers imi gyfrannu i gyfres o ddwy raglen wnaeth o i Radio 4, yn trafod y cwestiwn mawr hwnnw o be ydi gêm genedlaethol Cymru – rygbi 'ta pêl-droed. Recordiais y sgwrs ddiwedd mis Ebrill (diwrnod semi-ffeinal yr FA Cup rhwng Everton a Man U) tra'n sefyll ar y *touchline* ar gae pêl-droed Pentraeth, lle'r oedd CPD Amaturiaid y Blaenau yn chwara'u gêm oddi cartref ola o'r tymor.

Mi fuom yn trafod y rhaglenni, a ddarlledwyd jysd cyn yr Ewros, ac mi gafodd Dei ac Elis gyfle i rannu atgofion am ambell gêm ddarbi fywiog rhwng yr Adar Gleision a'r Elyrch!

Melting Pot, mental plot...

Oedd, mi oedd hi'n boncyrs tu allan y Melting Pot. Roedd y crochan wedi berwi drosodd i'r pafin ac i'r stryd, a'r traffig yn gorfod arafu i wthio'i ffordd fesul llathen drwy'r lobsgows o grysau cochion a hetiau coch, melyn a gwyrdd. Yr off-leisans cyfagos oedd yn gwneud yr elw mwya.

O dan draed roedd carpad tew o boteli gwag a gwydra plastig racs. O'n cwmpas roedd bomiau mwg coch yn tanio bob yn hyn a hyn, yn edrych yn grêt ond yn drewi fel ffiwms tanws. Yn ein canol roedd bois ar ben biniau sbwriel yn codi canu, eu breichiau ar led fel pregethwyr tân a brwmstan yr oesoedd a fu. O'n blaenau roedd rhywun mewn gwisg draig goch ar ben canopi'r dafarn yn arwain y côr coch. Roedd pêl-droed yn cael ei bŵtio'n uchel i'r awyr, ac yn hitio diodydd pobol o'u dwylo wrth ddod i lawr. Weithiau roedd hi'n glanio ar do neu fonet car oedd yn malwennu drwy'r dorf, ac weithiau'n glanio ynghanol y robocops, oedd yn ddigon hapus i'w chicio hi'n ôl i'n canol ni i gyd. Fwy nag unwaith mi laniodd ar falconi ail lawr bloc o fflats cyfagos, a bu'r Cymry mwya acrobatig yn dringo fel mwncwns i'w nôl hi.

Llawer llwyth...

Hwn oedd y diwrnod poetha hyd yn hyn, a haul de Ffrainc yn grasboeth. Teimlwn gefn fy ngwar yn llosgi a bu rhaid i mi dynnu fy nghrys-T Ffa Coffi Pawb a'i wisgo dros fy mhen fel Beau Peep. Roedd 'na griw da o'nan ni; roedd Lewgi a Patrick yn eu holau, Gwi Jôs efo dau fêt iddo o ardal Hwlffordd, Gar Lew a hogia Traws, hogia Blaena, Mr Gwyrdd a bois Pwllheli, ac mi oedd Mei a Dirky o gwmpas lle hefyd, a Nelly efo'i fêts o Bowys. O'n cwmpas roedd acenion o bob cwr o Gymru i'w clywed. O Gaerdydd i Gaergybi, Abergwaun i Aberconwy, Wrecsam i Waencaegurwen, Llanelli i Llanbedrog, Bala i Biwla, Corwen i Caerau, Trefriw i'r Trallwng, Llanrwst i Llanwern, Aberystwyth i Abermiwl, Treborth i Treherbert, Caernarfon i Gaerfyrddin, Aberdâr i Aberdaron, Nefyn i Nantycaws, Machynlleth i Mancot, Casnewydd i Castell Newydd Emlyn, Trefyclawdd i Trawsgoed, Abertawe i Amlwch, ac o Brynguga i Brynsiencyn, roedd Cymru yn un. Addas iawn, felly, oedd ymddangosiad y faner "Many Tribes, One Nation" tu allan y dafarn drws nesa i'r Melting Pot (ac yn hongian dan enw Victor Hugo, y bardd, nofelydd a gweriniaethwr amlwg).

Yr unig bobol wnaeth ddim dod i'r parti mawr oedd y Rwsiaid.

Y Ddraig yn rhuo

Parodd y parti yr holl ffordd i'r stadiwm, a thrwy'r gêm i gyd. Does dim geiriau i ddisgrifio'r profiad heb swnio fel Alan Hansen yn rhaffu un *superlative* ar ôl y llall. Ond mi oedd o'n wefreiddiol, a'r perfformiad trydanol gan Gymru yn un o'r goreuon i mi weld ganddynt erioed – perfformiad a enillodd i Gymru glod a sylw haeddiannol o bob cwr, a mwy fyth o ffrindiau a chefnogwyr o blith y niwtrals. Goleuwyd Twr Eiffel efo'n lliwiau eto y noson honno. Ac yn ôl y negeseuon oedd yn britho Llinell Amser Facebook, roedd hyd yn oed sêr gorffennol Lloegr, fel Lineker a Shearer, a phyndits Seisnig eraill yn canmol ac yn siarad yn bositif am Gymru. Roedd Gary Lineker (sydd wastad wedi dod drosodd yn hen foi iawn, er gwaetha'i statws fel *golden boy* Lloegr) wedi gorffen *Match of the Day* efo "Nos Da", mae'n debyg, ac mi oedd o'n trydar lot o negeseuon canmoliaethus, llawn ewyllys da tuag atom ar Twitter.

Mae'n rhaid cyfadda nad oedd Rwsia ar eu gorau'r noson honno. Ond doedd hynny'n tanseilio dim ar y ffaith fod Cymru'n ysgubol. Rydan ni i gyd yn cofio colli i dimau oedd yn chwara'n sâl, ac wedi gweld Cymru'n gostwng eu gêm wrth wynebu timau gwanach na nhw yn rhy aml yn y gorffennol. Nid felly mae hi rwan. Mae'r gallu a'r hyder ganddom ni rwan, ac mi oeddan ni'n *ruthless* a chlinigol yn erbyn Rwsia. Mae yna ysbryd cryf a hwyliog a pherthynas frawdol yn y garfan. Maen nhw'n credu yn ei gilydd, yn credu yn Coleman ac Osian, ac mae ganddyn nhw ffydd ymhob *game plan* a'r cryfder meddyliol i sticio iddi a pheidio tynnu'u llygaid oddi ar y bêl. Maen nhw'n chwara dros y rheolwr, maen nhw'n chwara dros ei gilydd, yn chwara dros y ffans ac yn chwara dros eu gwlad.

Trwy gydol yr ymgyrch i gyrraedd Ffrainc roedd y brawdgarwch rhwng y chwaraewyr a'r cefnogwyr yn rhywbeth sbesial iawn, iawn. Daw'r chwaraewyr i gyd i sefyll o'n blaenau ar ddiwedd pob gêm, i gyd-ddathlu, ac i ddiolch am ein cefnogaeth. Mae hynny'n creu bond cryf, yn magu perthynas agos rhyngom. Ni'r cefnogwyr ydi'r deuddegfed dyn, ac mae gwybod fod y tîm yn gwerthfawrogi hynny yn ein hysgogi i roi 110% iddyn nhw trwy gydol y 90 munud. Profwyd effaith uniongyrchol y bartneriaeth hon pan ganwyd 'Hen Wlad Fy Nhadau' yn ystod y gêm yn erbyn Gwlad Belg yn Stadiwm Dinas Caerdydd. Yng ngeiriau Chris Coleman, ac Osian hefyd, ac yn ôl y chwaraewyr eu hunain, mi wnaeth clywed yr anthem yn morio drwy'r stadiwm o gwmpas y 70 munud godi eu hysbryd a pheri iddyn gloddio'n ddwfn i gael hyd i'r nerth a phenderfyniad ychwanegol i ddal i fynd, ac i ennill y gêm. Bryd hynny y gwawriodd o ddifri arnyn nhw be'n union oedd Cymru yn ei olygu i'r Cymry. Mi deimlon nhw'r angerdd. Mi welson nhw be ydi gwladgarwch. Bryd hynny y taniwyd y tân yn eu boliau.

Parhaodd a chryfhaodd yr angerdd hwnnw, ynghyd â'r berthynas arbennig rhyngom, drwy'r gemau yn Ffrainc. Mae'r munudau hir hynny ar ddiwedd y gemau yn golygu popeth. Mae o'n hyfryd ac yn gwbl ddidwyll a gonest. Nid *token gesture* ydi o. Mae o'n real.

"We are top of the league!"

Ia, dathliadau ewfforig yn y stadiwm. Ni a'r chwaraewyr. "We are top of the league" a 'Zombie Nation'. Er gwaetha colli i'r Saeson, roeddan ni uwch eu pennau nhw ac wedi curo'r grŵp. Mae'n anodd egluro sut deimlad ydi bod uwchben Lloegr – boed mewn grŵp neu yn *rankings* FIFA. Y nhw *ydi'r*

gelyn. Greater England ydi Prydain oll iddyn nhw. Nhw a'u 'For Wales, See England'. Nhw ydi'r goruchafwyr. Nhw sy'n trio'n bwlio ni i ymuno â Team GB. Nhw sy'n dal i hefru am '1966 and all that'. Nhw sy'n hawlio tudalennau'r papurau a thonfeddi'r cyfryngau. Nhw sy'n meddwl eu bod nhw'n

117

God's Gift i bêl-droed, yn feistri ar wledydd eraill Prydain, ac yn feistri ar y byd i gyd yn grwn. Nhw sy'n meddwl fod eu henwau ar bob cwpan cyn iddyn nhw gicio pêl. Nhw sy'n mynnu canmoliaeth, parch a defosiwn sanctaidd gan bawb. Nhw sy'n bwio anthemau cenhedloedd eraill. Nhw sy'n cwyno pan rydan ni'n cefnogi eu gwrthwynebwyr. Nhw sy'n dirmygu ein hannibyniaeth. Lloegr ydi'r imperialydd sydd wedi meddiannu'n gwlad ers canrifoedd. Ni ydi'r 'sheepshaggers', y 'bare-footed dogs', y 'seaweed munching hill tribes' a'r 'dark, pugnacious little trolls'. Tydan ni, ffans pêl-droed Cymru ddim yn casáu pobol, ond rydan ni'n casáu popeth – *popeth* – mae Lloegr yn sefyll drosto, *popeth* maen nhw'n ei gynrychioli a *phopeth* sy'n eu cynrychioli nhw. Yn nhermau pêl-droed, mae Lloegr, Seisnigrwydd a Phrydeindod yn wrthun. Mae rhoi trwyn coch i'r 'basdads' yn golygu popeth. *Popeth*. WE ARE TOP OF THE LEAGUE, SAID WE ARE TOP OF THE LEAGUE!

Parhaodd y dathlu ar y gwair gwyrdd yn grownds y stadiwm, lle'r oedd *troupe* band pres yn crwydro o gwmpas a phawb yn dawnsio o'u hamgylch. Nid ein Barry Horns ni oeddan nhw, ond criw lleol o'r enw Les Flanflures. Parti, parti, parti!

Yr adeg yma ddaliais i fyny efo Tim Williams am y tro cyntaf yn Ffrainc, a chael cyfle am sgwrs. Boi o'r Bala ydi Tim, a fo sy'n gyfrifol am y brand Spirit of '58 sy'n cynhyrchu crysau-T a bathodynnau pêl-droed Cymru – ac, wrth gwrs, yr hetiau bwced enwog. Boi da ydi Tim sydd wedi bod yn dilyn Cymru ers blynyddoedd maith. Mae o'n trefnu digwyddiadau ledled Cymru ac ar ddyddia gemau cartref yng Nghaerdydd, a'r elw'n mynd i amrywiol elusennau. Mae o'n enghraifft dda o rai o rinweddau gorau cefnogwyr pêl-droed Cymru – ymwybyddiaeth o gyfiawnder cymdeithasol, dyngarwch a rhyngwladoldeb. Pêl-droed yw popeth i gefnogwyr Cymru, ond mae cefnogi tîm pêl-droed Cymru yn llawer mwy na phêl-droed hefyd.

Mae cerddoriaeth hefyd yn rhan fawr o ddiwylliant ffans Cymru, fel yn niwylliant pêl-droed yn gyffredinol. Dim byd yn erbyn corau meibion, ond nid dyna'n peth ni o gwbl. Ac yn sicr dim emynau! Miwsig indi, pync, mod, post-pync, Northern

Soul, 2-tone, ska, reggae a DJs a llawer mwy – mae miwsig yn rhan bwysig o'n bywydau ni.

O'r holl gefnogwyr pêl-droed yn y byd, doedd neb yn haeddu bod yn Ffrainc yn cael mis cyfan o barti fwy na ffans Cymru. Ac roedd hi'n hen bryd i'r byd gael ein gweld ni yno, o'r diwedd. Ac mi fyddwn ni yno am sbelan eto – roeddan ni yn yr 16 ola!

Naoned #2

(Nantes)

Dydd Mawrth Mehefin 21, 2016 - Hirddydd Haf

Corff: 6/10
Pen: 3/10 Mewn beudy ger Llanboidy
Siarprwydd: 1/10 Fel sloth mewn bath o fwd
Ymennydd: Uwd
Amynedd: Dim, pam?!
Hwyliau: Conffiwsd

Ro'n i bythefnos i mewn i'r daith. Mi allwn fod wedi holi am stafall arall eto, a synnwn i ddim na fyddwn i wedi gallu cael un. Ond ro'n i'n diodda. Doedd fy mrêns ddim yn gweithio.

Dros y blynyddoedd dwytha dwi wedi bod yn cael hangofyrs cynyddol seicolegol (teimlo'n isel) ar ôl sesh hen ffasiwn, ac yn y flwyddyn ddwytha mae hynny wedi gwaethygu. Erbyn i chi ddarllen hwn mi fydda i'n 49, sy'n golygu fydda i'n hannar cant flwyddyn nesa. Dim syndod, felly, 'mod i ddim yn dygymod cystal ag o'n i. Ond wedi bod yn yfed am bythefnos solat doeddwn heb gael cyfle i sobri digon i gael hangofyr hen ffasiwn. Tan y bora hwn, y bora ar ôl y gêm. Heb gyfle i sobri neu beidio, roedd rhywbeth yn gorfod rhoi.

Yn yr hwyliau isel dechreuais chwara efo'r syniad o fynd adra am ddau neu dri diwrnod. Wrth feddwl hynny dechreuais gael pyliau o fethu Rhian a'r hogia, oedd yn ychwanegu at y

dryswch. Roedd y byrddau allan unwaith eto o flaen y Bristol
– rŵan fod y Rwsiaid *heb* ddod – felly eisteddais yno efo coffi a
leflar, i drio rhoi trefn ar fy synhwyrau.

Wrth i'r Stella wneud ei waith o leddfu'r hangofyr porais
y We i weld be oedd yr opsiynau o ran meysydd awyr, ffleits
a threnau ac ati. Doedd dim opsiwn hwylus, a'r rhan fwya
yn gwbl amhosib. Penderfynais fynd i Nantes am noson. O
leia doedd o ddim yn bell o Baris, ac yn agosach i Gymru na
Toulouse. Ac mi fyddai'n fy ngadael efo dau ddewis yn unig,
oedd yn llawar haws i'w handlo – cael ffleit Flybe i Fanceinion
yn y bora, neu fwrw 'mlaen i Rennes am gwpwl o nosweithiau
cyn troi am Baris a gêm Gogledd Iwerddon. Gorffennais fy
mheint a chroesi'r ffordd i stesion Matabiau. Roedd trên yn
gadael mewn hannar awr.

> Your streets were paved with love
> Your skies were blue
> Goodbye Toulouse.
>
> 'Goodbye Toulouse', The Stranglers

Samariad trugarog

Prynais gwpwl o boteli o ddŵr a bagét. Erbyn amser newid trên
yn Bordeaux ro'n i wedi yfed y dŵr i gyd. Doedd dim amser i
brynu mwy, gan fod rhaid brysio i blatfform arall yn syth. Roedd
hi'n chwilboeth ac ro'n i'n chwysu fel mochyn. Erbyn cyrraedd
y platfform ro'n i'n edrych fel tawn i wedi nofio yno. Roedd yr
haul tanbaid yn taro, a theimlwn fy nghroen yn crasu wrth i'r
chwys ffrio wrth lifo drosta fi. Roedd gen i syched annioddefol.
Yn desbret am ddŵr dechreuais edrych o 'nghwmpas yn wyllt,
fel ci a'i dafod allan. Sylwais ar dap dŵr ar ben peipen alcathîn
oedd yn codi rhyw chwech troedfedd o'r tarmac wrth bolyn ar
y platfform. Stydiais y tap am rai eiliadau, yn pendroni ai dŵr
glân oedd o…

Pasiodd dyn mawr oedd yn cario bag trwm dros ei ysgwydd
– dyn a oedd, erbyn sylwi yn ddiweddarach, yn un o staff y

trêns. Pan welodd o fi'n syllu ar y tap, ysgydwodd ei law o'i flaen i ddynodi, 'Na, fyswn i ddim yn yfed hwnna os fyswn i'n chdi'.

Suddodd fy nghalon a throis i fynd 'nôl at weddill y teithwyr. O fewn eiliadau, clywais "Pssst" uchel o'r tu ôl i mi (dyna sut mae'r Ffrancwyr yn tynnu sylw ei gilydd ar y strydoedd) a phan drois i rownd gwelais y dyn mawr yn rhoi ei fag ar lawr, ac yn agor y sip. Ger top ei fag roedd tua chwech potel fach o ddŵr. Estynnodd un i mi. Dwi 'rioed wedi bod mor ddiolchgar yn fy mywyd.

Nid trên sydyn oedd hwn. Trên hen ffasiwn, efo *compartments* bach agored a seti'n gwynebu ei gilydd ymhob un. Roedd hi'n daith hir, a rhan ohoni lle'r oedd y trên yn teithio'n arafach na thrên y Cambrian Coast pan mae hwnnw'n dilyn y clogwyni rhwng Fairbourne a Llwyngwril.

Erbyn hyn roedd Bordeaux yn atgof pell. Roedd Lens a Paris yn blŷr, a Toulouse yn un niwl o rialtwch meddw. Un peth roeddwn i wedi sylwi, fodd bynnag, oedd fod gan Toulouse fwy o gymeriad ac ysbryd na Bordeaux, er cyn hardded oedd y ddinas honno. Oedd, mi oedd y Bordolais yn gyfeillgar a chroesawus, ond dwi'n teimlo fod y Tolosates yn fwy naturiol a'u traed ar y ddaear. Roedd pobol Bordeaux yn fwy cwrtais, ond hefyd yn fwy pellennig a hyd-braich, tra bod trigolion Toulouse yn agosach atoch. Roeddan nhw ar yr un lefel, yn barod i sgwrsio a rhannu jôc, yn bobol ffraeth a gonest oedd yn ei deud hi fel ag y mae.

Wrth feddwl am hynny, dechreuais ddifaru gadael y lle. Difarais fethu sylweddoli mai'r hangofŷr hen ffasiwn oedd ar waith, a difaru neidio ar y trên cyn rhoi cyfle iddo gilio digon i mi allu rhesymegu'n synhwyrol. Ond dyna ni, doedd dim troi 'nôl. Ac o leia mi allwn edrych ymlaen i fynd i Rennes yfory. Roedd mynd adra am ddiwrnod neu ddau yn edrych yn gynyddol annhebygol erbyn hyn.

Alban Hefin

Cyrhaeddais Nantes am 8 o'r gloch y nos. Tsheciais mewn i'r gwesty, cael cawod hir-ddisgwyliedig, cyn sgwrsio efo Rhian a Geth trwy Facetime. Dangosais fy mrathiadau chwain iddi, ac mi ddychrynodd o'u gweld nhw. *Roedd* yna olwg ddychrynllyd arnyn nhw erbyn hynny, i fod yn onest. Roedd y lympiau coch seis pishyn dwy geiniog, yn galed a phoenus efo hoel brathiad yn eu canol – ac o amgylch y lympiau roedd cylchoedd mawr coch nad oedd yn edrych yn dda o gwbl. Mi ddwedodd Rhian, yn syth, y dylwn gael rhywun i gael golwg arnyn nhw, gan eu bod nhw'n edrych fel bod gwenwyn gwaed yn datblygu. Mae hi'n dipyn o arbenigwraig ynghylch brathiadau pryfid ac ati, gan ei bod hi'n cael adweithiau alergaidd iddyn nhw yn amlach na pheidio. "Duw, na, fyddan nhw'n iawn," medda finna. Ond roedd hi'n rhy hwyr. Unwaith ddwedodd Rhian y geiriau 'gwenwyn gwaed' dechreuodd y cnonyn gnoi yn fy mhen. Penderfynais gadw golwg arnyn nhw dros nos, a mynd i chwilio am grîm yn y bora – a falla cael cyngor gan rywun yn y pharmacia ar yr un pryd...

I lawr yn nhafarn y Les Fleurs, roedd *troupe* offerynnau pres go unigryw yn perfformio caneuon bywiog ac *upbeat*. Yn ferched a dynion, trombôns, cyrn, trympedau, sacsoffons, cyrn tenor, set ddryms llawn, a'r pethau 'na sy'n debyg i diwba wedi lapio rownd yr ysgwyddau, roeddan nhw wedi gwisgo mewn glas i gyd – teits, siorts a chrysau glas – ac yn dawnsio wrth chwara eu hofferynnau, weithiau'n mynd ar eu cwrcwd, dro arall yn symud o ochr i ochr. Chwara teg, roeddan nhw'n dipyn o sioe. Mwya sydyn, doeddwn i ddim yn difaru dod 'nôl i Nantes!

Ar ôl cwpwl o beints es yn ôl i'r gwesty i drio cwblhau'r trefniadau angenrheidiol ar gyfer y dyddiau nesaf mewn da bryd i fynd i Brady's i ddychryn Harry'r Cockney Mackem. Bwciais y peth pwysica, sef gwesty yn Paris ar gyfer y gêm. Roedd y Saeson wedi disgwyl ennill y grŵp, felly wedi bwcio miloedd o westai yn Paris. Rŵan, roeddan nhw i gyd yn canslo'u bwcings, ac roedd llwythi o stafelloedd rhad ar gael yn y ddinas. Bwciais stafall efo lle i ddau yn yr Hôtel Saint-Germain am bris oedd lai na hannar be fyddwn wedi'i dalu fel arall, diolch i fethiannau Roy Hodgson a'i griw o fflops, a llwyddiant Coleman a'i griw o arwyr.

Cyn bwcio gwesty Paris roeddwn wedi yplodio fideo o'r *troupe* offerynnau pres yn y Les Fleurs i Facebook. Fel o'n i'n gadael i fynd am Brady's, ges i sylwad o dan y fideo gan Kiri – y ferch efo'r dredlocs a'r ci mawr blewog oedd yn yfed efo'r criw yn Les Fleurs noson y Madfallddyn. Damia, roedd y criw allan eto, ac yn gwybod fy mod i yn Nantes – ac roeddan nhw'n trio fy hudo fi atyn nhw. Ro'n i wedi cael fy nal. Eglurais yn sydyn fy mod i ar *flying visit* ac y byddwn draw am 'un neu ddau' nes ymlaen.

Pasiais Les Fleurs yn llechwraidd ar fy ffordd i Brady's. Cefais hyd i Harry yn smocio ar y pafin tra'n siarad efo pobol (roedd o'n tueddu i wneud mwy o hynny nag o waith). Mi driodd o a'i fêts fy hudo i rhyw dafarn arall, ond eglurais 'mod i angan noson gynnar. Piciais i mewn i'r Fleurs ar y ffordd 'nôl, ond doedd y criw o Lydawyr ddim yno, dim ond Kiri a'i chi efo rhyw gwpwl nad oedd yno'r tro dwythaf. Ges i hannar bach sydyn a mynd 'nôl i'r gwesty.

Roedd hi'n Alban Hefin – Troad y Rhod – ac fel arfer, os ydi'r tywydd yn caniatáu, rydw i'n treulio'r noson flaenorol ar gopa'r Moelwyn Mawr, efo digon o gwrw a gwin, er mwyn gweld y wawr yn torri ar Hirddydd Haf. A dyma fi, meddyliais, yn Nantes, hen diriogaeth llwyth Galaidd y Namnetes, oedd yn siarad iaith Geltaidd debyg iawn i'n hiaith ni ym Mhrydain ar y pryd. Dychmygais eu dathliadau nhw ar Droad y Rhod. Be fyddan nhw'n ei wneud wrth gyfarch yr haul ar ei anterth? Debyg fyddan nhw'n dal wrthi heno, yn cael bendar tri diwrnod – sesh hen ffasiwn! Go brin y byddan nhw'n mynd i'w gwlâu am un o'r gloch y bora, yn sobor.

Holodd porthor y gwesty sut noson gefais. Tawel, medda fi, cyn sôn am y *troupe* offerynnau pres yn gynharach. Dwedodd fod cerddoriaeth wedi bod ym mhob man drwy'r dydd, ond wnes i ddim dallt be ddwedodd o oedd y rheswm. Y diwrnod wedyn mi fyddwn yn cael tecst gan Hywel yn deud ei fod o wedi cael amser anhygoel yn Toulouse, ei bod hi'n Ddiwrnod Cenedlaethol Cerddoriaeth trwy Ffrainc i gyd a bandiau'n chwara tu allan pob tafarn a bar a chaffi – ac roedd Neil Young wedi chwara ar y llwyfan mawr hwnnw ar y Place du Capitole!

A lle'r oeddwn i? Yn chwysu mewn trên am wyth awr, ar y ffordd i Nantes oherwydd blŵs hangofyr! Pe tawn i wedi gwrando'n well ar be ddudodd un o fois bar yr Albert pan ofynnais iddo be oedd pwrpas y llwyfan ar y Place, ac wedi dallt mai Journée Nationale de la Musique oedd o'n ei ddeud...

Ond dyna fo. Pe tawn i wedi aros, fyddwn i wedi methu mynd i Rennes...

'Allo 'Allo

Drannoeth ddaeth, a'r brathiadau chwain yn gwaethygu eto fyth. Es i draw i'r pharmacia fach ar gornel y bloc i weld be oedd ar gael. Fel y disgwyl, doedd dim byd ar y silffoedd gwydr, felly dyma holi'r ddynes fach tu ôl y cowntar.

"Bonjour," medda fi.

"Bonjour," medda hitha.

"Ça va?"

"Oui, merci, et vous?"

"Oui, très bien. Merci. Yyyym..." Roedd rhaid i fi feddwl rŵan. "Erm, avez-vous antiseptique?"

"Antiseptique?"

"Oui. Erm... *cream?*"

"Crème?"

"Oui," medda finna, gan ddal bys cynta bob llaw allan o fy mlaen, fel sgotwr yn disgrifio maint pysgodyn bach, er mwyn dynodi mai tiwb oeddwn ei angan. "Le antiseptique pour *rub...*"

"Crème?"

"Oui. Crème antiseptique."

Diflannodd y ddynes i'r cefn a dod yn ei hôl efo tiwb mewn bocs. Astudiais y sgrifen. Roedd o mewn Ffrangeg, ond roedd o i weld yn rhywbeth tebyg i germolene, neu grîm cyffredinol tebyg. Be o'n i ei angan oedd rhywbeth fyddai'n arbennig ar gyfer brathiadau pryfid ac ati.

"Erm… Is this for bites?"

Doedd y ddynes ddim yn dallt be oedd 'bites'. Ddyliwn i fod wedi deud 'insect', sydd yn union yr un gair yn Ffrangeg, ond wnes i'm meddwl. Wnes i'm meddwl defnyddio'r gair Cymraeg 'pigo' chwaith. Mi fyddai hynny wedi helpu, gan mai 'piquer' ydi'r Ffrangeg am hwnnw. "Erm," dechreuais, a meddwl, cyn fflapio fy mreichiau i fyny ac i lawr yn sydyn i ddynwared pry. "Bzzzzzzzzz."

"Oh," medda hitha. "Abeille?"

Cacwn ydi 'abeille' ac mae o'n cael ei ynganu fel y Saesneg – 'a bay'.

"A bei?"

"Oui, abeille. Guêpe?" holodd, sef cacwn a gwenyn (nad oeddwn yn ddallt ar y pryd).

"Sori, je no comprende," medda finna mewn cymysgadd rhyfedd o Gymraeg, Ffrangeg a Mecsicano sbageti western. Dwi *yn* gwybod mai 'Je ne comprends pas' ydi'r Ffrangeg cywir, ond mi o'n i braidd yn fflystyrd ar y pryd.

Cododd ei llaw o'i blaen i ddeud wrtha i am aros, a diflannodd i'r cefn unwaith eto. Ro'n i'n disgwyl iddi ddod â tiwb o rywbeth arall i mi, ond daeth yn ei hôl mewn dau funud efo geiriadur bach Ffrangeg-Saesneg. Trodd dudalennau yn sydyn, cyn rhedeg ei bys i lawr tudalen a stopio wrth air.

"Gnat?" meddai, gan ynganu'r 'g'.

"Pardon?"

"Gnat… moucherons… mosquito?"

"No… well, perhaps…"

Dechreuodd droi tudalennau eto, cyn i mi ddwyn ei sylw trwy drio trywydd gwahanol. "A spider, maybe?" medda fi, achos roeddwn yn dal i ystyried y posibilrwydd mai dyna oedd wedi bod yn fy mwyta. Syllodd y ddynes druan yn hurt arna i, felly rhedais fysedd fy nwy law ar hyd y cownter o'i blaen, gan obeithio fyddai hi'n dallt. "Spider," medda fi eto, mewn acen 'Allo 'Allo-aidd gywilyddus, cyn rhoi fy mysedd o boptu fy ngheg i ddynwared ffangs.

Gwenodd y ddynes, gan drio'i gorau glas i beidio chwerthin. Ond doedd hi'n dal ddim yn *comprendre.*

"This," medda fi a dangos un o'r brathiadau ar fy mraich iddi, wedyn codi fy nghrys i ddangos un ar ochr fy mol.

"Ah," medda hi, a mynd yn ôl i droi tudalennau. "A flea?"

"Ieei! Oui, a flea!" medda fi dan wenu, cyn ychwanegu, "But maybe... also... a spider," gan fy mod i wir angan iddi ddallt fod posibilrwydd fod gwenwyn ar waith, nid jesd adwaith i frathiad chwannen.

"Wait, please," medda hi a diflannu i'r cefn eto fyth, ond y tro yma efo golwg bod y geiniog wedi disgyn o'r diwedd.

Daeth yn ei hôl yn wên o glust i glust. "Voici," medda hi wrth estyn tiwb o rywbeth o'r enw Sédermyl i mi. Darllenais y sgwennu arno a gweld y geiriau 'piqûres d'insectes' (pigiadau pryfid).

"Wahei!" medda fi gan ddal fy mreichiau uwch fy mhen yn llawen. "Merci beaucoup!"

O'r diwedd, mi gefais fy nghrîm. Ac yn well na hynny, mi weithiodd o. Er iddi gymryd mis arall i'r brathiadau ddiflannu'n llwyr, ar ôl cwpwl o ddyddia o ddefnyddio hwn (sydd yn dal gennai yn y tŷ heddiw) mi ddechreuon nhw wella. Dim gwenwyn gwaed, felly, diolch byth. Prysor 1–0 Chwain Bordeaux. Resylt.

Roazhon

(Rennes)

Dydd Mercher, Mehefin 22, 2016

Tua tri o'r gloch y pnawn adewais i Nantes. Cyn mynd, mi es lawr i Brady's a trîtio fy hun i bryd o fwyd. Codais beint o Stella ac eistedd wrth fwrdd i stydio be oedd ar y fwydlen y diwrnod hwnnw. Nefoedd gwyn – mi oedd yna ffish a tships! Dyfriodd fy nannadd. Do'n i heb fyta dim byd ond bagéts, pizza, cibabs a croque-madames ers pan o'n i yn Brady's bythefnos ynghynt, pan ges i rhyw fath o salad bacwn blasus dros ben. Pan ddaeth y ffish a tships, daeth mwy o ddŵr o nannadd i. Dwi 'rioed wedi gweld ffish a tships fel 'na erioed. Roedd y batyr ar y sgodyn yn cyrlio i fyny yn crisbi neis, a'r tships fel wejis tatws. Plastrais yr holl beth mewn halan a finag, a'i sglaffio.

Ges i ddau beint arall o Stella i'w olchi fo i lawr, cyn rhoi *compliments au chef* i wraig Peter, ac i ffwrdd â fi am y trên. Wel, sôn am chwysu. Ro'n i'n chwysu'n waeth nag o'n i wrth adael Toulouse, ac yn waeth nag o'n i wrth adael Nantes bythefnos yn ôl. Unwaith eto, ro'n i'n dychmygu pawb yn sbio arna i'n amheus, yn meddwl fod gennai rywbeth i'w guddio, neu ar berwyl drwg, fel yr enwog Sweating Man...

Doedd y daith i Rennes ddim yn rhy ddrwg, fodd bynnag, achos dim ond tua pum deg neu chwe deg milltir sydd rhwng y ddwy ddinas. Ro'n i wedi bwcio stafall mewn rhyw le o'r enw Aparthotel Adagio Access, ac roeddwn wedi gwneud nodyn o'r stop Metro agosa i'r gwesty, sef gorsaf Sainte-Anne. Fodd bynnag, pan gyrhaeddais y Gare de Rennes, yn laddar o chwys, doedd Wi-Fi yr SNCF ddim yn gweithio. Roedd o i'w gael, ond roedd o'n gwrthod cysylltu. Felly doedd gennai ddim Google Maps nac unrhyw gyfarwyddiadau i gyrraedd y gwesty o Sainte-Anne.

Roedd y Gare de Rennes yn 'chydig bach o hunllef. Hannar y lle wedi cael ei fordio i fyny oherwydd gwaith adeiladu, dim desg gwybodaeth Metro, bron cael fy hitio i lawr gan fws, rhyw nytar seicotig yn dod fyny ataf i a stêrio i fy ngwynab, a dryswch penmaenmawraidd cyffredinol. Yn y diwedd rhoddodd rhyw ddynes docyn Metro i mi wrth basio, ac mi es i drwy'r *barriers* gan obeithio 'mod i'n mynd i'r platfform iawn.

Sbŵci

Â'r chwys yn diferu oddi arna i, neidiais ar y cerbyd cyntaf a holi os oedd "hwn yn mynd i Sainte-Anne?" Atebodd neb fi, ond mi welais fod arwydd uwchben y drws yn dangos fy mod ar y metro iawn.

Yna, clywais lais yn gofyn yn fy nghlust, yn Gymraeg efo acen Ffrengig, "Wyt ti'n dod o Gymru?" Neidiais yn fy nghroen, cyn troi rownd a gweld boi tenau efo gwallt melyngoch a sbectols crwn yn sefyll yn fy ymyl. Doedd dim math o wên ganddo o gwbl.

"Yndw," atebais yn syn. "Wyt ti o Breizh?"

Syllodd y boi arna i, heb ateb na gwenu. "Wyt ti o Breizh?" holais eto.

Roedd hi'n amlwg nad oedd o'n dallt. "Wyt ti'n dod o Lydaw?" holais wedyn, ac mi ddalltodd – neu, mi nodiodd ei ben o leia.

Falla fy mod innau wedi'i ddychryn o, achos roedd golwg y diawl arna i efo'r holl chwysu. Mae'n debyg iddo weld mai Cymro o'n i am fy mod i'n gwisgo crys-T 'Welsh Not British – Cymry Nid Prydeinwyr' (un o grysau Shwl Di Mwl). Doedd o'n amlwg ddim yn dallt Llydaweg, achos doedd o ddim yn gwybod be oedd 'Breizh' – y Llydaweg am Lydaw. Yn eironig, mae yna rai Llydawyr sy'n dysgu Cymraeg er nad ydyn nhw'n siarad Llydaweg.

Stopiodd y metro mewn stesion, ac aeth y Llydawr i ffwrdd heb ddeud gair. Sbŵci.

Sgwâr y Santes Anne

Ar ôl mynd i lawr i'r Metro ynghanol jyngl concrit dinas fodern a'i sŵn traffig diddiwedd, mi ddois i fyny i'r awyr iach mewn lle oedd yn debycach i dref ganoloesol. Sgwâr bach bywiog, didraffig, gydag adeiladau traddodiadol, tlws-flêr, yn berwi o gaffis a bariau a siopau bach artisanaidd, i gyd wedi'u gwasgu'n dynn i'w gilydd i gystadlu am fasnach. O'r sgwâr rhedai strydoedd bach cul ac anniben oedd yn orlawn o fariau bach difyr, a chaffis a tecawês llawn bywyd a bwrlwm. Roedd siopwyr yn cerdded i bob cyfeiriad, heb dalu sylw i'r criw o byncs a hipis a'u cŵn yn gorweddian dan y coed ar ganol y sgwâr, yn yfed gwin a gwerthu hash. Teimlwn fel fy mod wedi glanio yn un o nofelau *cyberpunk* Richard Morgan. Ro'n i wrth fy modd.

Wedi ffeindio fy ffordd cerddais y pum munud o daith i'r gwesty, gan basio arwyddion strydoedd mewn Llydaweg (a Ffrangeg) fel hwn isod: 'Stryd Sant Melan, Esgob Roazhon yn y 6ed Ganrif.'

Cyrhaeddais y gwesty yn wlyb at fy nghroen efo chwys. Dwi'n cofio sefyll o flaen desg y dderbynfa tra'r oedd y ferch yn gwneud y gwaith papur, a'r cwbl allwn ei wneud oedd sychu'r chwys oddi ar fy ngwynab yn ddi-stop. Roedd o'n llifo o fy nghroen fel rhywun yn gwasgu dŵr o wlanan. Dwi'n siŵr fod yna bwll gwlyb yn cronni ar y llawr o dan fy nhraed, ac mi allwn ddychmygu fod llwybr o chwys ar y pafin yr holl ffordd o Sgwâr Sainte-Anne at ddrws y gwesty – fel llwybr llysnafedd malwan.

Rant

Wedi cael cawod ac agor ffenast y stafall yn llydan i'r pen, siaradais efo Rhian a Geth ar FaceTime. Gan fy mod yn Ffrainc ers dros bythefnos bellach, doeddwn heb glywed unrhyw newyddion am ymgyrch y refferendwm ynghylch Brexit. Roedd hi'n braf i fod allan ohoni, achos mi oedd yr holl hiliaeth a senoffobia'n fy nhristáu ac fy ngwylltio'n gacwn ar yr un pryd, ac wrth i'r bleidlais agosáu dim ond gwaeth fyddai pethau'n mynd. Y gwir oedd fy mod yn gwybod yn iawn y byddai'r bleidlais yn mynd o blaid gadael yr UE, a hynny'n gyfan gwbl ar sail celwyddau noeth y gawod o Brit Nats asgell dde, eu cefnogwyr yn y papurau newydd, a'r propaganda ffiaidd oedd yn cael ei ledaenu. Roedd o'n fy ypsetio achos fod yr arbrawf gymdeithasol fawr y bu'r *powers-that-be* yn ei gweithredu dros y blynyddoedd dwytha wedi gweithio. Trwy ein dychryn i dderbyn mesurau i gyfyngu hawliau sifil a dynol ar un llaw, a'n bwydo efo deiet o deledu plastig llawn *grey goo*, caws ac anoddefgarwch *Big Brother*, *X-Factor* a *Benefit Street* a.y.b. ar y llall, a'r cwbl wedi ei weini efo pwdin tew o rantio hiliol gan wasg y gwter, roeddan nhw wedi cyrraedd pwynt lle'r oedd hi'n bosib manipiwleiddio trwch y boblogaeth i bleidleisio o blaid bod yn lemings a neidio dros ymyl y dibyn. Os gellir manipiwleiddio democratiaeth, does dim angan *coup d'état.* Gellir defnyddio democratiaeth i ddiddymu democratiaeth. Mae o wedi digwydd cyn heddiw, ac mae o'n digwydd eto rŵan.

Roeddwn wedi trefnu pleidlais *proxy* – i Rhian fwrw fy mhleidlais drostaf. Yn y sgwrs FaceTime, mi soniodd Rhian fod y refferendwm drannoeth. Gan ofni'r gwaetha, mi jociais y byddwn yn methu dod adref oherwydd na fyddai fy mhasport Undeb Ewropeaidd yn cael ei dderbyn gan y Brits. Mi ddwedodd Rhian nad oedd hi mor siŵr y byddai'r bleidlais yn mynd o blaid gadael. Anghytunais gan ddeud, "Gei di weld, mae'r basdads yn mynd i ennill". Atebodd Rhian ei bod hi'n meddwl fod llofruddiaeth Jo Cox wedi gwneud i bobol feddwl eto ynghylch y Brexiters. A dyna'r tro cyntaf i mi glywed am y lofruddiaeth erchyll honno, er iddi ddigwydd wythnos ynghynt. Ar un llaw, roeddwn yn falch o fod ymhell o'r hinsawdd gwenwynig. Ond ar y llaw arall, ro'n i'n dechrau poeni fod pethau hyd yn oed yn waeth nag oeddwn i'n feddwl, a doeddwn ddim yn gwbl gyfforddus efo'r ffaith bod fy nheulu'n gorfod byw ynghanol yr hinsawdd hyll – a chynyddol dreisgar – hwnnw. Penderfynais dalu mwy o sylw i'r newyddion o hyn allan. Rant over.

"Does dim bacwn i frecwast, ond gwin yn ei le." – 'Rue St Michel', Meic Stevens

Rhoddais ypdêt ar Facebook yn deud 'mod i yn Rennes...

Dewi Prysor
22 Mehefin ·

Yn Rennes, poeth. Chwysu chwartia, a hynny cyn iwsio'r metro!!! Colli ston rhwng Nantes a Rennes!
Llydawr lleol yn dechra siarad Cymraeg efo fi ar y metro. Oni'n meddwl bo fi'n clywad petha am funud.

...a bu pobol yn gadael sylwadau oddi tano. Dwedodd un

y dylwn fynd i Ty Anna – tafarn ar sgwâr Saint-Anne – i weld
y perchennog, Hervé, Llydawr oedd yn siarad Cymraeg ac yn
ddarlithydd yn y brifysgol leol. Wedyn mi ges i sylw gan Annest
Wheldon:

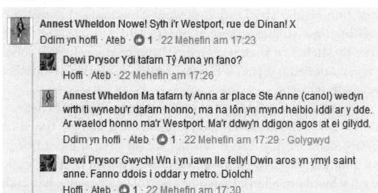

Rŵan, erbyn hyn, mi rydach chi wedi sylwi 'mod i'n dueddol
o gael be mae pobol yn ei alw yn *blonde moments*. Wel, dwi'n
nabod Annest. Mae hi'n grêt. Ond wyddwn i ddim ei bod hi'n
byw yn Rennes erbyn hynny. Mi gymerais ei bod hi wedi bod
yno rhywbryd – fel y person arall a adawodd sylw ynghylch
Ty Anna. Felly pan welais sylw Annest am "Westport" mi ges
i *blonde moment* dwbl. Y cyntaf oedd meddwl mai argymell
y lle oedd hi, nid ei bod hi yno y funud honno! Ac yn ail,
meddyliais mai ardal oedd Westport, nid tafarn. Pam, dwn
i'm, ond dydio'm yn enw mae rhywun yn ei ddisgwyl ar dafarn
yn Llydaw!

Mi adewais y gwesty a mynd am Sgwâr y Santes Ann. Wrth
chwilio am Ty Anna, sylwais ar un o'r strydoedd ochr – stryd
fach brysur a ddifyr iawn ei golwg, yn gorlifo o fariau bach
swnllyd oedd mwy neu lai ar gefnau ei gilydd, a miwsig yn
dod o amryw o'nyn nhw. Yn naturiol, fe'm denwyd tuag ati.
Ac wrth gamu i'r stryd honno ac edrych i fyny ar yr arwydd,
sylweddolais lle'r oeddwn i. Ar y Rue St Michel!

Rŵan, mae'n debyg fod cannoedd o Rue St Michels yn
bodoli yn Ffrainc, ond i Gymro – fel i Lydawyr – does ond
un Rue St Michel. A honno ydi'r stryd gafodd ei hanfarwoli

gan Meic Stevens yn ei gân boblogaidd o'r un enw. Ro'n i
wedi llwyr anghofio mai yn Rennes y bu Meic yn byw yn ystod
ei 'gyfnod Llydewig'. Ond pan welais i'r arwydd, a naws 'ôl-
Fohemaidd' y stryd, disgynnodd y geiniog, a gwyddwn yn syth
mai hon oedd y stryd rydan ni wedi canu amdani gymaint o
weithiau mewn gigs a jams a phartis. Ro'n i'n bysian! Mae'r
Rue St Michel yn rhan o chwedloniaeth cerddorol. Mae pobol
yn sôn am Penny Lane. Wel, i ffans Meic, mae'r Rue St Michel
rywbeth tebyg.

Dewisais far ar hap – un oedd yn dangos gêm Hwngari a
Portiwgal. Boi o dras Arabaidd (Moroco neu Algeria, fyswn i'n
gesio) oedd tu ôl y bar, a boi iau o'r un pryd a gwedd oedd
yr unig gwsmer arall y tu mewn (er bod digon o bobol ifanc
wrth y bwrdd tu allan). Eisteddais ar stôl uchel wrth y bar, codi
peint a gwylio'r gêm. Ac mi oedd hi'n chwip o gêm hefyd, a
Hwngari'n chwara'n arbennig o dda wrth ymosod, ond bod eu
hamddiffyn nhw'n eu gadael nhw i lawr. Gêm gyfartal tair gôl
yr un oedd hi. Gyrrais neges Messenger i Tamás, yn llongyfarch
ei dîm.

ANARCHO-SURF MUST NOT DIE!

Mi ges i gyfarwyddiadau i dafarn Ty Anna gan y boi tu ôl y
bar, ac es yn ôl am y sgwâr. Mi ges i hyd iddi'n y diwedd, ac
i mewn â fi. Wrth godi peint, holais y boi ifanc efo gwallt
hir tu ôl y bar os oedd 'Hervé' o gwmpas. Syllodd yn hurt
arna i. Wedi esbonio hynny fedrwn i daeth yn amlwg nad
oedd unrhyw 'Hervé' yn rhedeg y dafarn, nac wedi bod ers
tro, os o gwbl. Erbyn dallt (y tro nesa ges i gysylltiad Wi-Fi i
fynd ar Facebook), wedi camgymeryd oedd y sawl a soniodd
am Ty Anna yn ei sylw Facebook. Doedd dim rhyfedd nad
oedd y barman wedi clywed am y boi! Ond o leia roedd Ty
Anna yn werth mynd iddo i weld y toiledau. Posteri a sticars
a sloganau oedd y 'papur wal' – yn fy atgoffa o'r Cŵps yn
Aberystwyth erstalwm.

Ar y Rue St Michel...

Gan fy mod i'n dal i feddwl mai rhyw ardal yn Rennes oedd
Westport – rhyw le wrth ymyl afon, hwyrach – penderfynais
fynd yn ôl am y Rue St Michel. Es i fewn i far bach oedd yn
chwara miwsig uchel o system sain reit handi tu ôl y bar. Roedd
dau Lydawr ifanc yn rhedeg y lle, ac mi oeddan nhw'n fois grêt.
Ges i sesh tequila efo nhw, ac mi wnaethon nhw hyd yn oed
chwara stwff Vatès oddi ar SoundCloud. Mi gawson ni dipyn
o *airplay* ar orsaf radio yn Llydaw, 'nôl yn y dydd (yn ogystal
ag yn Belgrâd a Chicago), ond dyma'r ail waith i Vatès gael
ei chwara mewn bar yn Llydaw (y tro cyntaf oedd Brady's yn
Nantes).

Roedd un o'nyn nhw yn DJ ar benwythnosau, ac mi oedd
o'n chwara tiwns oedd o'n ddefnyddio yn ei fics i mi. "And
thees tune I open my set weeth... What you theenk?" Cyn hir,
tra'n chwara rhyw diwn arall oddi ar Spotify, mi bwyntiodd at
ddynes tua'r un oed â mi a deud. "Thees woman, she ees thees
song." I fod yn onest, tydw i ddim yn cofio'r gân, ond dwi *yn*
cofio ei bod hi'n bangar o diwn. A chân y ddynes yma oedd hi,
a hi oedd yn ei chanu hefyd. Yr unig gân iddi recordio erioed.
Mi driais i gael ei henw hi – ac enw'r gân – ond doedd hi ddim
mewyn hwyliau sgwrsio.

Yn hwyrach yn y nos, mi benderfynais ei bod hi'n bryd

i mi fynd i ffendio'r Westport 'ma. Felly i ffwrdd â fi i lawr y rhiw heibio Ty Anna. Wedi cyrraedd y gwaelod a throi i'r chwith welis i ddwy dafarn drws nesa i'w gilydd (er mai un dafarn oeddwn yn feddwl oedd hi ar y pryd – ond erbyn heddiw, dwi ddim yn siŵr os mai dwy dafarn oedd yno o gwbl). Uwchben y drws, ar bolyn yn sticio allan o'r wal, roedd baner Cymru.

Y noson gynta honno yn Rennes ro'n i'n gwisgo crys pêl-droed Cymru. Wrth i mi gyrraedd y bar, dyma'r barman – boi clên efo gwallt golau – yn deud "Shwmai".

Syfrdanwyd fi gan hyn. "Iawn?" atebais.

"Be gymri di?" medda fo wedyn.

"Ym, peint o lager, plis," medda finna.

Gŵr lleol wedi dysgu Cymraeg oedd o (ac erbyn meddwl, hwyrach mai hwn oedd yr 'elusive Hervé' enwog 'ma?). Holodd fi os o'n i'n nabod Annest Wheldon.

"Yndw," medda fi. "Wyt ti?"

Oedd, mi oedd o, medda fo dan wenu'n braf. Wedyn mi ofynnodd os o'n i'n nabod Garmon Ceiro. Bu jesd i fi boeri cwrw drosto. "Garmon ffycin Ceiro! Yndw, dwi'n nabod y Cardi ddiawl," medda finna dan chwerthin.

"Wel," medda fo, "mae o yma, ond wedi mynd drws nesa. Fydd e 'nôl yn y munud."

Dwi *yn* nabod Garmon yn weddol, gyda llaw. Fo fyddai'r cynta i 'ngalw fi'n 'ffycin Gog twat' tae o'n fy ngweld i'n cerdded i mewn i byb. Ro'n i'n gwybod ei fod o'n byw yn 'Ffrainc' yn rhywle, ond nid Llydaw, ac yn sicr ddim yn Rennes. Ond mi rois ddau a dau efo'i gilydd a disgynnodd y geiniog benodol honno.

Ta waeth, mi es i allan am ffag, a chyn hir mi ddaeth yr arch-Gardi o Bow Street yn ei ôl, a Siôn England (Cardi arall) efo fo. Wedi cyfnewid yr insylts arferol, cawsom ddiod bach. Erbyn hynny roedd hi'n amser cau, ac roedd Garmon yn mynnu ei fod isio dangos tafarn sbesial i fi. Doedd gennai *ddim* awydd o gwbl. Roedd y tequilas wedi deud arna i, a'r cwbl o'n i isio'i wneud oedd mynd 'nôl i'r gwesty i gysgu. Ond mi lwyddodd y cythral i droi fy mraich trwy addo nad oedd y dafarn yn bell o gwbl.

Felly i ffwrdd â'r tri ohonan ni ar hyd y gwastad ac i fyny rhyw allt, ac i fewn i glwb nos efo bownsars du ar y drws. Dwi'n deud wrtha chi rŵan, dwi'n casáu clybiau nos. Fedra i'm diodda'r llefydd. Gorlawn, poeth, drud a llawn prics – heb sôn am fiwsig cachu. Be sy na i beidio'i gasáu? Codais dri tequila. Dau ddeg pedwar ewro! Be?! Basdad, Garmon Ceiro! Basdad!

Mi arhosis i yno nes fod y ddau arall wedi cael rownd hefyd (wel, roedd rhaid i fi out-Cardïo y Cardis trwy gael rhywfaint o werth fy mhres yn ôl!) cyn gwneud fy esgusodion ac – yn iaith fy annwyl Traws a Stiniog – ei ffwcio hi o'na.

Mellt!

Roedd hi'n bwrw glaw erbyn hyn, ond ro'n i wir angan awyr iach ar ôl bod yn y twll afiach 'na. Eisteddais i lawr i rowlio smôc ar ryw fath o sgwâr, math-o-le, ym mhen pella'r Rue St Michel. Roedd y lle'n fyw o bobol ifanc ar noson allan – y rhan fwya yn anelu tuag at ardal y clybiau.

Dechreuodd y mellt a thranna, fel oedd hi wedi bygwth gwneud ers diwedd pnawn a, mwya sydyn, a minnau mewn sgidia ysgafn a chrys pêl-droed, mi agorodd y ffurfafen a dechrau piso bwrw go iawn. Yna dechreuodd y storm fwya dramatig i mi ei gweld ers tro byd, gyda'r awyr yn fflachio'n biws yn ddi-stop a'r tranna'n ysgwyd y ddinas i'w sail. Dwi'n cofio meddwl fod Taranis wedi gwylltio efo'r hyn oedd ar fin digwydd yn y refferendwm drannoeth.

Es i gysgodi yn nrysau bariau caeedig y Rue St Michel, gan redeg o un i'r llall bob yn hyn a hyn. Ond doedd dim pwynt gwneud hynny, gan mor drwm oedd y glaw. Doedd dim amdani ond aros nes fyddai'r storm drosodd. A dyna wnes i, gan ffilmio'r mellt a thynnu lluniau'r stryd ac ati. Mi oedd hi'n hannar awr wedi un ar y storm yn dechrau, ac yn ôl amseroedd fy ffôn ro'n i'n dal wrthi'n tynnu lluniau ddwy awr wedyn.

Dydd Iau, Mehefin 23, 2016
Y Clan Williams

Roedd *laverie* yn y gwesty, ac mi ges gyfle i olchi dillad am yr eilwaith ers cyrraedd Ffrainc. Wedyn mi es draw i'r supermarché ar sgwâr farchnad Place Hoche i brynu 'chydig o fwyd a gwin. Tra'r o'n i yno, mi welis i fod y 'teulu' Williams (ia, Williams ydi fy nghyfenw i) wedi bod yn arallgyfeirio:

Wnes i'm prynu peth, na siafio, wedi'r cwbl. Ond mi aeth y statws Facebook i lawr yn dda efo ambell Williams.

Cŵn, cwningod a chwadan. A brocoli.

Brynais i sleisys helaeth o felon coch yn un o stondinau'r farchnad ar y sgwâr ac eistedd ar fainc i'w bwyta, gan wylio'r hen alcis, y pyncs a'r hipis a'u cŵn yn yfed cwrw cryf a dadlau ymysg ei gilydd. Roedd un o'nyn nhw wedi cael gafael ar fwnsiad o frocoli ac yn torri'u coesau i ffwrdd, cyn tyrchu trwy fin sbwriel am gwpan coffi bapur, ei llenwi efo dŵr o'r ffownten a rhoi'r brocoli ynddi i greu rhyw fath o 'blanhigyn potyn.' Dwn i'm os oedd o'n gwneud hyn er mwyn ei werthu i bobol am ychydig geiniogau, neu yn ei osod fel addurn ar y llawr wrth lle'r oedd o a'i gi yn cysgu.

Roedd 'pobol stryd' i'w gweld ymhob man yn Ffrainc, yn enwedig yn y gogledd a'r gorllewin. Mi oedd Rennes yn amlwg yn 'boblogaidd' efo nhw. Doedd dim cymaint â hynny o'nyn nhw'n begera. Tueddu i hongian o gwmpas a gwerthu rhywbeth neu'i gilydd oedd y rhan fwya. Roedd llawar mwy yn cardota ym Mharis a Lille, a chryn dipyn ohonyn nhw efo babis bach yn eu côl, a golwg wirioneddol druenus arnyn nhw. Ffoaduriaid oedd rhai ohonyn nhw, gyda darn o garbord a sgrifen yn datgan eu bod o Syria, a'u bod nhw'n llwgu. Tydw i ddim yn sicr os oedd hynny yn wir *bob* tro.

Gyda llaw, nid amddiffyniad rhag lladron oedd y rheswm fod gan bob un person digartref o leia un ci, ond yn hytrach oherwydd fod cyfraith yn Ffrainc sy'n caniatáu i bobol fyw ar y stryd os ydyn nhw'n edrych ar ôl anifail. Yn naturiol, cŵn oedd fwya hwylus a defnyddiol iddyn nhw. Ond mi welwyd aml i berson digartref efo cwningen ddof yn eistedd ar y pafin – ac yn ôl y sôn, gwelodd rhywun un efo chwadan ym Mharis.

Zebda

Wedi bwyta fy melon mi es i brynu baco, a rhyw fanion i fynd adra efo fi fel anrhegion; dau leitar, a cerdyn post 'degemer mat' ('croeso' yn Llydaweg). Tarais i mewn i siop recordiau ail-law wedyn, ac mi oedd yna filoedd o CDs a feinyl yno. Mi fyddai Dyl Mei, sy'n arch-gasglwr feinyl, yn gwlychu ei hun

– os na fyddai'r cwbl lot ganddo eisoes. Tasa gennai amser – a
digon o bres – mi allwn fod wedi bod yno drwy'r dydd. Roedd
yna lwyth o hen recordiau Ffrangeg, jazz ac ati, o sin fyrlymus
Paris erstalwm, a digon o stwff cyfoes, reggae a ska o bob cwr o
Ffrainc. Brynis i CD gan fand o'r enw Zebda, a hynny dim ond
am i mi licio llun y band ar y clawr – fod yna olwg *edgy* a 'stryd'
arnyn nhw. Ges i ddim fy siomi, chwaith. Band da, yn cyfuno
rap a ska a phob math o gerddoriaeth oedd yn adlewyrchu
amlddiwylliannedd dinasoedd Ffrainc, gan fy atgoffa 'chydig
o Asian Dub Foundation yma ym Mhrydain. Ac ar ben hynny,
roedd Zebda'n dod o Toulouse, felly dyna fi wedi prynu sŵfenir
arall o'r ddinas honno – yn Rennes!

Y Ddeuawd Deinamig

Roedd Mei a Dirky wedi bod yn cysylltu ers i mi adael Toulouse.
Roeddan nhw wedi trio cael lifft i fyny i Nantes ar fy ôl i, ond
chawson nhw ddim lwc. Ond mi gyrhaeddon nhw Rennes
brynhawn dydd Iau a thecstio o Sgwâr Saint Anne. Es i lawr
yno i gwrdd â nhw, crwydro bariau Rue St Michel, gan gynnwys
y bar tequilas a sownds, cyn gwneud ein ffordd i lawr yr allt i
rhyw dafarn ar gyffordd ffordd eitha prysur.

Tra'n yfed tu allan y dafarn
mi fuom yn rhannu bwrdd efo
criw o ymgyrchwyr Llydewig
ifanc oedd yn rhan o'r sin
gerddoriaeth danddaearol yn y
ddinas. Roeddan nhw'n trefnu
digwyddiadau oedd yn hybu'r
syniad o ryddid i Lydaw, o
safbwynt anarcho-gomiwnyddol.
Roedd y sgwrsio'n ddifyr, ac
mi atgyfnerthwyd y teimlad

Poster gig codi araian i fudiadau cymdeithasol
y mae Llywodraeth Ffrainc yn trio cyfyngu eu
hawliau.

140

roeddwn wedi ei gael ers cyrraedd Rennes, sef fod y ddinas gryn dipyn mwy Llydewig (a Cheltaidd) ei naws nag ydi Nantes. Roedd hi'n bleser bod yno, ac mi hoffwn fynd yn fy ôl rhywbryd efo'r teulu a threulio mwy o amser yno. Rydan ni wedi bod yn Llydaw o'r blaen, wyth mlynedd yn ôl. Ond i gefn gwlad aethon ni, o gwmpas Ploërmel i ddechrau, cyn symud i ardal Huelgoat a Plouyé ac ati. Bryd hynny cawsom brofi'r Llydaw draddodiadol, wledig. Ond tra'r oeddwn yn Rennes mi gefais brofiad o'r Llydaw ddinesig, ddeinamig a chyfoes.

'Blond moment' – parhâd

Am ryw reswm doedd neb i weld yn gwybod lle'r oedd 'ardal' Westport. Ond yn y diwedd, mi ddwedodd rhywun fod yna *dafarn* o'r enw 'Westport' "ffor'cw" – gan bwyntio i gyfeiriad stryd ddigon di-gymeriad ei golwg.

Cyn hir, daethom at dafarn efo baner Cymru yn hongian ar bolyn uwchben ei drws. Ges i déjà vu, cyn sylweddoli mai yma roeddwn i neithiwr – lle'r oedd y barman yn siarad Cymraeg! Yna sylwais ar y sgwennu ar yr arwydd. Y Westport! A dyma sylweddoli, o'r diwedd, nad ardal oedd y Westport wedi'r cwbl, ond tafarn! Doh! Wythnosau yn ddiweddarach, wrth bori Google Street, sylwais mai tafarn Wyddelig oedd hi. Falla mai Gwyddel, nid Llydawr, oedd y barman a siaradai Gymraeg. Falla hefyd mai fo oedd y perchennog.

Paris

Dydd Gwener, Mehefin 24, 2016

Hwyliau: Braidd yn fflat 7/10
Pen: Yn trio peidio meddwl gormod am Brexit 7/10
Corff: 6/10 (angan leflar)
Siarprwydd: 5/10 (angan leflar)
Meddwl: 6/10 (angan leflar*)*
Amynedd: Syndod o dda 9/10

Roedd fy nhrên am Baris yn gadael Rennes am 12.35, ac mi wnes yn siŵr fy mod yn y Gare de Rennes mewn da bryd – braidd yn rhy fuan i fod yn onest, achos roeddwn yno cyn un ar ddeg, yn yfed coffi ac yn gwrando ar bobol yn chwara'r piano.

Doedd y Wi-Fi yn y stesion dal ddim yn gweithio, a doeddwn heb fod ar y We y bora hwnnw gan fod rhaid brysio i ddal y metro yn Sgwâr Saint Anne. Ond mi ges i decst gan Rhian, ac atgoffwyd fi am y refferendwm. Newyddion trist.

Oh mai god !! Methu credu hefor
vôt !! Lle ti arni blodyn xxxxx

24 Jun 11:04

Nuts! Hollol boncyrs. Basdads
gwirion, horribyl o wlad. Xxxx
dwi yn steshon rennes yn aros y
tren i paris. Mynd 12:35. Wifi y
steshon i lawr. Cyrradd paris am
3. Rennes yn lyfli, llydawyr
dinesig yn supercool! Caru chdi
gorjys xxxxxxx

24 Jun 11:08

Mewn sgwrs ffôn sydyn wedyn mi ddwedodd Rhian fod yna ymosodiadau ar fewnfudwyr wedi dechrau, a bod gwerth y bunt wedi crasho yn barod. Digalonnwyd fi, ac mi oedd y ffaith fod Cymru wedi pleidleisio i adael – er nad oedd wedi fy synnu o gwbl – yn chwalu fy mhen. Teimlai fel 1979 eto, a'r Cymry – trwy gefnogi mantra'r meirw byw – yn pleidleisio'u hunain allan o fodolaeth fel cenedl unwaith eto. Ac mi o'n i'n teimlo fel ein bod ni wedi rhoi cic yng ngwynab pobol Ewrop, a'r Ffrancwyr yn benodol, oedd wedi rhoi cymaint o groeso i ni.

"That's my seat, I think."
"O? Ti'n meddwl, wyt?"

Mi ddaeth y trên, a thrwy ddilyn trefn gwasanaeth trên Ffrainc, camais ar y cerbyd cywir a chwilio am fy sedd benodedig. Deuthum at honno yn syth wrth ddrws y cerbyd – yn un o bedair sedd a bwrdd rhyngddyn nhw. Wrth syllu ar rif yr unig sedd wag, gwelais nad fy rhif i oedd arni, ac wedi sylweddoli mewn amrantiad mai un o'r ddau foi gyferbyn oedd yn eistedd yn fy sedd i, dwedais wrtho "That's my seat, I think".

Mewn amrantiad, daeth yr ateb, "O? Ti'n meddwl, wyt?" Ac ar yr un amrantiad, adnabais i'r boi yn syth. "Ffycin hel, Owain Tudur Jones yn dwyn fy sêt i, myn diawl!" medda fi, a chwerthin wrth daro'n nhin ar y sedd gyferbyn â fo. Ac wrth wneud, mi sylwais pwy oedd yn eistedd wrth ei ochr o – Iwan Roberts.

143

Ysgydwais law efo'r ddau. Ro'n i wedi cwrdd ag Iwan Roberts o'r blaen, mewn maes awyr ar y ffordd drosodd i Bosnia, os dwi'n cofio'n iawn, gan fy mod i'n nabod y boi sain oedd efo fo, sef Meic P. Doeddwn heb gwrdd ag Owain Tudur, ond roeddwn i'n yr ysgol efo'i rieni – y ddau o'nyn nhw dair blynedd yn hŷn na fi – ac mi ydwi'n eu nabod nhw'n iawn. Mae ei fam, Nesta, yn dod o Traws (o le dwi'n hanu), ac Iwan ei dad o Llan Ffestiniog (lle buais i'n byw am dros bymtheng mlynedd). Ei daid ydi'r awdur Geraint Vaughan Jones ac roedd o'n athro Cymraeg arna i yn Ysgol y Moelwyn. Roedd Iwan ei dad ar yr un trip â fi i fy ngêm oddi cartref gyntaf – yn erbyn yr Almaen yn Nuremberg 1991 (gêm gyntaf Ryan Giggs dros Gymru, pan gollon ni o bedair i un).

Wedi ysgwyd llaw efo'r ddau, a cael fy nghyflwyno i'r trydydd boi yn y bedwarawd o seddi sylwais ar bwy oedd yn eistedd yn un o'r bedair sedd gyferbyn â'n seddi ni (yn amlwg yn rhan o'r un criw sylwebu a phynditio i raglenni'r BBC o'r Ewros) – neb llai na Kevin Ratcliffe, cyn-gapten Cymru. Ac mi oedd o'n foi iawn (fel y lleill, wrth gwrs). Ac wrth ochr 'Ratters' oedd Owain Llŷr, sydd â'i lais i'w glywed yn rheolaidd ar amrywiol eitemau pêl-droed ar Radio Cymru. Dwi'n nabod Owain Llŷr o dripiau oddi cartref, yn enwedig y daith i Montenegro ble y dechreuom ei alw fo'n 'David Vaughan' oherwydd ei gymharol debygrwydd i'r chwaraewr canol cae oedd yn sgwad Cymru yn Ffrainc.

Aros yn Dinard oeddan nhw i gyd, wrth gwrs – yr un dref yn Llydaw ag yr oedd tîm Cymru'n aros – ac ar eu ffordd i gyfro gêm Cymru yn erbyn Gogledd Iwerddon ym Mharis. Diolch i'w cwmni nhw, mi basiodd y daith awr a hannar i Baris yn sydyn iawn.

Talu am awyr iach mo!

Roedd Gwi Jôs yn teithio 'nôl a 'mlaen i gemau o ochrau Bournemouth ar y Megabus. Roedd o efo ni yn Bordeaux, ac wedyn yn Lens. Fo gafodd fy nhicad sbâr i gêm Lens, a fo oedd yn cael fy nhicad sbâr i gêm Gogledd Iwerddon ym Mharis. Mi

Y dorf yn gêm Gogledd Iwerddon.

Be wela i efo'n llygad fach i?

Cymru v Gogledd Iwerddon, efo Llyr Mor, Chum, Jackie a Geraint (a hogan dlws yn ffoto-bomio).

Santa heb drwsus.

Dathlu cyrraedd Rownd yr Wyth Olaf.

Still o fideo, Gai a Ceri ar y Boulevard de Clichy.

Mwstard mo! Y sticer gorau i mi weld yn Ffrainc.

Ffrancwyr yn dathlu curo Gweriniaeth Iwerddon.

Ffordd y Ffrancwyr o ddathlu: *street-surf*!

Gwyddel Gogledd Iwerddon yn dathlu buddugoliaeth Ffrainc.

'Gérard Depardieu' Montmartre! Wel, o leia ro'n i'n meddwl fod o'n debyg!

'Y Brawd Hywel', Montmartre.

Montmartre: Gwi, Gai, fi, Ceri
– a ffoto-bomar.

Canu 'Wil Goes Bren' yn
Ffrangeg, Montmartre.

Tu allan Mynwent Montmartre.

Absinthe mo!
(Lluniau: Gai Toms)

Yvonne a Hywel yn Gare du Nord. I ffwrdd â ni am Lille.

Peint brecwast yn y L'Imprévu, Rue Masséna, Lille.

Protestwyr ar y Rue Nationale, Lille.

Ar y 'Daith Cwrw Cryf' efo Yvonne a Hywel a'r cwpwl lleol, Lille.

Lille. Tydw i ddim mor sobor ag ydw i'n edrych!

Diwrnod y gêm yn erbyn Gwlad Belg. Fi a Neij. Wedi cael fy maner yn ôl.

Ff****s doji!

Tu allan y Cloche, Lille, diwrnod y gêm fawr yn erbyn Gwlad Belg.

Belgiaid!

Efo Bryn Law, tu allan gorsaf metro y 4 Cantons Grand Stade.

Os ydach chi am wisgo fyny, rhowch eich daffodils yn eich tinau a gwnewch o fel hyn.

Cymru v Gwlad Belg.

Y Wal Goch, Stadiwm
Pierre Mauroy, Lille.

Yyyyy cym on, tip top!

Cymru 3–1
Gwlad Belg.

Clap y Celtiaid,
neu'r Feicings
Cymreig!

Dathliadau
rhynllyd iawn!

Dathlu ar y Rue Masséna.

Adroddiad gwych yn *L'Equipe*.

Ar yr awyren o Lerpwl i Geneva. Un o lond llaw o ffleits na chafodd eu canslo oherwydd streic Rheolwyr Traffig Awyr Ffrainc.

Efo PG, Gai Shŵts, Irish
ac Iw Toms yn Lyon.

Wrth yr Elephant and Castle,
Lyon – y 'Llan Ffestiniog
Connection': Fi (fuodd yn byw
yno), Owain Tudur Jones (ei
dad yn dod oddi yno) ac Yws
Gwynedd (sy'n dod oddi yno).

Hwyl efo'r Cofis a Penrhyn
a Port tu allan y St James
Irish Pub, Lyon.

O flaen baner Bro Hedd Wyn Jamie Ath o Traws (ail o'r dde).

Portiwgal v Cymru, Rownd Gynderfynol Ewro 2016, Stade de Lyon.

Portiwgal v Cymru; golwg boenus ar yr hogia.

Iolo Cheung a Ffion – achubwyr fflag Y Tap!

Dangos ein gwerthfawrogiad i dîm Cymru.

Diolch!

Y miloedd yn aros y trên o'r Stade de Lyon.

Y Stade de Lyon – stadiwm newydd smart, ond y system deithio iddo yn shambls.

Mynd am y trên o'r Stade de Lyon, efo'r Shwl Di Mwls a Rich.

Caffi Hallal yn Lyon. Roedd baneri Draig Goch i'w gweld mewn llawer o siopau a chaffis y gymuned 'fewnfudol' ar draws Ffrainc.

Lyon, diwrnod ar ôl y gêm. Sesh hen ffasiwn mo!

Glanio'n Dulyn.

Ar y gwch.

Y Tap. Adra yn y gwynt a'r glaw!

Yn y Tap efo Rhian.

gadwom mewn cysylltiad ac mi oedd o am aros yn fy stafall i yn yr Hôtel Saint-Germain. Roeddwn wedi gweithio allan pa stesion Metro oedd agosa at y gwesty, felly mi drefnom i gwrdd yn y dafarn agosa at honno.

Tynnodd fy nhrên i mewn i orsaf Gare Montparnasse, a ffarweliais â fy nghwmni serennog, gan ysgwyd llaw efo Kevin Ratcliffe eto. Mae Montparnasse yn orsaf anferth, reit ynghanol Paris. Roedd gwaith cerdded milltiroedd i gyrraedd y toiledau, heb sôn am ddod o hyd i'r Metro. Yn dilyn y broblem efo bod yn hwyr i'r tŷ hwnnw yn Toulouse roeddwn yn nerfus ynghylch bod yn hwyr yn cyrraedd gwestai – dim bod gwestai yn canslo stafelloedd os ydi rhywun yn hwyrach nag y mae wedi ei ddeud wrth fwcio, ond fel dywed y Sais, *once bitten twice shy*. Penderfynais ebostio'r gwesty i egluro y byddwn o leia ddwy awr yn hwyr – jesd rhag ofn. Ond doedd y Wi-Fi ddim yn gweithio'n ddigon da yn yr orsaf, ac roedd rhaid mynd allan i'r *concourse* anferth y tu allan, a chwysu yn yr haul crasboeth wrth drio cael cysylltiad ar Wi-Fi cyhoeddus y ddinas. Doedd hwnnw ddim yn gweithio'n rhy dda chwaith, ond trwy lwc roeddwn wedi safio manylion y gwesty i fy ffôn, trwy gyfrwng *screenshot*, ac mi lwyddais i'w ffonio nhw.

Mi ges hyd i'r lein metro gywir, ac wedi newid llinellau yn y llefydd angenrheidiol cyrhaeddais y stop agosa at y gwesty. Roedd dau *sortie* gwahanol yn gadael y platfform, y ddau i wahanol strydoedd. Dewisais Sortie Rue de Rennes, a hynny am ddim rheswm heblaw fy mod newydd adael Rennes y diwrnod hwnnw. A thrwy lwc, roedd yr allanfa hon yn dod i fyny i'r pafin reit tu allan drws ffrynt bar-brasserie bach – ac o edrych trwy'r ffenast mi welais Gwi Jôs yn pwyso ar y bar.

Yn ôl fy nisgwyl, roedd cwrw yn ddrud yn y rhan yma o Paris. €9.30 y peint! Ond roedd taer angan peint neu ddau arna i felly mi godom gwpwl o rownds. Wedi codi'r ail beint aethom i eistedd wrth fwrdd ar y patio bach cul ar y pafin, ac o fewn dim mi ddaeth wêtyr heibio a rhoi bil ar y bwrdd. Edrychom ar y bil, ac roedd o'n deud €13.80 y peint! Roedd rhyw gamgymeriad, meddyliom, gan nad yr un wêtyr oedd wedi cymryd ein hordor. Pan basiodd o eto, mi alwon ni o draw ac egluro nad ein bil ni oedd hwn. Ond mi esboniodd y dyn fod yfed ar y patio yn costio mwy – €4.50 yn fwy! Aeth Gwi at y bar a deud ein bod wedi codi'r peint tra'r oeddem i mewn yn y bar, ac wedi'u cario nhw allan. Mi gytunodd y barman i roi bil arall i ni am y pris is.

Oeddan, mi oeddan ni mewn lle drud. Mor ddrud, roeddan nhw'n tsiarjio am awyr iach. Mor posh oedd yr ardal, mi oedd seciwriti wedi gwrthod gadael i Gwi Jôs fynd i mewn i siop oherwydd ei fod o'n gwisgo sandals! Diolch byth nad yn yr ardal hon fyddan ni'n yfed tra ym Mharis! Er, mi oedd yna rywun efo tâst yn byw rownd y gornel...

Wedi cael hyd i'r gwesty, eglurodd y perchnogion – Arabiaid Ffrengig yn ôl eu pryd a gwedd ac acen – fod ein stafall ar y chweched llawr. Roedd y grisiau newydd gael eu paentio'n biws, ac roedd y lle'n drewi o baent. Y lifft oedd yr un lleia i mi erioed fod ynddo. Prin fod lle i'r ddau o'nom sefyll ynddo, heb sôn am ein bagiau hefyd. Roedd o fel arch wedi ei rhoi i sefyll ar ei thraed – fel y rheiny sydd ar werth yng ngweithdy'r trefnwr angladdau mewn ffilms Western – ac roedd y drws lai na modfedd oddi wrth fy nhrwyn. Doedd o'n bendant ddim yn lifft i rywun clostroffobig. A doedd o ond yn mynd i'r pumed llawr. I gyrraedd y chweched roedd rhaid defnyddio grisiau sbeiral cul wedi ei wneud o haearn – fel grisiau sybmarîn.

Roedd wardrob y stafall yn fwy na'r bathrwm – oedd mor fach nes bod fy mhengliniau yn gleisiau byw ar ôl eu hitio yn erbyn y wal o 'mlaen wrth eistedd ar y bog. Roedd y gawod cyn lleied â'r lifft. Ond mi oedd yna ffenast ddwbl oedd yn agor i falconi bach o faint bwrdd, efo rêlings haearn tua tair troedfedd o uchder o'i amgylch. Felly, o leia doedd dim rhaid mynd yr holl ffordd i lawr y grisiau a'r lifft i gael ffag. Yr unig broblem oedd fy ofn uchder. Nid uchder mynyddoedd – dwi wedi cerdded Crib Goch ddwywaith heb unrhyw broblem – ond uchder 'edrych dros yr ymyl'. Hynny ydi, sefyll ar ben to, neu ymyl clogwyn unionsyth, ac edrych i lawr. Dwi'n hollol iawn ar sgaffold hefyd, ac mi alla i bwyso ar hwnnw ac edrych i lawr heb unrhyw draffarth. Mi alla i hyd yn oed ddringo i fyny'r sgaffold heb ystol o fath yn y byd. Mae'n rhyfedd sut mae'r ymennydd yn ymateb i wahanol sefyllfaoedd. Debyg ei fod o i gyd i wneud efo be mae rhywun yn arfer efo fo, a be sy'n gwneud iddo deimlo'n saff neu beidio. Doedd y balconi bach yma ddim yn gwneud i mi deimlo'n saff. Roedd o mor uchel i fyny doedd dim posib gweld y pafin yn union oddi tanom heb ymestyn hannar eich corff dros ymyl y rêlings. Roedd hyd yn oed sefyll yn ôl, wrth y ffenast, yn gwneud i mi deimlo'n sâl. Mor sâl, a deud y gwir, fel fy mod ond yn gallu smocio hannar sigarét cyn camu 'nôl i mewn i'r stafall. Dwi'n teimlo'n sâl y funud hon, wrth feddwl am y peth. Afiach. Cachu brics go iawn.

Dros ffordd i'r hotel roedd bloc mawr, uchel – hen adeilad clasurol yr olwg – yr un hyd â'r stryd. Apartments mawr, crand a phreifat oedd ar bob llawr uwchben y siopau (a dwy pharmacia) oddi tanynt. Y noson honno, mi fyddai parti anferth yn un o'r apartments, efo miwsig mor uchel â llwyfan Glastonbury yn blastio hyd doriad gwawr. Hawdd oedd dychmygu mai plant gwleidyddion neu ddiplomyddion oedd yn eu rhentu, ac mai dyna pam y gallent chwara miwsig mor uchel heb gwynion. Hawdd hefyd oedd dychmygu plant yr enwog-a-chyfoethog efo'u siampên a mynyddoedd o cocên ar y byrddau, yn mwynhau eu ffrolics mewn moethusrwydd. Go brin eu bod nhw'n cael gwrthod mynediad i siopau am nad oeddan nhw'n gwisgo'r sgidiau iawn...

Peilon Posh

Draw am Dŵr Eiffel aethon ni gynta ar ôl tsiecio mewn. Daethom i fyny o'r metro i olygfa hynod o werthwyr stryd yn hwrjo pob math o sothach. Yn Forociaid ac Albaniaid, Somaliaid a Romaniaid, roedd y rhan fwya yn gwerthu'r un pethau. Prynom bedwar *keyring* Tŵr Eiffel bach yr un, pob un wahanol lliw, am un ewro. Pum llath i fyny'r stryd, roedd gwerthwr arall yn gwerthu pump am ewro. Aethom yn ein blaenau i gyfeiriad y tŵr ei hun, oedd â'i hannar uchaf i'w weld yn codi uwchlaw'r coed.

Daethom at gofeb oedd yn cofféu'r gêm bêl-droed rhwng yr Allies a'r Almaenwyr ar ddydd Nadolig yn ffosydd y Rhyfel Byd Cyntaf. Yno, ar y pafin eang o flaen y gofeb, roedd gŵr ifanc

pryd tywyll efo tri photyn ar ben i lawr ar y pafin o'i flaen, yn herio pobol i fetio €50 ewro os allen nhw ddeud o dan pa botyn oedd y bêl. Yn ei law roedd wad o bapurau €50, ac roedd ei *patter* yn anhygoel. Mi fuom yn ei wylio am sbel, wrth i wahanol bobol roi arian iddo ac yntau'n symud y potiau iddyn nhw drio'u lwc. Mi oedd y sgam yn eitha amlwg. Roedd o'n symud y potiau yn ddigon araf i rywun weld lle'r oedd y bêl, ac mi oedd gwahanol bobol yn cael y potyn cywir ac yn 'ennill' eu harian yn ôl, ynghyd â €50 ewro o broffit.

Yna, bob yn hyn a hyn, mi fyddai rhywun oedd yn ddigon gwirion i lyncu'r sgam yn betio, ac mi fyddai'r boi yn symud y potiau'n gynt, a byddai'r person yn colli pum deg ewro. Wrth gwrs, gan fod Gwi a finna yno am tua chwarter awr yn gwylio, mi allwn ni weld mai yr un pobol oedd yn 'ennill' arian bob tro – sef *stooges* y boi efo'r potiau. Roedd tua pump ohonyn nhw'n gweithio fel tîm, yn cymryd eu tro i ddewis potyn. I fod yn onest, roedd hi'n anodd credu sut y gallai rhywun fod yn ddigon dwl i gael eu swcro yn y fath fodd. Ond dyna fo, mae yna bobol naïf yn y byd 'ma. Ac mae 'na wastad rhywun yn barod i gymryd mantais o hynny.

Roedd criw o Iraciaid neu Syriaid yn gwerthu poteli cwrw, gan drio cael €5 ewro am bob potel, ond wedi haglo mi gawsom bedair am €5. Symudom yn ein blaenau, a chroesi'r ffordd beryclaf a welais erioed er mwyn cyrraedd y promenâd coediog ar lannau'r Seine, lle'r oedd modd tynnu llun Tŵr Eiffel mwy neu lai o'i ben i'w draed. Ar y promenâd hwn roedd gangiau o Romaniaid yn cydweithio. Dwyn o bocedi oedden nhw, ac hefyd yn aros am gyfle i gipio camera, ffôn neu hambag o ddwylo twristiaid esgeulus. Os byddai hynny'n digwydd, mi fyddan nhw wedi pasio be bynnag ddwynwyd ymlaen i un o'u cydweithwyr fyddai'n cerdded i'r cyfeiriad arall, ymhell cyn i'r truan sylwi fod unrhyw beth o'i eiddo wedi diflannu. Wrth

wylio, roedd posib adnabod pwy oedd yn gweithio efo pwy. Y ddwy ferch acw, y dyn acw sy'n cerdded y ffordd yma, y ddau blentyn sy'n ista ar y wal yn fancw a'r boi sy'n gorwedd ar ei gefn ar y gwair...

Châtelet

Wedi tynnu lluniau o'r twr – sy'n beth digon hyll yn fy marn i, fel rhyw beilon posh – aethom i chwilio am far i gael bwyd. Daethom at far cyfagos ac eistedd tu allan, a phwy oedd yno ond Shaun, un o hogia Blaenau, yn yfed efo tri boi o Gaerwen. Dwi'n nabod Shaun yn iawn, a'i rieni (oedd yn yr ysgol efo fi, a'i fam yr un oed â fi). Er bod miloedd o Gymry allan yn Ffrainc roedd rhywun yn dal i ryfeddu, weithiau, wrth daro mewn i bobol o adra ynghanol lle fel Paris.

Wedi bwyta ac yfed peint neu ddau symudom yn ein blaenau yn hamddenol, gan stopio mewn ambell i far ac yfed yn haul fin nos tra'n defnyddio Wi-Fi'r bariau. Erbyn iddi dywyllu roeddan ni wedi cyrraedd ardal Châtelet ar y metro, gan ddod allan mewn stryd brysur, eitha *up-market*, oedd â strydoedd llai yn arwain ohoni at amrywiol sgwariau. Ar y strydoedd hyn roedd digonedd o dafarnau'n gwerthu cwrw am €5 y peint.

Roedd un stryd yn arbennig yn llawn bariau bywiog oedd wedi eu meddiannu gan ffans Cymru. Roedd yna fand byw yn chwara yn un, yn canu cyfyrs o ganeuon roc ac indi, a dôs dda o ganeuon y Clash yn eu mysg. Dwi'm yn meddwl fod y band wedi chwara i griw mor hurt bost â ffans Cymru, ond mi oeddan nhw'n amlwg wrth eu boddau. Tra yno mi darais mewn i fois o ardal Dyffryn Conwy dwi'n eu gweld mewn gemau i ffwrdd o bryd i bryd; Eglwysbach, Llanrwst a Dolgarrog. Mae dau frawd efo criw Dolgarrog sy'n gefndryd i hogyn o Traws, sef Haydn Holden a fu'n canu pop yn Gymraeg 'nôl yn y dyddia tywyll a hunllefus pan ddechreuodd sin gerddoriaeth Cymru gynhyrchu *boybands*, *girlbands* a 'bandiau gwneud' eraill. Yn nyddiau'r 'ffatri gaws Cymraeg', Haydn oedd y caws o Traws.

Tu allan, efo bownsars duon, anferth a chyhyrog yn rhythu –

rhai yn anghynnes ac eraill yn hwyliog, ond i gyd yn wyliadwrus
– ar y Cymry oedd yn codi canu ar y patio. Mewn golygfeydd
tebyg i'r rhai yn Bordeaux a Toulouse roedd yr hogia heb eu
crysau ac yn arwain y dorf trwy nifer o ganeuon. Oedd, mi
oedd 'Don't Take Me Home' yn dal i gael ei gor-ddefnyddio, ond
o leia roedd caneuon eraill hefyd yn gweld golau dydd (neu
nos) – gan gynnwys 'Hen Wlad Fy Nhadau'.

Roedd hi'n wyllt yno, a cheir yn trio gyrru drwy'r stryd gul,
modfedd ar y tro, a chael eu hysgwyd o ochr i ochr gan y dorf
o ffans oedd yn llenwi'r stryd. Doedd hyn yn ddim byd cas, dim
ond hwyl llawn chwerthin – ac roedd gyrwyr y ceir wrth eu
boddau, a llawar yn agor eu ffenestri i ysgwyd llaw efo pawb.

Dros y ffordd, roedd tafarn arall efo 'patio plastig' i
ysmygwyr. Yno mi welais i Salt, cymeriad o Benmachno,
efo criw o Lansannan – yn cynnwys gŵr a gwraig gwrddais i
tra'n ffilmio *Stori Pêl-droed Cymru* mewn gêm ddarbi rhwng
Llansannan a Bro Cernyw. Ac erbyn dallt, roedd y criw yn aros
yn yr un gwesty â ni.

Nes ymlaen, tra'n sefyll ar y stryd, mi ddechreuodd rhyw
ddyn bach tywyll ac eiddil mewn dillad trwsiadus siarad efo
ni. O Somalia oedd o, medda fo yn ei Saesneg clapiog. Roedd
o'n ddigon siriol yn ei ffordd, ond mi ddechreuodd hongian o
gwmpas a mynd ar ein nerfau efo'i fwydro. Dwn i'm be oedd o
isio, pres, secs 'ta clustan. Cyn hir, mi gleciais fy mheint cynnes
(o wydr plastig) yn rhy sydyn, ac mi ddechreuais gyfogi. Dŵr,
neu hylif lageraidd, oeddwn i'n ddisgwyl i saethu allan o 'ngheg,
ond roeddwn wedi anghofio 'mod i wedi bwyta pryd o fwyd.
Felly pan chwydais i, mi chwydais i'n galed, a sbreo lympiau
lliwgar dros y pafin, a thros droed un o bolion plastig y 'patio'.
Y funud nesa – a tydw i ddim yn deud gair o glwydda – mi
blygodd y Somaliad bach i lawr a chydio mewn rhywbeth o
ganol y chŵd. Mi ydw i, hyd heddiw 'ma, bron yn siŵr ei fod o
wedi ei roi o yn ei geg. Wir, ar fy marw. Be oedd o, dwn i ddim.
Malwan, hwyrach? Ond dwi'm yn cofio byta un o'r rheini i fod
yn onest. Ta waeth, ges i'm cyfle i ofyn iddo, achos mi drodd ar
ei sodlau a diflannu.

Agents provocateurs

Yn oriau mân y bora, a ffans Cymru yn dal i feddiannu'r stryd gul ac yn canu ac ysgwyd ceir, daeth tri ffan Lloegr i hofran ar gyrion y dorf. Ro'n i'n sefyll rhyw bum neu ddeg llath y tu ôl iddyn nhw, a sylwais ar eu crysau Lloegr o dan eu siacedi yn syth. I ddechrau, roeddan nhw'n rhyw fath o finglo'n gyfeillgar, heb unrhyw arwydd eu bod yn ddim mwy na ffans pêl-droed cyffredin. Ond cyn hir mi oeddan nhw'n ymuno efo'r criw o Gymry oedd yn ysgwyd ceir yn hwyliog. Gwyliais i nhw, a sylwi'n syth eu bod yn trio malu ffenestri'r ceir. Estynnodd un i mewn trwy ffenast agored un car ac ysgwyd y person oedd yn y sêt teithiwr. Roedd agwedd, hwyliau a bwriad y Saeson yn gwbl wahanol i'r Cymry.

Cyn hir, daeth chwech neu saith o Saeson eraill o rywle i ymuno efo'u tri ffrind. Erbyn hynny roedd ffans Cymru wedi dechrau gadael a'r dorf wedi teneuo'n sylweddol. Mi welodd y Saeson nad oedd yr ods cynddrwg erbyn hyn, felly mi ddechreuon nhw ganu 'Rule Britannia' tuag at y criw o Gymry oedd yn dal i ganu tu allan y dafarn dros ffordd.

Mae yna datws drwg yn sach pawb. Ond mae sach y Saeson yn frith o'nyn nhw.

Dydd Sadwrn, Mehefin 25, 2016
Cymru 1–0 Gogledd Iwerddon, Parc des Princes, Paris

Gan ein bod bellach yn y rowndiau noc-owt nid tocynnau oedd gennym, ond *vouchers* i'w cyfnewid am docynnau. Roedd o'n system digon rhesymol; os na fyddai Cymru'n mynd drwodd i'r rowndiau noc-owt mi fyddai'r *vouchers* yn cael eu diddymu yn electronig, a byddwn ninnau'n cael ein harian yn ôl. Yr unig anghyfleusdra oedd gorfod teithio i adeilad penodedig lle'r oedd y VEPs – sef 'Voucher Exchange Points' UEFA – efo pasbort ar gyfer ID, i gyfnewid y *vouchers* am docynnau.

Y Théâtre du Châtelet oedd y gyfnewidfa ar gyfer y gêm hon, fodd bynnag, felly doedd y daith ddim yn ddrwg o gwbl ar y metro. A gan fod digonedd o dafarndai yn yr ardal, yno fyddai rhai cannoedd o ffans Cymru'n casglu yn ystod y pnawn cyn teithio i stadiwm y Parc des Princes ar gyfer y gêm. Tu allan y Café Joly – tafarn fach oedd yn gwneud bwyd, rhyw ganllath neu ddau o'r theatr – roedd Tommie, Dave Lloyd, Dyl Griff, Gerad, Liam ac EB yn cael ffiw bîars ar ôl codi'u ticedi. Wedi ciwio am lai na hannar awr, roeddwn innau wedi codi fy rhai i a Gwi Jôs, ac wedi ymuno efo nhw. Mi laniodd Hywel a Gilly wedyn hefyd, ac ar ôl bwyta aethon nhwythau i gyfnewid eu *vouchers* ac i yfed mewn bar bach ar y sgwâr cyfagos.

Ar y sgwâr hwnnw, sef y Place du Châtelet, roedd ffownten y Fontaine du Palmier, a chofgolofn uchel a hardd ac angel aur ar ei phen, yn sefyll yn ei chanol hi. Penderfynom y byddai prynu cwrw o'r off-leisans ac yfed wrth y ffownten yn llai o draffarth na chiwio yn y bariau gorlawn, yn talu crocbris am gwrw cynnes mewn gwydra plastig. Felly dyna wnaethom, gan hefyd brynu bwced plastig a rhew (a bagiau o *frozen chips*) i gadw'r poteli'n oer. Trodd yn sesh hen ffasiwn, hwyliog yn yr haul braf, dafliad carreg o'r afon Seine.

Tra'n piciad i biso yn un o dafarnau'r sgwâr mi fuais i'n siarad efo Aled Gwyn, un o'r tri brawd Parc Nest (sydd i gyd yn Brifeirdd). Mae Aled yn ddyn pêl-droed mawr ac yn gyn-chwaraewr o fri i Gastell Newydd Emlyn, ac mi ges i'r pleser o'i gyfweld ar gyfer y rhaglen *Stori Pêl-droed Cymru*. Dwi'n taro mewn iddo'n gyson ar dripiau tramor efo Cymru. Mi ges i'r fraint, hefyd, o gwrdd â'i gyfaill, Hywel Morris, y gŵr y mae pawb yn ei nabod fel 'Y Lejand' oherwydd iddo sgorio 99 o goliau dros ei glwb mewn un tymor.

Tu allan i far cyfagos arall roedd hi'n dda gweld Spratzy – yr unig un o'r Trallwng sydd yn dilyn Cymru dramor. Mae o'n mynd i bob un gêm, a'r tro cynta i mi ddod i'w nabod oedd yn Andorra, adeg gêm agoriadol yr ymgyrch i gyrraedd Ffrainc, a minnau wedi gadael Gŵyl Rhif 6 ym Mhortmeirion am 10 o'r gloch ar y nos Sul er mwyn hedfan i Barcelona efo criw Blaenau, a chael bws-mini efo bois Bala o fa'no – heb gysgu fawr ddim ers y nos Iau flaenorol.

Y gêm

Daethom i dafarn heb fod ymhell o'r stadiwm, lle'r oedd y cwrw'n rhedeg yn sych fesul casgen ar ôl casgen. Roedd criw da yno o bob cwr o ogledd Cymru a thu hwnt, a doedd fawr neb yn trafod y gêm ei hun. Doedd hynny ddim yn syndod, gan fod y cannoedd o Gymry oedd yno wedi bod allan yn Ffrainc ers y dechrau, gan fwya, ac erbyn hyn yn edrych fel cymysgfa ddychrynllyd o wookies, weinos a'r Walking Dead – a'r cwbl lot o'nan ni'n ffycin hongian. O ran unrhyw sgwrs ynglŷn â'r gêm, nerfusrwydd oedd y cyfaddefiad gan bawb. Er gwaetha perfformiad trydanol Cymru yn erbyn Rwsia, roedd hon yn gêm wahanol. Darbi 'Brydeinig' oedd hi – un o'r gemau hynny fedrith fynd un ffordd neu'r llall.

Cyn hir roedd hi'n amser mynd am y cae, gan fod y gic gyntaf am 6 o'r gloch (amser Ffrainc). Wrth nesu am y stadiwm roedd llinell o 'gatiau' dros dro ar draws y stryd, lle'r oedd stiwardiaid yn archwilio bagiau ac/neu gwneud yn siŵr fod gan bawb diced cyn iddyn nhw gyrraedd mynedfa'r stadiwm ei hun. Roedd y llinell hon wedi achosi i'r dorf arafu bron i stop, a gwasgu'n dynn i'w gilydd – yn gymysgfa o Gymry a Gwyddelod.

Mae'n wir fod cefnogwyr Gogledd Iwerddon yn ffans gwych o'u tîm. Maen nhw'n hwyliog ac yn fywiog, yn angerddol ac yn swnllyd. Mae nifer dda ohonyn nhw'n bobol glên a chynnes, yn enwedig y rhai sy'n dod o ganol y dinasoedd – pobol sydd yn brotestannaidd ond ddim yn seicos sectêrian o'r ghettos teyrngarol. Ond yn anffodus, mae yna elfen gref o'u ffans nhw sy'n wirioneddol afiach. Dyna sydd i gyfri am y drwgdeimlad rhyngthon nhw a ni'r Cymry. Rydan ni'n gwrthwynebu eu Prydeindod nhw ac, yn naturiol yn bwio'u hanthem nhw ('God Save the Queen'). Mae nhwytha, yn eu tro, yn ein casáu ni oherwydd ein Cymreictod – yn enwedig yr iaith Gymraeg – a'r ffaith ein bod ni'n bwio'u hanthem nhw, sydd yn fwy sanctaidd iddyn nhw nag ydi hi i'r Saeson eu hunain. Wir i chi, dwi'n siarad o brofiadau blaenorol pan dwi'n deud fod yna bobol yn eu mysg sy'n casáu y Cymry. Ac mi oedd yna ddigon ohonyn nhw o gwmpas Paris y diwrnod hwn hefyd.

Yn y wasgfa hon ar y stryd, roeddan nhw i'w gweld a'u clywed yn glir. "What's that foreign language you're speaking?" – un o'u hoff ffyrdd o ddechrau trwbl efo Cymry. O ran hyn o beth maen nhw'n llawar gwaeth na'r Saeson mwya asgell dde. Maen nhw'n cyfri bodolaeth y Gymraeg fel arwydd o Geltigrwydd, sydd yn gwbl wrthun iddyn nhw. Maen nhw wir yn credu ein bod ni'n ysgymun y ddaear – bron cyn waethed â Gweriniaethwyr yn eu golwg nhw. Ta waeth, er bod y basdads yn trio codi trwbl yma ac acw, doedd dim byd yn mynd i amharu ar hwyliau da'r Cymry (dim cyn y gêm, o leia). A fodd bynnag, roedd yna botel o *poppers* yn cael ei phasio o gwmpas y Cymry, ac roedd hynny'n fwy na digon i'n cadw ni'n hapus...

Fel o'n i'n cyrraedd y gatiau dros dro, cydiodd rhyw dwat yn fy ysgwyddau o'r tu ôl, gan fy ysgwyd yn wyllt, a chanu "You can stick yer Gareth Bale up yer hole!" Does dim byd o'i le ar ganu yn sarhaus yn erbyn chwaraewyr y tîm arall, ond dwyt ti ddim yn gwneud hynny dan ysgwyd rhywun gerfydd ei ysgwyddau. Wnes i ddim gwylltio, ond yn hytrach jesd troi i'w gwynebu a canu "You can stick your Union Jack up your arse!"

Ysgogodd hynny nhw i droi rownd i wynebu pawb y tu ôl iddyn nhw a dechrau canu 'Rule Britannia'. Ydi, mae o'n drist, ond dyna fo. Dwi'n parchu dymuniad y gymuned brotestannaidd i lynu i'w hunaniaeth, ond ffyc mi...

"Don't f***** shout at me!"

Roedd hi'n amser yr anthemau, a phan ddaeth 'God Sef Ddy Cwîn' mi wnaeth ein criw ni droi ein cefnau. Rhai blynyddoedd yn ôl roeddwn yn gweld y ddadl dros droi cefn yn hytrach na bwio yn hen safbwynt barchus, ddiwylliedig, ddosbarth canol gont. Ond erbyn hyn dwi'n eitha cefnogol i'r syniad – mewn egwyddor. Nid am fy mod yn troi yn barchus, ddiwylliedig, ddosbarth canol, ond am fy mod yn gweld effeithlonrwydd y fath ddelwedd symbolaidd ar y teledu. Hynny ydi, pa ddyn camera gwerth ei halen fyddai'n methu troi ei gamera at y fath olygfa? Pa fath o gynhyrchydd fyddai'n gwrthod darlledu'r fath ddelwedd bwerus ac unedig? Ond y broblem – yn dal i fod – ydi'r ffaith fod rhaid cael *pawb* i droi cefn er mwyn iddo weithio. Tydi'r camera byth yn deud clwydda, ac os ydi o'n ffilmio criw bach o ffans wedi troi eu cefnau, yna mae'r datganiad rhyngwladol pwysig rydan ni'n ei wneud fel ffans Cymru (ein bod yn Gymry, nid Saeson, yn Gymry nid Prydeinwyr) yn cael ei wanhau, a'i riportio fel "a minority of fans, probably 'language activists', showed their discontent" neu rhyw lol debyg.

Dim fel'na mae hi i fod. Mae ffans i fod yn unedig. Ac heblaw am ambell *part-timer* mae ffans Cymru *yn* unedig yn eu gwrthwynebiad i GSTQ. Ac efo bwio, mae o'n *swnio* fel bod pawb yn bwio, ac felly yn llawar mwy effeithiol wrth bortreadu ein gwrthwynebiad unedig i bopeth mae anthem Lloegr yn ei gynrychioli.

Mi drois fy nghefn yn ystod GSTQ yn gêm Gogledd Iwerddon – yn fodlon rhoi cyfle i'r polisi hwn – ond pan ddechreuodd rhai o'r ffans fwio mi 'nes i ymuno efo un blast sydyn, tra'n dal i sefyll â fy nghefn wedi troi, fel oedd pawb arall yn fy rhes i yn ei wneud. Mwya sydyn, roedd rhyw hogan hannar fy oed yn y rhes y tu ôl i ni (ond yn fy ngwynebu rŵan 'mod i â fy nghefn at y cae) yn dechrau sgrechian gweiddi arna i ar dop ei llais. "Stop booing! Don't boo! Stop it!" bloeddiodd reit yn fy ngwynab. Synnwn i ddim ei bod hi'n arfer rhoi ordors – athrawes ysgol neu blismones, hwyrach. "I'll do what the fuck I like," atebais. "STOP BOOING!" sgrechiodd eto. "Don't tell me what to do," atebais eilwaith. Ond daliodd ati i weiddi, "STOP BOOING!" a'i breichiau allan o'i blaen yn wêfio. Bron nad oedd hi am ddechrau fy waldio. "STOP IT! STOP IT NOW! DON'T BOO!"

"Don't fucking shout at me!" gwaeddais(!). "NO NEED TO SWEAR!" gwaeddodd hithau. "WELL STOP SHOUTING AT ME, THEN!" gwaeddais innau yn ôl. Os ydi rhywun yn bod yn ymosodol efo fi, dwi ddim yn mynd i fod yn ddiplomataidd fy ymateb. Mae 'na ffordd o ofyn pethau, does – ffordd o gyfathrebu heb weiddi ar rywun. Tasa hi wedi gofyn yn neis, neu ddeud ei barn yn deg, mi fyswn innau wedi ymateb yn rhesymol trwy ei hanwybyddu'n dawel. A'r jôc oedd, un 'bwiad' sydyn o'n i wedi'i roi, beth bynnag. Ac i fod yn onest, dim ond blast neu ddau o fwio oeddwn wedi *bwriadu* ei gyfrannu. Dwn i'm be ddiawl oedd ar ei phen hi, wir. Ddechreuis i wylio Cymru tra'n hogyn yn fy arddegau cynnar, yn 1981 – Cymru v USSR yn Wrecsam (0–0). Roedd fy ngêm gyntaf awê yn 1991, a dechreuais deithio o ddifri yn 2003 (Serbia). Ers hynny dwi wedi cael rhai o'r profiadau mwya pleserus a swreal, o ddawnsio ar y Ddonwy i gael fy nghario ar draws dinas ar gefn moped, efo helmed Ail Ryfel Byd Almaenig ar fy mhen. A dyma lle'r oedd hon – isio fy ngyrru i'r gornel efo dwylo ar fy mhen am feiddio bwio 'God Save the Queen'! Dwi wedi dod i arfer efo'r ffaith fod gennai ddawn ryfeddol, isymwybodol o dynnu pobol i fy mhen heb drio (gan amlaf)... ond roedd hyn yn ffycin boncyrs.

Yn ôl fy ffrindiau, mi dreuliodd yr hogan weddill y gêm yn rhythu a phwyntio ataf i, gan ysgwyd ei phen a thwt-twtio fy ymddygiad cyffredinol ffan pêl-droedaidd, a ffraeo efo'i chariad am iddo beidio ei chefnogi. Fedra i ond gobeithio ei bod yn aros mewn hostel swnllyd y noson honno, yn cael ei bwyta'n fyw gan chwain.

Yn y cyfamser, ar y cae roedd y gêm yn union fel y disgwyl; hen gêm cêji, nerfus, dynn. Roedd 'na gystadleuaeth dda am y sŵn mwya rhwng eu ffans nhw a ni. Roeddan ni'n canu'r pethau arferol, fel 'Are you England in disguise?' – cân sy'n eu gwylltio, achos er gwaetha eu baneri Jac yr Undeb a Croes San Siôr, ac er gwaetha eu 'God Sef Ddy Cwîn' a'u 'Rŵl Britannia', maen nhw'n casáu tîm pêl-droed Lloegr! Ond i fod yn onest, mae'n rhaid i mi gyfadda fod cwpwl o'u caneuon nhw yn ein herbyn ni y fin nos honno ym Mharis yn haeddu rhywfaint o 'barch' tawel. Roedd Gogledd Iwerddon (o bawb) wedi pleidleisio i aros yn yr Undeb Ewropeaidd, a Cymru wedi fôtio

efo Little Englanders UKIP, felly roedd gan eu tshant arferol
yn ein herbyn – 'You're just a small town in England' – ystyr
am unwaith. Ac roedd eu cân, 'We voted Remain, We voted
Remain, We're not stupid, we voted Remain,' yn curo popeth
a daflon ni atyn nhw. Ac roedd hynny'n anodd iawn i'w lyncu.
Diolch byth ein bod wedi curo.

Roeddan ni yn y **QUARTER-FINALS!**

Aaron Ramsey ✔
@aaronramsey

Noson anhygoel. Diolch am y
gefnogaeth fantastic.

26/06/2016 00:17

656 RETWEETS **1,347** LIKES

Cemust mo!

Tra'n cael smôc tu allan y stadiwm hannar amser, yn siarad efo
hwn a'r llall, mi ddois ar draws Gai Toms. Ro'n i'n gwybod ei
fod o ym Mharis ac wedi cael ticad i'r gêm am *face value* gan
foi o Traws, achos mi fu'n fy nhecstio yn gynharach yn y pnawn
yn holi am dicad i Ceri C, oedd efo fo yn rhywle. Trefnais i
gwrdd â nhw ar ôl y gêm, tu allan i "siop cemust" ar sgwâr heb
fod ymhell. Dwi'm yn meddwl fod Gai wedi sylweddoli faint o
'siopau cemust' sydd 'na yn Ffrainc!

Methodd Gwi Jôs a finna ddod o hyd i'r pharmacia gywir.
Ond wrth chwilio am y ddau gerddor, tarom fewn i ddau
gerddor arall, Yws Gwynedd a Meilyr Emrys, tu allan i far.
Doeddwn heb weld y ddau ers Bordeaux. Mae'r ddau yn fois
pêl-droed mawr – Yws yn dal i chwara, wrth gwrs, a Mei bellach
yn ddarlithydd ar hanes pêl-droed yng Nghymru (mi wnaeth
gyfraniad gwych i'r gyfres *Stori Pêl-droed Cymru*). Roeddan ni
newydd fethu Gai a Ceri, meddan nhw. Fuon nhw'n chwara
gitâr a chanu tu allan y bar, ond bellach wedi symud yn eu
blaenau am y Fan Zone wrth ymyl Tŵr Eiffel.

Gwallgofrwydd a thristwch

Es i ddim i'r Fan Zone, ond yn oriau mân y bora roeddwn yn ôl y Châtelet, ar ben fy hun, yn cwrdd â phobol ddifyr – rhai roeddwn yn eu nabod ac eraill nad oeddwn i ddim. Ges i awydd cryf am KFC, felly prynais ddarnau o gyw iâr sbeisi a mynd i eistedd ar rhyw sgwâr i'w bwyta nhw. Roedd yna griwiau o bobol ifanc lleol yno, yn eistedd yma ac acw. Y peth nesa, mi glywais sŵn dynes yn sgrechian nerth esgyrn ei phen. Nid sgrechian fel tasa hi wedi dychryn neu mewn peryg, ond sgrechfeydd hir ac undonog, un ar ôl y llall. Sylwais mai hen ddynes oedd yno, yn amlwg yn byw yn ryff, ac yn bendant yn sâl yn ei phen. Gwyliais hi. Roedd hi'n sefyll â'i chefn tuag ata i, rhyw dri deg llath a mwy i ffwrdd, yn gwisgo côt fawr drom ac yn cydio yn ei gwallt tra'n sgrechian. Cyn hir mi sylwais fod rhai o'r criwiau o bobol ifanc yn chwerthin, a bod rhai ohonyn nhw yn mynd ati a thynnu lluniau ar eu ffonau symudol.

Wedi gorffen cnoi fy tshicins rhois fy sbwriel mewn bin a cherdded heibio i'r ddynes, oedd yn dal i sgrechian yr un hen sgrech drist a gwallgo. A dyna pryd y sylwais ei bod wedi tynnu ei throwsus i lawr at ei thraed, a jysd yn sefyll yno, yn tynnu gwallt ei phen a sgrechian. Roedd ei chôt fawr yn cyrraedd hannar ffordd at ei phengliniau, ac o fewn hannar eiliad (doeddwn i ddim isio sbio am hannar eiliad yn fwy) mi welais nad oedd yno bwll o wlybaniaeth rownd ei thraed, felly doedd hi heb biso'i hun. Jesd wedi tynnu ei throwsus i lawr oedd hi, a dechrau sgrechian dros y lle.

Mi fyddwn innau wedi chwerthin hefyd, ond allwn i ddim. Roedd hi'n hen ddynes efo problemau meddyliol dybryd. Ac roedd hi angan help. Roedd hi ar y stryd, ac ar goll yn y byd. Ac roedd (siawns da ei bod) hi'n nain i rywun, yn fam i rywun, yn chwaer neu'n fodryb...

Dydd Sul, Mehefin 26, 2016
Jim Morrison mo!

Yn hostel St Christopher oedd Gai Toms, Ceri C a Io Gwil yn aros – yr un wrth y gamlas, nid yr un yn Gare du Nord. Roeddan nhw'n aros yno ar y nos Sul hefyd, felly cyn tsiecio allan o'r Hôtel Saint Germain bwciodd Gwi Jôs a minnau le yno. Cyrhaeddom stryd yr hostel ymhell cyn hannar dydd, a prynu bagéts anhygoel o dda (rhai llawn, oedd yn *werth* eu bwyta!) mewn bwtri bach teuluol yn cael ei redeg gan gwpwl Moslemaidd hyfryd a siriol. Wrth eistedd tu allan yr hostel yn bwyta'r bagéts, daeth cnocio brwd ar ffenast bar yr hostel. Gai Toms oedd yno. Roedd y tri ohonyn nhw, a Bryn, canwr y band Calfari, yn y bar yn yfed.

Doedd *check-in* ddim am rhyw awran, felly ar ôl cwpwl o boteli Heineken dechreuom ar y Jägerbombs, a gwneud trefniadau ar gyfer y dydd. Roedd Mei a Dirky wedi bod i weld bedd Jim Morrison y diwrnod cynt, efo Sloth Robaij o Bethesda, ac wedi rhoi llun o'r tri o'nyn nhw wrth y bedd ar Facebook. Felly mi benderfynom ar gynllun; mynd i weld bedd Jim, wedyn mynd i fyny i Montmartre, yr hen ardal fohemaidd gynt, ar y bryn yng ngogledd Paris, lle mae'r Basilique du Sacré-Cœur hardd yn sefyll fel tirnod i'r ddinas oll.

Wedi tsiecio mewn i'r hostel cawsom oriad i rhyw dorm reit ar lawr uchaf yr adeilad, ond pan gerddom i mewn iddo roedd y lle'n llawn llanast a deunydd adeiladu, efo hŵfyr mawr diwydiannol ar ganol y llawr, a dim dillad ar y gwlâu. A dros y lle ymhob man – dros y llawr a'r dodrefn – roedd llwch gwyn fel blawd neu polyfilla. Ond wedi hysbysu staff y Dderbynfa mi yrrwyd glanhawyr i fyny yno'n syth.

Cawsom fwy o Jägerbombs a photeli Heineken, ac eistedd ar y patio ar lan y gamlas, yn gwylio cychod pleser yn pasio o dan y bont oedd yn codi ar eu cyfer, ac yn tynnu lluniau o *full kit wankers* Almaenig er mwyn eu rhannu ar gyfrif Twitter @FullKitWankers.

Yna mi ddechreuodd y locals ddod i mewn i wylio gêm Ffrainc a Gweriniaeth Iwerddon ar y teledu a chymryd y byrddau 'Reserved' i gyd a llenwi'r llawr efo cadeiriau. Penderfynom weithredu cynllun y dydd.

Jibiodd Io Gwil a Bryn, felly dim ond Gai (a'i gitâr), Ceri, Gwi Jôs a finna aeth. Daethom allan o'r Metro o orsaf Blanche, reit wrth ymyl y Moulin Rouge. Roedd bariau stryd y Boulevard de Clichy yn gorlifo i'r pafin a channoedd o Ffrancwyr allan yn cefnogi'u tîm. Arhosom o gwmpas am 'chydig i flasu'r awyrgylch, cyn holi'r heddlu lle'r oedd y fynwant a phrynu cwrw a gwin yn yr off-leisans agosa.

Ym mhen draw stryd ochr o'r enw Avenue Rachel daethom at gatiau'r fynwant. Ond mi ddaeth hen ddyn bach na allai siarad gair o Saesneg atom a'n rhwystro rhag mynd i mewn. Eglurom ein bod eisiau gweld bedd Jim Morrison, ond wnaeth hynny ond ei wneud o'n fwy penderfynol o'n gwrthod. Gan feddwl mai'r cwrw – a falla'r gitâr – oedd y bwgan, eisteddom ar y grisiau cerrig tu allan y gatiau i yfed ein poteli. Dros ffordd i ni roedd tri copar yn sefyll tu allan ffenast rhyw swyddfa, yn gwylio'r gêm ar y teledu tu mewn. O glywed y bonllefau o'r stryd fawr, gallem ddeud fod Ffrainc wedi sgorio ddwywaith – a phan ddaeth y fonllef fwya un, ac y dechreuodd y dawnsio ar y stryd, gwyddom eu bod wedi curo.

Stryd-syrffio!

Aethon draw i ganol y parti. Roedd gan y Ffrancwyr ffordd eitha unigryw o ddathlu. Be oeddan nhw'n ei wneud oedd eistedd ar eu tinau ar y stryd, un tu ôl y llall mewn rhes hir o tua pum deg o bobol, fel bod coesau pawb o boptu'r person o'u blaenau nhw. Wedyn, tra'u bod nhw i gyd yn dal eu breichiau yn yr awyr, roedd rhywun yn 'crowd-syrffio' ar hyd y rhes – hynny ydi, yn gorwedd ar ei fol ar ben dwylo'r bobol oedd yn eistedd ar y llawr, a'r rheini yn ei basio fo uwch eu pennau i'r person tu ôl, ac ymlaen ac ymlaen i ddiwedd y rhes. Roedd o'n wych, ac i weld yn lot fawr o hwyl. Mi aeth Ceri C amdani, ond aeth o ddim yn rhy bell cyn penderfynu ei bod hi'n saffach iddo ymuno â'r rhes oedd yn eistedd ar lawr. Mae gennai fideo o rhyw Wyddel y Gogledd yn llwyddo i gyrraedd y pen draw tra'n gorwedd ar ei gefn ac yn ffilmio'i hun ar ei ffôn. Roedd o'n dathlu fod y Weriniaeth wedi cael cweir, wrth gwrs.

Y Ffrancwyr yn stryd-syrffio!

Ydi Jim wedi atgyfodi?!

Ar ôl profi 'chydig o'r rhialtwch aethom yn ôl am y fynwant. Pan gyrhaeddom y gatiau roedd yr hen ddyn yn dal yno, ac yn dal i wrthod ein gadael ni mewn. Erbyn hyn roeddan ni'n methu'n lân â dallt be oedd ei broblam o. Er ein bod wedi gweld llun yr hogia yn cael drinc wrth fedd Jim, roeddan ni'n gwerthfawrogi gwrthwynebiad ar sail mynd â chwrw i mewn efo ni – yn enwedig ar ddydd Sul, pan oedd teuluoedd yn dod i roi blodau ar feddau anwyliaid. Ond roeddan ni wedi yfed ein cwrw erbyn hyn.

Ond dyma ddyn arall mewn iwnifform yn dod allan o'r cwt gwybodaeth. Roedd gan hwn ychydig o Saesneg, ac mi eglurodd nad oedd Jim Morrison yn y fynwant.

"Be? Ydi o wedi atgyfodi??!"

"He is not buried here."

"But this is Montmartre cemetary, oui?"

"Oui," atebodd. "But Jim Morrison is not buried at Montmartre cemetary!"

Gwawriodd arnom be oedd y dyn bach arall wedi bod yn trio'i ddeud wrthan ni. Roeddan ni yn y fynwant anghywir. Yn fynwant Père Lachaise y claddwyd Jim Morrison, oedd tua 40 munud i ffwrdd ar y Metro. Blond moment arall, mo! Duw a ŵyr sut gawson ni fynwant Montmartre yn ein pennau, ond mi ydw i'n beio Gai...

Montmartre mo!

Ar y stryd yn Montmartre, wrth weithio'n ffordd i fyny'r allt, sylwodd Gai ei fod wedi colli'r fflag Cymru roedd o wedi'i chlymu i wddw'i gitâr. Gan mai ei fab ifanc oedd biau'r faner, brysiodd yn ôl i lawr y stryd i weld os allai gael hyd iddi. Eisteddodd y gweddill ohonom tu allan i far yn yfed peint tra'n aros i Gai ddod 'nôl. Mi ddaeth, bron i hannar awr yn ddiweddarach, heb y fflag. Wrth chwilio amdani roedd o wedi holi bobol ar y stryd, ac mi oedd rhywun wedi gweld person yn ei chodi ac yn cerdded i ffwrdd. O ddallt mai Cymro oedd Gai, roedd rhyw ddynes wedi gofyn iddo pam fod y Cymry, o bawb, wedi pleidleisio dros Brexit. Roedd Gai wedi treulio bron i hannar awr yn egluro, trafod ac ymddiheuro wrthi...

Wedi iddo ddychwelyd mi gyrhaeddom ddarn o'r stryd nad oedd yn bell iawn o gopa'r bryn y safai ardal Montmartre arno. Yno, roedd tafarn fach â'i waliau wedi eu gorchuddio efo miloedd o ddarnau bach o bapur roedd cwsmeriaid wedi sgwennu arnyn nhw dros y blynyddoedd – ym mhob iaith dan haul – a'u staplo i'r wal. Ar y papurau yma roedd enwau teuluoedd a ffrindiau, ac enwau'r llefydd o le'r oeddan nhw'n dod, ambell i rigwm neu ddyfyniad a lluniau a chartwnau o bob math. Da oedd gweld ambell i neges wedi'i adael gan Gymry yn ystod yr Ewros. Mi gawson ninnau bapur, beiro a stapliwr gan y barman er mwyn ychwanegu'n creadigaethau ni. Yn Gymraeg.

Y wal sy'n uno nid gwahanu.

Gerry D a Ceri C!

Mewn rhyw gilfach yn y bar roedd piano, a rhyw gymeriad hynod wrthi'n chwara pob math o ganeuon – o Ben E King i'r Stones a'r Beatles – gan ganu mewn i feicroffon o'i flaen. Y fo a ni oedd yr unig yfwyr yn y lle. Mi o'n i'n ei weld o'n debyg i'r actor Gérard Depardieu – tasa Gérard Depardieu wedi treulio wythnos yn cysgu dan goedan.

Wrth gwrs, roedd Gai wedi ymuno efo fo ar ei gitâr yn syth, a ninnau ar y canu, a chyn hir roeddan ni'n mynd drwy ganeuon Meic Stevens – a 'Gérard' yn codi'r tiwns i fyny'n syth, ar y piano. A phan oeddan ni'n morio canu 'Y Brawd Houdini', pwy gerddodd i mewn ar ôl ein clywed ni? Naci, nid Meic Stevens, ond Hywel Lövgreen. Roedd o efo'r teulu ac yn digwydd pasio ar eu ffordd 'nôl am eu gwesty. Yn naturiol, roedd rhaid i Hywel ymuno yn y canu a'r dawnsio cyn symud ymlaen – a chyn hir roedd mwy o bobol yn cael eu hudo i mewn i'r bar.

Mae gweddill Montmartre ar goll yn y niwl. Mae yna fideo ohonof yn mwrdro 'Canibals' (cân pync oedd fy mand Vatès yn ei chanu) ar gitâr Gai, tu allan i rhyw far. Mae'n debyg hefyd ein bod wedi mynd mewn i rhyw siop lle'r oedd Gai yn gobeithio gallu prynu baner Cymru newydd. Tra'r oedd dyn y siop yn ei helpu i chwilio, roedd Ceri a minnau wedi gwisgo ffedogau coginio oedd ar werth yno, ac yn canu 'Non, Je ne regrette rien' yn arddull Edith Piaf...

Nyff sed.

Absinthe

Ond roedd gwaeth i ddod. Roeddan ni hannar ffordd i lawr yr allt o Montmartre pan – tra'n minsio i lawr y stryd cobyls 'ma, yn sioe ddigri i gyd – methodd Ceri weld y tshaen oedd ar draws y ffordd i rwystro ceir rhag dreifio i fyny, a baglodd drosti. Disgynnodd fel pensal, ar ei hyd ar lawr. Mi frifodd, ac mi fu mewn poen am weddill y noson. Ond i ni, a welodd y cwbl, roedd o'r peth mwya doniol erioed, a doeddan ni'n methu stopio chwerthin. Ac roedd hynny cyn yr absinthe...

Roeddan ni'n dal i chwerthin pan gyrhaeddon ni far bach mewn stryd o dai, hannar ffordd i lawr y rhiw o Montmartre. I mewn â ni. Bar locals oedd o, ymhell o unrhyw *main drag*. Roedd naws dim *frills* a chartrefol y lle yn fy atgoffa fi o'r Tap, adra yn Blaenau. Mi gawson ni groeso iawn yno, ond doeddan nhw ddim am adael i ni ganu na chwara'r gitâr, gan nad oeddan nhw i fod yn agored yr adeg hynny o'r nos.

Roeddan nhw'n syrfio absinthe yn y ffordd gywir – yn gadael iddo ddiferu o beipen fach ar ochr rhyw fath o demijohn, ac i mewn i wydr trwy lwmp o siwgr. Roedd o'n cymryd tua chwarter awr braf i lenwi gwydryn. Tra'n smocio tu allan y drws ffrynt, wedyn, mi basiodd un o'r locals smôc o sgync i mi. Rhwng hwnnw a'r absinthe roedd fy mhen fel ffair a fy nghoesau fel peipiau plastig.

Erbyn wedi pedwar y bora roeddan ni i lawr ar rhyw stryd brysur yn trio cael tacsi. Stopiodd tacsi efo hen ddyn o Iran neu Irac (dwi ddim yn cofio pa un ddwedodd o) yn ei yrru. Pan welodd y gitâr gan Gai yn y sêt gefn, mi ofynnodd i ni ganu cân, felly dyma ni'n canu 'Oes Gafr Eto?' iddo fo. Roedd o wedi gwirioni'n racs, yn clapio ac yn bloeddio "bravo" a ballu ac yn erfyn arnan ni i ganu mwy. Felly dyna wnaethon ni. Dwi'n siŵr y buon ni yn y tacsi am dros ugain munud, ond wnaeth o ond codi €5 arnan ni. Dwi'n rhyw feddwl ei fod o wedi mynd a ni rownd a rownd er mwyn cael clywed mwy o ganeuon...

Lille

Dydd Llun, Mehefin 27, 2016

Roedd yr hogia'n dreifio adra ben bora, yr holl ffordd i Blaenau. Gan mai pedwar ohonyn nhw oedd yn y car, roedd lle i mi fynd efo nhw os fyddwn i'n penderfynu mynd. Doedd y gêm yn Lille ddim tan nos Wener, felly mi fyddai posib cael dau neu dri diwrnod efo'r teulu cyn hedfan 'nôl allan. Ond roeddan nhw'n gadael yr hostel am 8 o'r gloch y bora er mwyn bod yn Calais yn brydlon i ddal y fferi. Ro'n i wedi bod i fyny tan hannar awr wedi pump.

Ro'n i'n dal i gysgu pan ffoniodd Gai fi toc cyn wyth. Roedd Ceri mewn poen ac yn amau ei fod o wedi torri'i fraich. Roeddan nhw eisoes wedi bod i'r pharmacia i brynu ibuprofens iddo. Holodd Gai os o'n i'n dod, ta be? Gwrthodais y cynnig a diolch iddo am ffonio, cyn dymuno siwrna saff iddyn nhw a mynd yn ôl i gysgu.

Gysgis i ddim llawar, achos roedd sŵn fy ffôn wedi deffro rhai o'r bobol eraill oedd yn rhannu'r dorm – Mecsicans a gyrhaeddodd jysd cyn i ni adael am Montmartre – ac roedd rheini ar eu traed, yn smocio ar y balconi, yn iwsio'r bathrwm ac yn pacio'u bagiau.

Roedd peidio mynd adra'n benderfyniad doeth. Rŵan fod Cymru yn rownd yr wyth olaf roedd hi'n mynd i fod yn amhosib bwcio ffleit yn ôl allan – dim am bres call, beth bynnag. A doedd gennai *ddim* awydd diwrnod cyfan o deithio ar drenau a llongau, neu fysus, i Lille.

Ar ôl yfed potel o ddŵr ges i frecwast ym mar yr hostel. Digon o ham a chaws a bara, a llwyth o goffi. Wedyn dwy botel o Heineken i'w olchi fo i gyd i lawr. Roedd 'na ddîl 'dau am €5', felly pam ddim? Rhois ddwy ewro mewn locyr i lawr y grisiau i gael storio fy mag dillad am hyd at ddwy awr, ac es i eistedd ar y feranda uwchben y gamlas i chwilio am drên a llety yn Lille ar Wi-Fi'r hostel.

Blond, blond, blond, blond, blond...

Mi gysylltodd Hywel yn holi be oedd fy mhlaniau, ac mi ddudais bod fy llygaid ar drên hannar awr wedi dau.

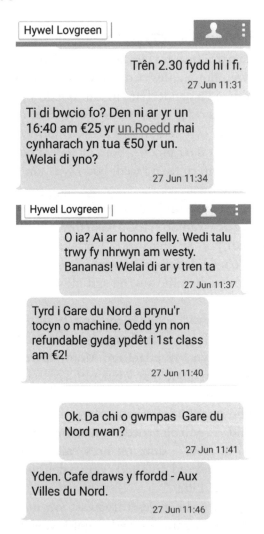

Alla i ddim canmol system drenau a metro Paris ddigon. Mae o mor hawdd i'w ddefnyddio fysa plentyn yn gallu'i wneud o. Ond mae lemon canol oed *dyscalculic* a tecnoffobig sydd wedi bod yn yfed absinthe am hannar awr wedi tri y bora, ac sy'n dueddol o gael blond moments, yn stori arall.

I ddechra efo hi, wrth fynd i brynu ticed trên i Lille, fuais i'n ciwio am oesoedd wrth un o ddau beiriant gwerthu ticedi yn Metro'r Gare du Nord. Wedi cyrraedd y mashîn a dechrau dilyn y *destructions* mi sylwais i 'mod i wrth y peiriannau ticedi trenau lleol. Roedd y peiriannau ticedi trenau cenedlaethol i fyny grisiau YN Y STESION DRENAU nid yn y Metro.

Wedi esgyn i'r llawr iawn, sef lefel y stryd, aeth pethau hyd yn oed yn fwy blond. Ers i mi fod yn Ffrainc, ro'n i wedi bod yn prynu tocynnau trên o beiriannau yn ddigon didraffarth (er i mi orfod cael help gan berson caredig y tro cyntaf). Ond roedd hynny'n teimlo'n bell yn ôl yn fy nghof niwlog o'r dair wythnos ddwytha. Felly, er bod fy isymwybod yn gwbl hyderus mai'r daleks melyn oedd i'w gweld ymhob man oedd y peiriannau ticedi cywir, doedd fy rhesymeg ymwybodol ddim cweit mor siŵr. Be oedd yn fy ffwndro fi oedd y ffaith bod cymaint ohonyn nhw – ugeiniau o'nyn nhw, a'r rhan fwya heb unrhyw un yn ciwio o'u blaenau. Doedd bosib fod pethau mor hwylus â hynny, meddyliais, wrth i'r 'Pen Prydain' feddiannu fy meddwl – y pen oedd wedi arfer efo gwasanaeth llinyn trôns a chiwiau wrth yr unig beiriant ticedi yn yr orsaf.

Na, no wê mai rhain oeddan nhw. Nefar. Felly, yn hytrach na mynd at un i jecio, mi giwiais o flaen swyddfa wybodaeth a holi lle oedd y peiriannau ticedi. Dwi'n siŵr fod y ferch tu ôl y cownter yn meddwl bo fi'n fethedig (doedd hi ddim yn bell o'i lle). Y daleks melyn, rheiny oedd ymhob man, *oedd* y peiriannau ticedi. Ydw, dwi fod yn blond...

Ok 27 Jun 11:46	Ha ha. Roswn yma amdanat. 27 Jun 12:57
Blydi hel, pam fo steshon mor fawr efo mond 2 beiriant ticedi? 27 Jun 12:37	Dwi dros ffordd i'r stesion. Dros ffordd i'r tu cam. Ydan ni wrth yr un mynedfa dwad? Gad wbod ac mi ddoi draw atoch. 👍👍👍💬 27 Jun 13:06
Oni yn ciwio wrth y petha rong!!! # ffycin absynthe!! Haha	

Hywel ac Yvonne ddaeth draw ato fi yn y diwedd, rhyw chwarter awr ar ôl i fi decstio'r uchod. Roedd hi'n braf dal i fyny efo nhw – yn iawn, hynny ydi, gan nad oedd pum munud sydyn wrth ganu 'Y Brawd Houdini' mewn bar yn Montmartre ddim cweit yn cyfri!

Mi gawsom beint neu ddau, tan i staff y bar ddechrau anwybyddu'n harchebion. Dyma pryd y dois i ddallt be'n union oedd pobol o rannau eraill Ffrainc yn feddwl wrth ddweud nad oedd pobol Paris yn gyfeillgar – wedi cael eu hanwybyddu mewn bar twristaidd dros ffordd i orsaf drenau oeddan nhw! Neu wedi gorfod talu am awyr iach...

First class, mo!

Roedd yr ypgrêd i Ddosbarth Cyntaf yn werth pob dima o'r €2 ychwanegol. Hon oedd y daith drên fwya gyfforddus i mi erioed fod arni. Ro'n i'n teimlo fel Gérard Depardieu – tasa Gérard Depardieu yn defnyddio trafnidiaeth gyhoeddus. Cyrhaeddom Lille am ddeg munud i chwech. Daethom allan o'r orsaf a cherdded syth heibio'r Fan Zone am ganol dre. Cawsom le i eistedd yn un o'r bariau oedd ar y sgwâr cyntaf, reit o flaen y Gare de Lille Flandres.

Ar ôl cwpwl o beints i setlo, defnyddio'r Wi-Fi i gael ein bêrings a threfnu i gwrdd yn nes ymlaen, mi aeth Hywel ac Yvonne am eu gwesty nhw, ac es innau am fy un i, oedd rhyw ugain munud o waith cerdded, drwy'r Place du Général-de-Gaulle, i lawr y Rue Nationale ac i'r dde i Rue Colson. Aparthotel Adagio oedd y gwesty, yr un gadwyn â fy llety yn Rennes. Hwn oedd yr unig westy oedd ar gael yn Lille pan archebais o, ac roedd y pris yn adlewyrchu hynny. Cymryd mantais go iawn, yn enwedig o weld ar ôl cyrraedd fod digonedd o stafelloedd gwag yno. Ond o leia roedd o'n agos at y ddwy stryd hir – Rue Masséna a Rue Solférino – oedd yn llawn o fariau a llefydd bwyta.

Roedd y ferch yn y Dderbynfa yn rhugl ei Saesneg, ac er i mi drio dangos fy hun efo 'chydig o Ffrangeg roedd hi'n mynnu fy ateb yn yr iaith fain. Roedd hi'n annwyl iawn hefyd, ond braidd yn rhy siaradus. Fuais i yno am chwarter awr a mwy, bron â marw isio rhoi fy nhraed i fyny ar ôl cario'r bag dillad mor bell, yn gwrando arni'n egluro pob manylyn ynghylch fy arhosiad yn Lille, gan dynnu map allan a marcio mewn beiro lle'r oedd y tafarnau, y Metro, yr Hen Dref, y sŵ ac amrywiol atyniadau eraill. Www, ia, wrth gwrs, bydd *rhaid* i fi fynd i weld yr 'Ornate 17th Century Stock Exchange' cyn mynd adra...!

Butlins, a methu cyfle...

O'r diwedd mi ges fynd am fy stafall, ar bumed llawr un o'r blociau 'cytiau-ieir' Butlinsaidd oedd allan yn y cefn, tu ôl y prif adeilad. Wedi cael cawod a gorffwys es i allan i 'nôl cwrw a gwin, a bwyd y medrwn ei goginio yn y gegin fach oedd yn y stafall. Fuais i'n siarad efo Rhian a Geth ac yn gwylio ychydig o deledu. Cofiais am gêm Lloegr a Gwlad yr Iâ, ond methais yn lân â chael sianel oedd yn dangos y gêm. Yna mi ges i'r sgôr terfynol ar fy ffôn, ac aeth Facebook yn boncyrs! Digon o heileits o'r goliau ar y teledu wedyn, a'r dathliad Feicing hwnnw gan yr Islandwyr!

Ro'n i wrth fy modd efo'r canlyniad, wrth reswm, ond ro'n i hefyd yn diawlio fy mod wedi anghofio rhoi bet ar Wlad yr Iâ. Ro'n i'n hollol, hollol ffyddiog y byddan nhw'n ennill. Doedd dim byd yn fwy sicr. Ro'n i wedi cadw golwg arnyn nhw yn eu hymgyrch i gyrraedd Ffrainc, ac mi oeddan nhw ar frig eu grŵp tan y gêm ola un, ac wedi curo'r Iseldiroedd ddwywaith. Roeddwn hefyd wedi gweld eitem *Football Focus* ar sut roedd Gwlad yr Iâ wedi buddsoddi mewn canolfannau hyfforddi pêl-droed dan do, fel bod y genhedlaeth newydd yn gallu aros yn y wlad trwy'r flwyddyn i hyfforddi a chwara gemau – ac mi oedd hynny'n dechrau talu ar ei ganfed wrth i'r to newydd o chwaraewyr talentog ymuno â'r timau cenedlaethol hŷn. Mewn geiriau syml, ro'n i'n ffansïo Gwlad yr Iâ gymaint yn erbyn Lloegr, roeddwn yn mynd i bloncio'n dew arnyn nhw. Taswn i wedi gwneud, mi fyddai wedi talu am fy nghwt ieir Butlins.

Er 'mod i wedi blino yn dilyn ecsploits absinthaidd y noson gynt, mi es draw i'r sgwâr wrth orsaf Lille Flandres i gwrdd â Hywel ac Yvonne. Aethon i rhyw far lle'r oedd un neu ddau o locals a tua hannar dwsin o Saeson ifanc. Mi fuom yn sgwrsio efo'r Saeson – ffans Coventry oedd rhai, os dwi'n cofio'n iawn, ac roedd un ohonyn nhw'n debyg iawn i Jamie Vardy (oedd yn dipyn o *running joke* ganddyn nhw, ond un aeth braidd yn stêl i bawb arall yn go fuan). Roeddan nhw'n fois iawn, fodd bynnag, ac ar ôl tynnu eu coesau nhw mi fuon ni'n trafod canlyniad Lloegr. Ffans pêl-droed fel ninnau oeddan nhw, yn gwario ffortiwn i ddilyn eu gwlad i bob ffeinals, dim ond i gael eu siomi bob tro. Roeddan nhw i gyd wedi pleidleisio i aros yn Ewrop hefyd. A be gawson nhw? Eu gwlad *a'u* tîm cenedlaethol yn gadael. O, bechod, ynde!

Dydd Mawrth, Mehefin 28, 2016.

Fuais i'n diogi drwy'r bora, yn gwylio a darllen ymateb hysteraidd y Saeson i ymadawiad eu tîm o'r Ewros ar y teledu a'r We. Gwyliais adroddiad BBC News o'r gêm, yn canolbwyntio ar 'drychineb' Lloegr yn hytrach na champ Gwlad yr Iâ. Doedd dim gair am berfformiad cryf y bois mewn glas. Disgrifiwyd eu gôl gyntaf fel "bundled in at the far post", tra mai'r gwir plaen oedd tafliad hir i mewn i'r bocs, curo Wayne Rooney (mor hawdd â dwyn balŵn gan fabi) i'r beniad ymlaen at Ragnar Sigurðsson, a hwnnw'n cymryd ei gyfle'n wych wrth sleidio i mewn a blastio'r bêl i'r rhwyd ar y foli o chwe llath.

Yn naturiol, roedd Facebook a Twitter yn hileriys, efo pob math o *memes* a GIFs, fideos a ffotoshops digri. Roedd Cymru (a hannar y byd) yn ymhyfrydu yn nioddefaint Lloegr, ac yn neidio ar y cyfle i rwbio'u trwynau nhw ynddi. A'r Saeson fel tiwn gron yn eu 'galar cenedlaethol' yn gresynu a gwaradwyddo fod un o "gyd-genhedloedd Prydain" nid yn unig heb gydymdeimlad, ond efo'r hyfdra i ddathlu eu colled. Roeddan nhw eisoes wedi cael pen Hodgson ar blât, rŵan roeddan nhw am i'r tîm cyfan gyflawni *harakiri.*

Ac i roi halen ar eu briwiau, mi fyddai fideo o sgwad Cymru'n dathlu buddugoliaeth Gwlad yr Iâ (a cholled Lloegr) yn dechrau gwneud y rownds ar y rhwydweithiau cymdeithasol, gan esgor ar gôr o gwynion ac owtrêj. Bu rhaid i Chris Gunter ateb cwestiwn am y peth mewn cynhadledd i'r wasg hyd yn oed (ac mi wnaeth o joban dda ohoni hefyd!).

Dyna ddigon am Lloegr. Yr unig beth oedd yn cyfri go iawn oedd y rhestr gemau isod:

Mae 'na ddigon o lefydd i yfed yn Lille. Ond o ran y bariau yfed a thafarnau (yn hytrach na'r café-bars drud a ffansi), doeddan nhw ddim yn agor tan ddiwedd y pnawn. Fodd bynnag, mi ddois o hyd i far bach o'r enw L'Imprévu oedd yn agor yn gynnar, yn cael ei redeg gan Ffrancwyr o dras Hispanaidd – criw o fois da a roddodd groeso i mi bob bora pan o'n i'n galw i gael fy nau neu dri 'peint brecwast' a defnyddio'u Wi-Fi.

Vive la Révolution!

Y diwrnod cyntaf hwn, roedd hi'n brynhawn cynnar arna i'n cyrraedd L'Imprévu. Tra'n eistedd wrth fwrdd tu allan, mi sylwais fod yna rywfaint o bobol yn cerdded heibio gan gario fflagiau coch ac yn gwisgo crysau-T'r undebau llafur. Cyn hir mi glywais sŵn drymio yn dod o gyfeiriad y Rue Nationale, ac ambell i ffrwydriad tân gwyllt uchel iawn. Mi allwn glywed llais yn traethu trwy uchelseinydd, ac mewn ychydig funudau roedd gorymdaith enfawr yn pasio i lawr y stryd.

> **Dwi ar y Rue Masséna. €5 y peint. Bar o'r enw L'imprevu. Sesh on?**
>
> 28 Jun 14:42

> **Ffyc mi mae na ffwc o brotest wedi mynd heibio. Bang-bangs a bob dim ganddyn nhw. Vive la revolution!**
>
> 28 Jun 15:19

Dyma fy ail brofiad o'r ymgyrch barhaol yn erbyn y mesurau gwrth-ddemocrataidd oedd yn cyfyngu hawliau protestio yn Ffrainc. Atgoffwyd fi nad oedd pethau'n haf o hyd yn Ffrainc. A minnau ar 'fy ngwyliau', yn byw y freuddwyd bêl-droed efo Cymru a blasu Ffrainc ar ei gwedd orau. Y wlad braf a chyfeillgar, groesawus a bodlon – hawdd gallu anghofio fod is-gerrynt o anfodlonrwydd yn bodoli ymysg carfanau helaeth o'r boblogaeth. Roedd ymgyrch mudiadau'r chwith a rhyddfrydol yn erbyn deddfau adweithiol y Llywodraeth yn dangos fod rhaniadau gwleidyddol ac eidiolegol dwfn yn corddi o dan yr wyneb. Roedd pryderon ynghylch eithafiaeth Moslemaidd hefyd, wrth gwrs, ac yn ei sgil, rhaniadau cymdeithasol a thwf sylweddol a pheryglus yn y gefnogaeth i'r Front National a mudiadau eraill ar y dde eithafol. Ar ddiwedd y dydd, er gwaetha'r haul a'r cwrw, y ffiesta o bêl-droed a'r *bonjour et bienvenue*, roedd ansefydlogrwydd parhaus yn cyniwair yng ngwlad y gwin a'r grawnwin a hinsawdd o anoddefgarwch diwylliannol yn tanseilio'r *liberté, égalité, fraternité.*

Dydd Mercher, Mehefin 29, 2016

Y ffan yn y toilet yn fy stafall oedd unig egseitment y bora. Na, doedd dim ffan pêl-droed wedi pasio allan yn y bathrwm, a doedd dim ffan o fy limrigau wedi dod drosodd o Awstralia i fy stalkio, ac yn cuddio yn y gawod. Y ffan, sef y peth sugno hogla drwg allan drwy'r to oedd yn gwneud sŵn, a doedd dim ffordd o'i ddiffodd.

Es i lawr i'r Dderbynfa i weld os oedd modd gwneud rhywbeth yn ei gylch. Diolch i'r nefoedd, doedd y ferch siaradus ddim yno. Yn ei lle roedd dyn du canol oed, oedd efo synnwyr digrifwch gwych. Mi ges i decall ganddo (gan 'mod i wedi bod yn defnyddio sosban i ferwi dŵr i wneud panad), a *duvet* ychwanegol ar gyfer fy mêt, Drwgi, oedd yn dreifio yr holl ffordd i Lille ac yn cyrraedd nos yfory, a llwyth o bog-rols ychwanegol – ac mi alwodd ar ddyn i ddod i sortio'r ffan. Mi ddaeth hwnnw i fyny efo fi'n syth. Ffrancwr clên oedd yn dilyn pêl-droed. Mi edrychodd ar y ffan a throi'r darn crwn yn y canol cwpwl o weithiau, ac mi stopiodd y sŵn yn syth.

Es i allan wedyn, ac ar fy mhen i'r L'Imprévu ar y Rue Masséna. Ar ôl yfed cwpwl o beints tra'n gwylio'r byd yn mynd heibio, mi es draw i'r Place du Général-de-Gaulle i gwrdd â Rhodri Tomos, gohebydd safwe newyddion BBC Cymru Fyw. Roedd o wedi cysylltu yn ystod y bora i ofyn os liciwn i recordio sgwrs, a cytunais i gwrdd â fo am un o'r gloch. Mi ges i goffi tra'n ateb ei gwestiynau, wrth fwrdd tu allan i far ar y Place, efo camera ei ffôn a meicroffon bach ar y bwrdd o fy mlaen. Wnaethon nhw ddim defnyddio fideo'r sgwrs, sydd yn biti, gan ei bod dipyn yn fwy difyr na'r dyfyniadau a ddefnyddiwyd yn y darn. Mae geiriau'n gallu colli'u hwyliau ac ysbryd wrth gael eu trosi i brint dienaid du a gwyn.

"Cwrw cry, cry, cry, ie fin-gry, fin-gry, fin-gry, foel gynffon-gry, foel gynffon-gry, ystlys gry a chynffon, cry cry cry..."

Roeddan ni 'di gorffan y sgwrs mewn hannar awr, ac mi decstiais Hywel i weld lle'r oeddan nhw arni. Daeth yr ateb am 2pm. Roeddan nhw yn y sŵ. Erbyn 3.30pm roeddwn yn ôl yn y gwesty ac wedi yfed potel o win coch wrth wylio'r adroddiadau pêl-droed ar y teledu. Am 4pm, roeddwn hannar ffordd drwy botel arall ac yn chwara efo'r syniad o aros i mewn am y noson, pan ddaeth tecst arall gan Hywel yn dweud eu bod nhw bellach yn cael peint ar y Rue Masséna.

Daliais i fyny efo nhw mewn bar o'r enw Zythum Café – ar stryd fach oedd yn cysylltu Masséna efo'r Rue Solférino – yn yfed efo cwpwl ifanc lleol. Roedd y boi, oedd o Wlad Belg yn wreiddiol, yn rhedeg bragdy-meicro ei hun, ac yn bragu cwrw cryf ofnadwy. Ac am ei fod o'n arbenigwr ar gwrw cryf, mi oedd o'n mynnu mynd â ni ar daith o amgylch bariau oedd yn gwerthu amrywiol fathau o gwrw roedd o'n ein hargymell i'w trio. Mae rhaid i mi gyfadda, mi oedd o'n dallt ei stwff. Achos mi oedd pob un math o gwrw a yfais i nid yn unig yn blasu'n neis, ond yn ddigon cryf i feddwi'r Statue of Liberty.

Y dyn creu cwrw cryf.

Dydd Iau, Mehefin 30, 2016

Pen: 2/10 Mewn twll yn Llanfairpwll
Corff: 1/10 "Does not compute..."
Hwyliau: 1/10 "Malfunction... malfunction..."
Siarprwydd: Meltdown
Brên: Evacuate
Amynedd: 0.0001 eiliad
Stad: Deffro'n hannar noeth ar ben y gwely efo fy ffôn ar fy ngwynab

Dwi'm yn cofio mynd 'nôl i'r gwesty ar ôl y cwrw cryf. Ond roedd hi'n reit fuan – hannar awr wedi naw, yn ôl manylion selffi dynnais ar fy ffordd adra. Hon oedd y noson ges i rant feddw ar Facebook, yn diawlio pobol oedd yn fy haslo am dicad i'r gêm. Roeddwn wedi meddwl cael sgwrs Facetime efo Rhian a Geth, ond wedi agor Facebook roedd 53 o negeseuon Messenger yn haslo am dicedi. Ydw i'n EDRYCH FEL FFYCIN TICKET OFFICE?! Be oedd wedi fy ngwylltio fwya oedd nad oedd eu hannar nhw hyd yn oed yn fy nabod i, ond yn bobol oedd wedi ymuno efo grwpiau cefnogwyr Cymru ar Facebook

yn un swydd i haslo am dicedi. Ac mi o'n i'n flin hefyd,'mod i wedi methu siarad efo Rhi a Geth, gan fy mod wedi disgyn i gysgu ar ôl teipio'r rant... a deffro efo'r ffôn (sydd â'i chas yn agor fel llyfr) ar fy ngwynab.

Mi fydda hi'n rai dyddia cyn i Rhian ddweud wrtha i 'mod i *wedi* bod yn siarad efo nhw y noson honno. Dwi'n cofio dim, ond dyma *screenshot* a yrrodd Rhian i mi er mwyn profi hynny. O diar...!

Ryff? Ro'n i'n teimlo fel bod haid o feicwyr wedi seiclo drostaf i. Shêcs? Bron i fi fethu llnau 'nannadd. Fedrwn i ddim bwyta, ac roedd yfed dŵr yn ddigon i wneud imi gyfogi. Roedd fel pe tai'r dair wythnos ddwytha wedi fy nharo i gyd ar unwaith. Hangofyr hen ffasiwn? Roedd hwn yn *prehistoric*! Roedd y 'daith cwrw cryf' (ar ôl potel a hannar o win) wedi fy lladd i. Ac roedd *rhaid* mynd i'r Gyfnewidfa i newid fy *vouchers* am dicedi'r gêm i Drwgi a minnau... Doedd aros tan fory – bora'r gêm – ddim yn opsiwn. Yyyyrg...!

Doedd dim dewis ond *man up* a mynd amdani. Felly allan â fi i'r stryd. Roedd hi'n bwrw glaw. Dwn i'm lle ddaliais i'r metro, ond dwi'n cofio prynu ticed ac yn cofio mynd arno. Roedd angan newid yn Gare Lille Flandres, ond ddois i fyny i'r awyr iach yn hytrach na gwneud hynny, achos ro'n i'n teimlo'n sâl ac yn chwysu fel offeriaid mewn gala nofio.

Cerddais weddill y ffordd, yn y glaw, gan ddilyn dim arall heblaw fy synnwyr cyfeiriad. Pan gyrhaeddis i'r lle, fi oedd yr unig un yno heblaw am y dynion seciwriti a'r genod tu ôl y cownter. Gofynnodd y ferch i mi am fy mhasport, tynnu fy llun a gofyn imi arwyddo'r ffurflen briodol a rhoi'r dyddiad arni. Gofynnais be oedd y dyddiad. "Trente-Juin – thirtieth of June," atebodd yn glên. "My birthday!"

"Well, happy birthday," medda finna, a'i gadael yn gwenu o glust i glust. "Have a lovely day."

Doedd fy synnwyr cyfeiriad ddim cystal ar y ffordd yn ôl. Ro'n i'n rhy coci, dwi'n meddwl, ar ôl fy llwyddiant ar y ffordd i'r Gyfnewidfa, ac mi driais i gymryd short-cỳt. Ond doedd hi'm yn hir cyn i fi ddod yn ôl at Gare Lille Flandres, ac er 'mod i'n dal yn dendar es i mewn i far a phrynu hannar o lager a mynd allan i sefyll o dan y canopi i'w yfed yn araf deg. O fy nghwmpas roedd llwyth o Gymru o Gaerdydd a'r Cymoedd, newydd gyrraedd ar y trên.

Er mai yfed fesul sip oeddwn i, ro'n i'n dal i gael traffarth i gadw'r stwff i lawr. Wedi hannar awr o gysgodi sylwais fod y glaw yn 'sgafnu, a bod rhyw obaith ei bod hi am godi. Rhois 'glec' i'r fodfadd a hannar ola o gwrw ac i ffwrdd â fi.

Yn anffodus, doedd fy stumog dal ddim yn barod am lager – boed ond yn fodfedd ai peidio – yn enwedig mewn gwydr plastig. Hannar ffordd i lawr y stryd nesa, eiliadau ar ôl i mi dynnu'r llun hwn o Gérard Depardieu mewn gwisg Wookie, saethodd fy stumog yr hannar o lager allan dros y pafin.

'Nôl yn y stafall, fuais i'n gorffen y trefniadau roeddwn wedi eu dechrau dros y deuddydd dwytha – ffleit adra efo Flybe ar ôl gêm Gwlad Belg (a thicad trên i faes awyr Charles de Gaulle, Paris) a ffleit rad easyJet yn ôl allan o Lerpwl i Geneva ar gyfer y semi-ffeinal yn Lyon. Os na fyddan ni'n curo Gwlad Belg, dyna ni, roeddwn adra ac ond yn colli £55.49 (sef pris y ffleit easyJet). Os fyddai Cymru'n curo, mi fyddwn wedi safio ffortiwn, gan fyddai bwcio ffleit allan wedyn yn costio bom – ac yn waeth fyth, mi fyddai bron yn amhosib *cael* un.

Mwncwns, pelicans a darts

Erbyn hannar awr wedi pedwar, fodd bynnag, roeddwn i lawr yn y sŵ yn tynnu lluniau mwncwns a pelicans anferth er mwyn eu gyrru i Geth.

Wedi dod at fy hun rywfaint ges i gwpwl o beints efo Geth Jones, Geraint, Carwyn a Tom, rhai o'r criw ifanc o Blaena oedd yn dal allan yn yr Ewros, mewn rhyw dafarn ym mhen ucha'r Rue Solférino. Mae dau o'nyn nhw'n chwara darts i un o dimau'r Tap, ac roeddan nhw wrthi'n chwalu criw o bump o hogia o Lundain, ac eisoes wedi ennill €20 gan bob un

Dyma fi yn nyrsio fy hangofyr.

o'nyn nhw. West Ham a Spurs oedd y Cocnis, a hogia grêt. Ond ddim yn grêt ar ddarts...

Os dwi'n cofio'n iawn mi gyrhaeddodd Drwgi Lille o gwmpas tua un ar ddeg y nos. Mi ffoniodd i ddweud ei fod o wedi parcio heb fod ymhell o'r stesion a'i fod o mewn bar "dros ffordd i'r ffowntens sdi, tip top ynde wa. Yyyyy cym on". Ddudais i wrtho y byddwn yno mewn chwarter awr. Wedi 'nôl ei gar, mi ddreifion ni at y gwesty, rhoi ffling i'w fag i'r stafall a mynd yn ôl allan am beint.

Dydd Gwener, Gorffennaf 1, 2016
Cymru 3–1 Gwlad Belg, Stade Pierre Mauroy, Lille
Aduniad efo'r faner!

Roedd hi'n anodd coelio pa mor wahanol oedd y Place du Général-de-Gaulle ar ddydd y gêm. Am bedwar diwrnod roedd o wedi bod yn lle eitha sidêt – er yn ddigon prysur – efo'i adeiladau crand, addurniedig a'i gafé-bars a'i restronts ar bob ochr i'r sgwâr, a'r ffownten a chofgolofn yn ei chanol. Ond heddiw, roedd y lle'n goch i gyd – ffans Cymru gan fwya – a lle bynnag yr edrychai rhywun roedd baneri hogia Cymru'n hongian ar y waliau. Ac wedi trefnu i gwrdd â Iolo wrth y ffownten, mi ges i fy maner innau 'nôl o'r diwedd. Ac o, mor llawen oedd yr aduniad!

Cramps mo!

Roedd y stumog fymryn yn well erbyn heddiw, ond roedd o'n dal i fod yn delicet. Bu rhaid i mi stwffio cheesebyrgyr i lawr fy nghorn cwac (efo cryn dipyn o draffarth) er mwyn trio creu gwely i sugno'r cwrw fyddwn i'n ei yfed yn ystod y dydd. Yr unig broblem oedd fy mod yn cael ymosodiadau erchyll o boenau cramp yn fy ochrau. Dwi wedi bod yn diodda efo nhw ers blynyddoedd lawar – crampiau arteithiol o boenus yn fy asennau ar naill ochr y frest. Mor boenus ydyn nhw, maen nhw'n fy rhoi fi mewn dyblau. Does dim modd eu cuddio oddi wrth neb. Maen nhw'n dod yn ddirybudd, ac mi allan nhw bara am oriau ar y tro, neu ddim ond am ddeg munud i hannar awr. Y ffordd orau i'w disgrifio ydi fel tasa crafanc cawr yn gwasgu fy ngheseiliau ac yn rhwbio'i fysedd dros fy asennau wrth wneud. Pan fo'r amgylchiadau yn 'ffafriol' i'r crampiau ymddangos – yn aml os nad ydw i wedi bod yn bwyta'n rheolaidd, yn ei hamro hi, neu pan ydw i'n egseitud neu'n stresd – mi wnân nhw daro yn ddirybudd dim ond wrth i mi chwerthin, neu wrth i mi symud fy mraich wrth wisgo neu wrth estyn i gau cria fy sgidiau. Heddiw, roedd y crampiau'n taro efo dialedd. Doeddwn heb gael ymosodiad drwg ers cyn gadael Cymru, ond yn Lille, mi oeddan nhw fel 'taen nhw isio dal i fyny efo'r amser coll. Tra'n sefyll wrth y ffownten yn aros am fy maner, ro'n i'n plygu fel stwffwl efo'r poen. Dwi'n cofio'r Shwl Di Mwls a Richard Jones yn pryderu amdanaf, a Drwgi yn mynnu y dylwn brynu quinine, sydd i fod i helpu efo *cramps*. Ond dwi'n gwybod o brofiad nad ydi'r crampiau'n stopio tan eu bod nhw'n barod i stopio. Felly, dim ond dioddef allwn i wneud. Mi barhaodd y diawliad am oriau y diwrnod hwnnw, er iddynt arafu yn ddiweddarach yn y pnawn.

Fodd bynnag, wedi cael fy maner yn ei hôl cafwyd aduniad arall draw yn y sgwâr drws nesa, y Place de Théâtre. Aduniad efo'r Lyfgrins – Hywel ac Yvonne, Geraint ac Eleri – a Gilly a Jamie o Drenewydd. Wrth far Brasserie de la Cloche fuon ni drwy'r pnawn, lle'r oedd rhyw *marquee* fach y tu allan. Roedd o'n lle handi i weld 'pawb'. Wnai ddim enwi pob un, neu fyddwn i yma tan Nadolig. Ond mi ges i ddal i fyny efo rhai o griw Wrecsam, o'r diwedd, ac mi oedd hynny – fel pob tro – yn bleser pur.

Er mai Lerpwl oedd, ac ydi, tŷ ni, roeddwn yn mynd i wylio Wrecsam pan yn blentyn, gan fod ewyrth i ffrind i mi yn mynd â llond car ohonom i'r Cae Ras pan oeddan nhw yn yr hen Ail Adran. Ac er mai prin iawn y bûm i'w gwylio yn y blynyddoedd ers hynny, mi ges i'r pleser o deithio efo llond bws o ffans Wrecsam i gêm Cymru ym Mrwsel yn ystod yr ymgyrch i gyrraedd Ffrainc. Criw tafarn y Turf oeddan nhw ac mi wnes i ffrindiau am byth efo nhw. Mae Geraint, Hywel a Gilly yn gefnogwyr selog y clwb, a diolch iddyn nhw ges i le ar y bws hwnnw – profiad fydd yn aros efo fi am byth. Yn Ostend oeddan ni'n aros am ddwy noson, ac mi stopion ni i wylio Wrecsam yn chwara yn Braintree ar y ffordd. Felly roedd hi'n braf iawn i weld rhai o'nyn nhw eto – adeg gêm arall yn erbyn Gwlad Belg!

Mi gwrddais â llu o bobol am y tro cyntaf hefyd, rhai diarth a rhai oedd yn ffrindiau Facebook. Da oedd cael peint efo Howl Griff ac Owen Powell – a chwrdd â boi o ochrau Harlech roeddwn wedi crasho i mewn i'w fan o 'nôl yn 1997 (wel, nid fi wnaeth, ond ro'n i yn y car).

Ond y profiad gorau un oedd cael sesh hen ffasiwn efo'r Lyfgrins a Gilly eto, ac wrth gwrs – cael un o fy ffrindiau gorau drosodd efo fi, sef y Brawd Drwgi, y lejand Neij Drwg, oedd efo fi yn Cyprus yn ystod yr ymgyrch i gyrraedd Ffrainc. Yyyyyy cym on...!

A doedd y diwrnod ddim yn gyflawn heb drip bach sydyn i'r *pharmacia* agosa. Roedd digon o ddewis wrth gwrs, ond mi es am yr un fwya. Yn rhyfedd reit, roedd y siop wrthi'n cael ei hadnewyddu, a'r stafall – oedd yr un maint â Lidl Port – wedi cael ei gytio'n llwyr gan yr adeiladwyr. Ond draw yn y cefn, roedd y stondin yn dal ar agor. A tu ôl y stondin roedd silffoedd. A tu ôl y silffoedd roedd stordy. "Ibuprofen, s'il vous plaît," medda fi. "200mg or 400mg?" holodd y dyn. "Quatre cents," atebais, cyn iddo ddiflannu i'r cefn i'w creu nhw...

Belgiaid!

Mae ffans Cymru yn rhai da am greu awyrgylch. Ond mae'r Belgiaid yn boncyrs. Ac yn swnllyd. Roedd yna filoedd o'nyn nhw wedi meddiannu'r sgwâr, yn fyddin goch, melyn a du oedd yn llenwi'r sgwariau a'r strydoedd, wedi llifo dros y ffin oedd ond ychydig filltiroedd i ffwrdd. Roedd hi fel gêm gartra iddyn nhw. Ac fel y Cymry, maen nhw'n yfed fel pysgod, ac ar y cyfan yn gyfeillgar a hwyliog dros ben. Ond yn wahanol i'r

Cymry, maen nhw'n gwisgo i fyny mewn costiwms a hetiau o bob math, i gyd yn lliwiau eu gwlad. Maen nhw hefyd yn cario tân gwyllt; bang-bangs swnllyd sy'n swnio fel ffrwydriad bom. Tasa ISIS yn ymosod ar Lille fyddai neb gallach.

Roma!

Ar bob un sgwâr lle'r oedd torfeydd wedi casglu roedd sgwadiau o ferched a phlant Roma (pobl Romani y cyfandir) allan yn gwneud shifftiau hir o fegera proffesiynol. Roeddan nhw wrthi ar raddfa ddiwydiannol. Hynny ydi, gwaith oedd hyn, nid begera oherwydd angan. Niwsans, oeddan, ond yn werth eu gweld. Roeddan nhw ymhob man, yn gwau trwy'r yfwyr efo gwydra plastig yn casglu newid mân gan bawb. Roedd y merched, â'u crwyn â gwedd dywyll Romani, yn hardd (er yn ddigon sych ac anserchus) yn eu dillad gorau a sgertiau llaes lliwgar â phatrymau Dwyreiniol ar eu cotiau. Ac mi oeddan nhw'n gwneud ffortiwn.

Doedd ganddyn nhw ddim owns o fanars, dim gair o 'helô' na gwên na dim. Dim ond sefyll o dy flaen a dal gwydr plastig oedd eisoes yn dri chwarter llawn o ddarnau arian, yn cynnwys darnau ewros cyfan, o dan dy drwyn. Doedd dim stori drist, dim cwyn am anlwc nac anffawd neu dro trwstan, dim ond dal y gwydr i bobol wagio'u pocedi o newid mân. Nid bysgio, nid cardota, ond joban o waith. Ac roedd o'n talu ar ei ganfed. Roedd y plant yn fwy fyth o niwsans, i fod yn onest. Roedd 'na un yn dod i haslo bob munud, bron, a doedd dim pwynt eu hanwybyddu nhw achos mi fysan nhw jesd yn dal i sefyll yno. Yr unig ffordd i gael gwared o'nyn nhw oedd dweud "Shiw!"

Dim ond hyn a hyn all rhywun ei roi – ac mi wnes i roi fwy nag unwaith, a hynny i'r plant, achos mi oedd rhan ohonof yn edmygu eu hyfdra a'u henterpreis. Ond mi oedd ganddyn nhw wynab, myn uffarn i! Mi ddaeth un boi bach ata fi, ac mi ddudais wrtho 'mod i newydd roi pres i'w chwaer fach o funud yn ôl. Mi aeth o i ffwrdd a phasio ei fam, oedd yn pwsio coets a babi, a dangos ei wydr llawn, cyn codi ei hwdi i ddangos y lwmp 'run seis â bag o reis oedd wedi'i stwffio ym mhoced ei jîns, a gwenu'n fuddugoliaethus!

Ynghanol Lille y diwrnod hwnnw roedd tua 100,000 o gefnogwyr pêl-droed meddw. Os oedd pob un wedi taflu ewro i wydr plastig, dychmygwch faint o bres wnaethon nhw. Chwara teg! Hats off!

"We all dream of a team of Chris Gunters, a team of Chris Gunters, a team of Chris Gunters..."

Number one is Chris Gunter,
Number two is Chris Gunter,
Number three is Chris Gunter,
Number four is Chris Gunter...
...Oh, we all dream of a team of Chris Gunters...

Ac ymlaen ac ymlaen, ar dôn y 'Yellow Submarine'.

Oedd, mi oedd y tshants a'r caneuon (a'r dawnsio gwirion) yn fflio mynd erbyn diwedd y pnawn, ac yn yr hwyliau hyn y dechreuom gerdded tuag at y Metro agosa, a hynny tua chwech o'r gloch. Y sôn oedd fod gwaith cerdded i'r stadiwm o'r orsaf agosa ato, felly y peth callaf oedd symud mewn da bryd.

Fel oeddan ni'n gorffen ein peintiau mi ddaeth rhywun o Radio Cymru i ofyn i mi siarad yn fyw o'r stondin roeddan nhw'n ei rannu efo Owen Money a chriw Radio Wales, tu allan bar y Cloche. Er i mi wrthod fwy nag unwaith, pan welais fod un neu ddau o'n criw ni wedi diflannu i biso yn rhywle, mi gytunais i ddeud gair bach sydyn iawn.

"Cofia bod hwn yn *live*, Dewi!"

Doedd dim rhaid iddyn nhw boeni. Mi gadwais bethau'n ddigon call. Roeddan ni'n mynd i ennill. Wedi profi ein bod yn gwybod sut i'w chwara nhw, ac mi fyddan nhw'n nerfus oherwydd hynny. Fel gêm gartra iddyn nhw? Oedd, ond roedd y pwysau i gyd arnyn nhw. Roeddan ni wedi gwneud yn well nag oeddan ni erioed wedi'i ddisgwyl. Doedd dim pwysau arnan ni o gwbl. Eu ffans? Oeddan, roeddan nhw'n or-hyderus. Ac i ffwrdd â fi – Dewi Prysor, pyndit pêl-droed – am y Metro.

Dwi wedi clywed aml i tshant a chân swreal wrth ddilyn Cymru. Yn Bilbao yn 2006, doedd ond tua 300 ohonom yno, a'r rhan fwya yn Gymry Cymraeg. Felly roedd caneuon Cymraeg yn atsain drwy'r San Mames, a'r Basgwyr yn 'shwshio' er mwyn gwrando arnan ni. A'r gân fwya swreal y diwrnod hwnnw – ym **mis Mai**, cofiwch – oedd "Pwy sy'n dwad dros y bryn, yn ddistaw, ddistaw bach..." Ia, y gân gyfan, yr holl ffordd drwodd i, "Siôn Corn, Siôn Corn, helô, helô, tyrd yma, tyrd i lawr!"

Ar y metro gorlawn yn Lille, roedd digon o 'Don't Take Me Home' ac ati, ond ar ein cerbyd ni oedd yr entyrtênment gorau, a ni oedd yn y pulpud. Mi ddechreuodd pethau efo 'Viva Gareth Bale' ("Said he had a bad back, ffyc the Union Jack..."). Wedyn daeth 'Y Brawd Houdini' a 'Living next door to England (England, England, who the ffyc are England?)'. I ddilyn daeth cyfres o tshants gwrth-Lloegr yn cynnwys yr old-skool 'You Can Stick Your Royal Family Up Your Arse'.

Daeth 'Bonjour, bonjour, ça va, oui, oui...' wedyn (roedd rhaid i fi) cyn i ni fynd yn old skool eto efo 'Oh Danny Gabbidon...' a'r un anfarwol sy'n clodfori Nathan Blake (rhai o locar y brodyr o Gaerdydd, dwi'n meddwl) a 'Hey Joey Joey' a llawar mwy, cyn gorffen efo 'We all dream of a team of Chris Gunters...' i'n cario ni oddi ar y metro.

Roedd canu 'hen rigymau Gymru gynt' (clywer dinc y delyn yn y dail) yn waith sychedig. Ac ar ôl gadael y metro cafwyd panic wrth sylweddoli nad oedd pyb yn agos at y stadiwm. Roedd fy ngwddw fel peiriant tyllu twneli yn bygwth darnio fy nhonsils bob tro'r o'n i'n llyncu.

Diolch byth am Bryn Law! Roedd o'n eistedd ar wal efo'i fêts pan oeddan ni'n gadael y stesion, ac mi waeddodd arna i a dod draw am sgwrs. Roedd hi'n dda i'w weld o, achos mae o'n foi rili neis, ond roedd hi hyd yn oed yn well i weld fod ganddo botel o gwrw yn ei law. Wele, yr Iachawdwr!

Gwin coch, gwin coch, yno fyddaf i yn gweiddi'n groch...

Wedi diolch i Bryn am dorri fy syched, aethom yn ein blaenau at y cordon seciwriti cyntaf, lle'r oedd ambell i stiward a copar yn rhyw fath o ddangos y ffordd at gatiau'r stadiwm. Mi ofynnon iddyn nhw os oedd 'na dafarn yn agos. Roeddan ni mewn stad ddiwydiannol, felly roeddan ni'n hannar disgwyl ateb sarcastig. Ond ymddengys fod y sêr yn gwenu arnan ni, achos mi atebodd un efo rhywbeth tebyg i, "Wel... dwi'n siŵr fod 'na rhyw fath o 'hotel' i lawr ffor'cw. Ond fedrai'm bod yn bendant os ydi o ar agor."

Doedd dim angan iddo ddweud mwy. Roedd ganddom rhyw awr i'w lladd, felly aeth y rhan fwya ohonom amdani. Ac wele, nhw a gawsant wlad y llaeth a'r mêl. Pyb! Ac er ei bod yn amlwg fod yna lwyth o ffans wedi bod yno yn gynharach, yn ôl y llanast oedd ar hyd yr ardd gwrw, roedd pethau i'w gweld yn ddigon distaw yno erbyn hyn – heblaw am ambell i griw o Gymry chwil gach. Wrth i mi gyrraedd y drws, daeth boi fu'n sefyll wrth ein hymyl ar y metro allan i fy nghwfwr a rhoi potel o win coch hannar llawn yn fy llaw. Aeth pethau hyd yn oed gwell pan aethon ni mewn i'r bar a gweld mai'r unig beth oedd ganddyn nhw ar ôl oedd ugeiniau o boteli gwin coch (mewn rhesi ar y bar) am €5 yr un. Chuffin 'eck, Frank, mae ef yn paradwys!

Y Dyn Daffodil!

Tu allan, roeddan ni'n siarad efo cwpwl o fois o Cwmbrân, pan sylwom ar ryw foi tal, main efo un o'r ffycin daffodils plentynnaidd 'na mae merchaid a nobs yn eu gwisgo am eu pennau mewn gemau rygbi. Ar ôl rhoi ambell i *salvo* cellweirus iddo, mi alwom o draw, ac egluro wrtho nad oedd y daffodil yn cynrychioli pêl-droed Cymru, ei fod o'n rhywbeth rygbi yn unig ac nad oedd o'n rhan o ddiwylliant pêl-droed Cymru o gwbl, no nefar, amen. Mewn geiriau eraill, roedd o'n edrych fel twat.

Doedd o ddim yn dallt, wrth gwrs, ond dwi'n siŵr fod ein cenhadu wedi tanseilio ei hyder yn noethineb ei benwisg, achos mi welson ni o'n tynnu'r daffodil i ffwrdd rai munudau wedyn. Roedd gobaith i ddynoliaeth o hyd.

Hal! Robson! Hal Robson-Kanu!

Ar ôl gêm Rwsia ro'n i'n meddwl fy mod wedi gweld perfformiad gorau Cymru erioed. Ond doedd hynny'n ddim byd o'i gymharu â hyn! Oni bai am roi gormod o le i Nainggolan sgorio gôl wych ar ôl llai na chwarter awr, mi wnaeth Cymru chwarae'r Belgiaid oddi ar y cae. Nid yn unig hynny, mi wnaethon ni eu owt-clasio nhw, eu bwlio nhw a'u bòsio nhw drwy gydol y gêm. Doeddan nhw'm yn gwybod be oedd wedi'u hitio nhw.

Roeddan ni'n eitha uchel yn y stand tu ôl y gôl, mwy i gyfeiriad y gornel chwith (fel oeddan ni'n sbio) nag at y gôl, lle'r oeddan ni'n gallu gweld meistrolaeth lwyr y Cymry. Roeddan ni'n gweld patrwm y gêm yn glir, ac ar wahân i ganu a gwenu, allan ni wneud dim byd ond edmygu cyfraniad, gwaith caled a sgiliau pob un o'n chwaraewyr wrth iddyn nhw redeg Gwlad Belg i'r ddaear, cyfyngu a chrebachu eu gêm a'u hysbryd, gwasgu eu hyder i ddim a thawelu sŵn eu cefnogwyr i fawr mwy nag ochneidiau o anobaith. Y noson honno, mi fyddem wedi gallu curo unrhyw dîm. Roedd ganddon ni'r galon a'r ysfa i ennill. Roedd ganddom gynllun a threfn, ac roeddan ni'n benderfynol o sticio iddi, a churo.

Roedd pob un chwaraewr yn ardderchog, pob un ar dân, pob un yn arwr. Ond o ran yr injan a sicrhaodd y fath bŵer a min ym mherfformiad Cymru, a'r fath reolaeth lwyr dros sŵperstars yr ail dîm gorau yn y byd, yr allwedd oedd canol y cae, yn enwedig Joe Allen ac, yn arbennig, Aaron Ramsey. Roedd Rambo'n *world class*. Y noson honno mi chwaraeodd gêm orau ei yrfa hyd yn hyn. Fo oedd yn rhedeg y gêm. Doedd gan y Belgiaid ddim ateb iddo – nag i unrhyw un o chwaraewyr Cymru i fod yn onest.

Heb anghofio Hal Robson-Kanu – eisoes yn ffefryn y ffans

– yn sefydlu ei le yn oriel yr anfarwolion am byth bythoedd amen pan droiodd o amddiffynwyr Gwlad Belg un ffordd a'r llall i sgorio un o goliau gorau'r twrnament. Hal Robson-Kanu ydi y (Johan) Cruyff Cymraeg! Fel ddwedodd Johnny H ar y teledu: "If I was a chairman of a Premier League club I would be making Hal Robson-Kanu my next signing. What a goal. He sent Thomas Meunier for a cup of tea and a piece of toast with that turn."

Rydan ni wedi hen arfer cael ein siomi. Rydan ni wedi gweld gobaith yn diflannu'n llwch o flaen ein llygaid. Rydan ni wedi dysgu i fod yn besimistaidd, i beidio byth â meiddio credu. Ond ar ôl y gêm hon roedd gennym hawl a chyfiawnhad i gredu. Ia, i *gredu*. Credu y gallwn ni fynd yr holl ffordd ac ennill y Bencampwriaeth. Doedd dim byd yn mynd i'n stopio ni.

Roedd y *love-in* rhwng y tîm a'r ffans ar ôl y chwiban ola yn ecstra sbesial. Roedd y chwaraewyr wedi cael eu beirniadu am ddathlu buddugoliaeth Gwlad yr Iâ, felly be wnaethon nhw oedd sefyll o'n blaenau a gwneud y 'Viking Victory' clap hwnnw wnaeth Gwlad yr Iâ wedi iddyn nhw guro Lloegr. Ffordd syml ac effeithiol iawn o ddangos lle roeddan nhw'n sefyll ar y pwynt hwnnw! A ffordd wych o ddangos solidariaeth efo Gwlad yr Iâ hefyd – gwlad fach fel ninnau (wel hyd yn oed yn llai na ni) oedd wedi gwneud yn wych yn y bencampwriaeth. 'Gaiff y cwynwyr gwyno, y winjars winjo a'r surbwchs suro – tydi hyn ddim byd i'w wneud â nhw. Mae o i gyd i'w wneud efo ni a chi, y cefnogwyr.' Roedd o'n fendigedig, mor gynnes a chartrefol. Mor hyfryd.

Guard of Honour!

Dewi Prysor
1 Gorffennaf · 👥 ▾

Mae genai semi !!!!!

👍 Hoffi · 💬 Sylw · ➤ Rhannu

Wrth adael gorsaf y Gare Lille-Flandres rhois y statws hwn ar Facebook. Wrth adael yr orsaf hefyd, mi safodd llwyth o Felgiaid mewn dwy res i ni gerdded rhyngddyn nhw, a chlapio'u dwylo. Chwara teg, roeddan nhw'n gwybod eu bod wedi cael cweir iawn, ein bod ni'n llawn haeddu'r fuddugoliaeth. Mi ddangoson nhw urddas a pharch, ac mi oedd o'n braf iawn i'w weld.

Tu allan drysau ffrynt yr orsaf, roedd yna Gymry noethlymun yn nofio yn y ffownten. I lawr ar Rue Masséna roedd Cymry'n llenwi'r stryd, yn dathlu fel tylwyth teg yn nyfnder y nos, a fflamau llachar ein fflêrs yn gyrru mwg coch i bob man. Roedd Cymru fach yn Semi-Ffeinals yr Ewros. Ac mi oedd gan bawb semi!

Blaenau Ffestiniog

Dydd Sadwrn, Gorffennaf 2, 2016

Pan oeddwn yn bwcio'r ffleit adra efo Flybe, roedd cynlluniau Drwgi ychydig bach yn wahanol. Bryd hynny roedd dau foi arall i fod i ddod allan efo fo, a hedfan neu ddal trên oedd eu bwriad. Erbyn i mi fwcio'r ffleit adra, roedd pethau wedi newid ac mi oedd Drwgi'n dreifio'r holl ffordd ar ei ben ei hun.

Y bora ar ôl y fuddugoliaeth fawr a'r dathlu ewfforig tan berfeddion, roedd rhaid i mi godi'n fuan, cael cawod a cherdded i'r Gare Lille (yr orsaf y tu ôl i Gare Lille Flandres) erbyn cyn 8am, er mwyn dal fy nhrên am faes awyr Charles de Gaulle. Fuais i'n troi a throsi rhan fwya'r nos efo papur toilet wedi'i stwffio'n fy nghlustiau, gan fod Drwgi'n chwyrnu gymaint (ro'n i wedi colli'r plygiau clust gefais gan Tamás yn Bordeaux). Ond o leia doedd dim rhaid i mi gario fy mag dillad mawr, trwm – ro'n i wedi gallu rhoi hwnnw ym mŵt car Drwgi iddo ddod adra i Blaenau efo fo. Aidîal.

Gadewais oriad y stafall efo Drwgi, oedd yn dal i chwyrnu'n braf, ac i ffwrdd â fi. Cerddais heibio i fois cownsil efo *power-hoses* yn sgubo llanast y noson gynt o'r strydoedd – yn wydra plastig, poteli, gwydr mân a wigs clown coch-melyn-a-du. Roeddan nhw eisoes wedi llnau y Place du Général-de-Gaulle, ond mi oedd y ffownten yn y canol yn dal yn llawn o bybyls.

Mi gyrhaeddais yr orsaf mewn da bryd, ond bu bron imi fethu'r trên gan fod yr enw ar y sgrîn yn wahanol i'r un ar fy nhocyn. Do'n i heb sylweddoli fod rhaid newid er mwyn cyrraedd maes awyr Charles de Gaulle. Bu raid imi redeg i'w ddal. Diolch byth nad oedd y bag mawr gennyf i.

Wedi cyrraedd Charles de Gaulle a tsiecio mewn, pwy welis i wrth seciwriti ond y Cofis – Tyrone, Iw Slei, Brei, Carwyn a'r criw – oedd hefyd yn mynd adra am gwpwl o ddyddia cyn

mynd yn ôl allan i Lyon. Roeddan nhw ar yr un ffleit â fi, felly roedd hi'n braf cael cwmni ffrindia yr holl ffordd adra. Ac mi oedd ganddyn nhw le i mi yn eu bws-mini o Fanceinion hefyd (bws-mini Brian O'Shaughnessy, Caernarfon, fel arfer), felly ges i lifft efo nhw i Gyffordd Llandudno a dal trên adra i Blaenau. Aidîal.

Yng Nghyffordd Llandudno, fodd bynnag, mi darodd fy dyscalculia eto. Ar ôl teithio drwy Ffrainc ar drenau a metros, heb unwaith fethu dal unrhyw un o'nyn nhw (er gwaetha'r blond moments efo'r daleks melyn), dyma fi'n cyrraedd yn ôl i Gymru a methu trên o Jyncshyn i Blaenau! Ro'n i wedi sbio ar yr amserlen ar y sgrîn ac wedi darllen 16:43. Mi wnes i *double*-checkio ac ailddarllen fwy nag unwaith, cyn bodloni fod gennai bron i awr a hannar i'w lladd. Felly mi es i Asda a phrynu dwy botel fawr o Bud ar gyfer y trên wedyn, cyn mynd i'r Station Hotel dros ffordd am gwpwl o beints.

Eisteddais ar y byrddau tu allan, lle'r oedd rhai o'r locals yn trafod y gêm neithiwr. Roedd yna un boi iau na fi yn bloeddio canu 'Don't Take Me Home' (doedd dim ffycin dianc!), ac mi jociais fy mod i wedi cael digon ar y blydi gân yna neithiwr! Dyna hi, wedyn, pawb yn holi pa mor dda oedd hi allan yno ac ati. Mi oedd y boi oedd yn canu wedi bod yn yfed drwy'r nos, ac mi oedd o'n siarad Cymraeg. O Llanbêr oedd o'n wreiddiol, ac mi fu'n chwara pêl-droed i'r Darans, ac roedd o'n nabod rhai o hogia Blaenau Amateurs.

Mi gadwais olwg ar yr amser, a codi peint arall i fi, a fodca iddo fo, cyn mynd am y trên. Ond roedd trên Blaenau wedi diflannu oddi ar y sgrîn. Holais un o'r staff os oedd o wedi mynd. Oedd mi oedd o, medda fo, tua ugain munud yn ôl! Roeddwn wedi darllan y rhifau yn anghywir! Eto!

Doedd dim amdani ond aros am y bws nesa, ac mi oedd hwnnw'n mynd rownd bob man – drwy Ddolgarrog a Threfriw a strydoedd cefn Llanrwst. Roedd gennai rhyw ddeugain munud i'w lladd yn Llanrwst wrth aros am y bws nesa wedyn, felly es i draw i dafarn Penybryn ar y sgwâr – wastad yn lle da i stopio am beint, lle mae rhywun yn siŵr o weld rhywun mae o'n nabod. A phwy welais i wrth gerdded i mewn? Neb llai na Gareth, hogyn o Lanrwst dwi'n ei nabod o gemau awê, ac a welais i yn Ffrainc, a Salt o Benmachno oedd yn aros yn yr un gwesty â fi ym Mharis! Roedd y ddau yn y dafarn ar gyfer aduniad ysgol.

Wedi gwneud yn siŵr na fyddwn i'n methu'r bws, mi gyrhaeddais i Blaenau a mynd yn syth i'r Tap. Roedd Rhian ar noson allan efo criw gwaith a fydda hi'm yn cyrraedd 'nôl tan tua hannar nos neu un y bora, ac roedd Gethin yn aros efo'i nain yn Bethel am y noson. Roedd Owain yn gweithio tu ôl bar yr Oakeley Arms, ac mi oedd Rhods yn tŷ, mwya thebyg.

Fuais i ddim yn y Tap yn rhy hir. Ar ôl rhyw bump peint ro'n i'n dechrau pendwmpian, felly mi es adra o gwmpas yr ha'di deg 'ma. Pan gyrhaeddodd Rhian ro'n i'n fflatnar ar y soffa.

Dydd Sul, Gorffennaf 3, 2016

Cinio dydd Sul efo'r teulu. Lyfli! Wedyn i lawr i'r Tap efo Rhi a Geth. Ac mi drodd y dydd yn sesh hen ffasiwn go iawn. Un o'r seshys annisgwyl hynny pan fo criw da yn digwydd bod allan ar yr un pryd, a ffrindiau da yn eu mysg. Roedd tua deg o'nan ni yn ystod y pnawn a'r rhan fwya o'r nos, ac mi arhosodd hardcôr o'nan ni tan y diwedd, yn yfed pob math o rwtsh – Gai Toms, Dar, Gai Shŵts, Hoj ac Irish (yr o'n i wedi bod yn yfed caniau Heineken efo fo ar y Place du Capitole yn Toulouse ar ôl gêm Rwsia!). Aeth hi'n flêr – mewn ffordd dda. Gai Toms ar y gitâr, a phawb yn canu wrth lyncu Sambŵcas a Jägerbombs a be bynnag arall oedd yn handi. A dweud y gwir, roedd hi'n sesh wylltach nag unrhyw sesh ges i allan yn Ffrainc...

Dydd Llun, Gorffennaf 4, 2016

Diwrnod o ddiogi oedd hwn, mwy neu lai. Daeth Drwgi draw efo fy mag dillad, ac mi fuais i'n gwagio lluniau a fideos oddi ar fy ffôn. Bwciais dicad trên o Gyffordd Llandudno i Lerpwl, cyn cynllunio fy siwrna o Lime Street i Speke – sef trên arall, wedyn bws i'r maes awyr. Ac mi fwciais i westy ym Mharis ar gyfer y ffeinal – yr Hotel Cambrai, lle fuon ni'n aros adeg gêm Lloegr – efo opsiwn i ganslo am ddim hyd at 48 awr cyn cyrraedd.

Roeddwn eisoes wedi bwcio gwesty am ddwy noson yn Lyon, am dros €200, efo opsiwn i ganslo am ddim hyd at 24 awr ymlaen llaw. Ond roedd y gwesty hwnnw'n bell o ganol y ddinas, felly ddim yn hwylus o gwbl. Cyn i bawb feddwi'n racs yn y Tap, bu Irish a Gai Shŵts yn bwcio ffleits i Lyon iddyn nhw ac un boi arall. Felly mi feddyliais y byddai bwcio fflat i bedwar ar Airbnb a canslo'r gwesty yn gwneud synnwyr. Wedi cael cadarnhad gan yr hogia eu bod nhw wedi cael ffleits, dyna wnes i.

Lyon

Dydd Mawrth, Gorffennaf 5, 2016

Cyn mynd i fy ngwely yn oriau mân y bora rois i ypdêt statws ar Facebook yn dweud fy mod yn hedfan o Lerpwl i Geneva am 13:25. Daeth ymateb yn syth, gan Dylan Llewelyn, un arall gyfranodd i *Stori Pêl-droed Cymru*, oedd wedi bwcio yr un ffleit yn ôl allan â fi – linc i stori newyddion fod streic gan Reolwyr Traffig Awyr Ffrainc wedi achosi i dri chwarter ffleits easyJet y diwrnod hwn gael eu canslo. Tra'n gorwedd yn y gwely, tsheciais fy ap easyJet ar y ffôn, ac mi oedd neges yno yn dweud rhywbeth tebyg i be oedd Dylan newydd ei rannu. Ond doedd dim sôn bod ein ffleit ni wedi'i chanslo hyd yma. Doedd dim byd y gellid ei wneud ond cysgu a gobeithio am y gorau.

Pingiodd y ffôn ben bora. O shit, meddyliais. Ond diolch byth, dim ond neges cyffredinol ynglŷn â'r streic oedd o. Doedd dim amdani ond teithio i Lerpwl, gan obeithio na fyddai'r ffleit wedi'i chanslo erbyn imi gyrraedd. Diolch i'r nefoedd, roedd hi'n un o lond dwrn yn unig o ffleits oedd yn dal i fynd.

Wythnos ar y mwya fyddwn i allan y tro hwn, felly doedd dim angan cymaint o ddillad. Roedd hi'n braf teithio heb y bag mawr trwm, a dim chwilio am londréts, a dim golchi 'nhrôns a sana yn y sinc fel bu rhaid rhaid i fi yn Lille.

Fi, Gary Pritch a Dylan Llewelyn a'i fab oedd yr unig Gymry yn Departures am sbelan go lew. Ond cyn hir mi gyrhaeddodd criw mawr o Gricieth, ac erbyn bordio'r awyren roedd y cyffro'n codi unwaith eto. Cawsom drên o Geneva i Lyon yn ddigon didraffarth, ac mi rannais y siwrna honno, a ffiw cans o Heineken, efo Plas, Kev a Dafydd Osian o ochrau Lanllyfni, a Clive o Penrhyn (ond yn wreiddiol o Blaena).

Blôrj

Dyma pryd y mabwysiadom air newydd i'r iaith Gymraeg – 'blôrj'. Rhyw Ffrancwr oedd y bai. Mi ddaeth o draw atom i drio gwerthu ticad i'r gêm, ac wrth ddangos y ticad i ni mi ddudodd o'r gair "blôrj". Dwi'm yn cofio ym mha gyd-destun ddefnyddiodd o'r gair, felly dwn i'm os mai slang am rywbeth *kosha*, neu *genuine*, oedd o, neu derm Ffrangeg lleol am 'grêt', 'sbot on' neu 'sud ŵti tŵti ffrŵti?' Ond mi ddefnyddiodd o'r gair fwy nag unwaith, ac mi wnaeth hynny'n ticlo ni. Wedi i'r boi fynd mi ddechreuom daflu 'blôrj' i mewn i frawddegau random, ac mi ddaeth yn rhyw fath o thema am weddill y daith. Ar un adeg mi ges i decst gan 'Julien' – y boi oedd bia'r fflat Airbnb – yn deud ei fod o yn y gym, ac y dylwn i ei ffonio fo os fyddwn i'n cyrraedd cyn iddo orffen yno. Dyna hi wedyn – Julien y *body-builder*, isio fy blôrjio fi ar ôl bod yn y gym...

Ar y Blôrj Express efo Dafydd, Clive, Plas a Kev.

Wedi gadael y trên yn Gare de Lyon Part-Dieu a dod allan i wres llethol Lyon, doedd gennai ddim Wi-Fi am fod y Mobile Data wedi gwrthod dod ymlaen unwaith eto. Dim ond cyfeiriad oedd gennai ar gyfer y fflat, oedd ar y Quai St Vincent ar lan yr afon Saône – oedd, erbyn dallt, ond rhyw chwarter awr o waith cerdded o dafarn yr Elephant and Castle, lle oedd llu o Gymry'n cwrdd. Bu rhaid i mi dalu €25 am y tacsi, ac wedi cyrraedd, tecstiais Julien i ddweud fy mod i yno. O fewn dau funud, roedd o wedi cyrraedd ar gefn ei sgŵtyr. Roedd o i weld yn hen foi iawn – a dim golwg o fod isio fy blôrjio fi.

Mi ddangosodd y fflat i fi, ac mi eglurais fod y tri arall yn cyrraedd nes ymlaen (erbyn hynny roeddwn wedi cael clywed fod yna bedwar ar y ffordd). Doedd y fflat ddim fel yr hysbyswyd. Un gwely, dwy soffa ac un *camperbed* piblyd oedd bron â chwalu. Roedd y gawod a'r bathrwm yn jôc, ond o leia roedd popeth yn gweithio. Mi oedd yna ddwy ffenast yn agor i ddau falconi, lle'r oedd modd smocio. Mi oedd yna deledu da, a Wi-Fi cryf, ond mi siarsiodd Julien fi i beidio cyffwrdd ei fwyd o, na'i win o. Wedyn, ar ôl gaddo y gallai roi lifft i bawb i'r gêm ac yn ôl pe tai ni angan (dim ond i ni ei ffonio fo), gan ei fod o'n gweithio yn y stadiwm, mi aeth a fy ngadael mewn heddwch.

Rhwng y daith tacsi a chwrdd â Julien, a treulio awr dda yn trio cael O2 i sortio fy Mobile Data, mi fethais i'r happy hour (rhwng 4 a 6pm) yn y Saint James Irish Pub – lle'r o'n i wedi gaddo cwrdd â'r Cofis roddodd lifft i mi o Manceinion ddydd Sadwrn – felly mi gyrhaeddais yr Elephant and Castle tua naw o'r gloch y nos.

Does gennai ddim cof efo pwy fuais i'n yfed, ond tua hannar nos ro'n i'n cerdded yn ôl tua'r fflat pan arafodd bws-mini i stop wrth fy ochr i. Roedd rhywun yn bangio'r ffenast, ond wnes i ddim meddwl am eiliad nad oedd hyn ond cyd-ddigwyddiad llwyr. Felly cerddais yn fy mlaen. Y peth nesa, clywais y drws sleidio yn agor, a rhywun yn gweiddi, "Prys!" Trois rownd, a phwy oedd yno ond Irish a Gai Shŵts, ac Iw Toms a PJ o Penrhyn! Roeddan nhw wedi glanio yn Geneva rai oriau ar fy ôl, ac am nad oedd trenau yn rhedeg erbyn hynny mi gawson nhw dacsi bws-mini yr holl ffordd i lawr.

Aethon i'r fflat er mwyn i'r hogia gael dympio'u bagiau, cyn mynd allan ar grwydr, gan ddod o hyd i'r Cofis (a Llanbêr a Port) mewn clwb nos swnllyd o'r enw The Boston. Fel dwi wedi'i ddeud o'r blaen, dwi'n casáu clybiau nos. Ond mi oedd y cwmni'n dda, felly mi lwyddais i bara tua dwy awr reit ddifyr yno, cyn dianc.

Dydd Mercher, Gorffennaf 6, 2016
Cymru 0–2 Portiwgal, Stade de Lyon, Lyon

Roedd y Cofis wedi aros yn Lyon yn gynharach yn ystod yr Ewros, ac wedi dweud wrtha i ei bod hi'n ddinas hardd. Doeddan nhw ddim yn gor-ddweud. Mae hi'n ddinas drawiadol iawn, efo dwy afon yn rhedeg drwyddi – y Saône a'r Rhône – ac adeiladau smart ymhob man. Roedd y bobol yn grêt hefyd, yn debyg i bobol Toulouse yn eu ffordd. Ac roedd y tywydd yn fendigedig yno. A tywydd yfed oedd o, wrth gwrs.

Ar fora'r gêm, mi dreuliais awr dda arall yn trio cael O2 i sortio fy Mobile Data, ond heb unrhyw lwc. Y peth ydi, ar daith fel hon mae rhywun yn dibynnu ar y We i fwcio pethau fel trenau, hotels a ffleits, a hynny ddyddia ymlaen llaw ac, yn aml, efo ffenast fach iawn o amser i wneud hynny. Tydi dibynnu ar Wi-Fi bariau a chaffis ddim yn beth doeth, yn enwedig yn Lyon lle'r oedd llefydd efo Wi-Fi call yn yn brin. A doedd aros i mewn i ddefnyddio Wi-Fi'r fflat ddim yn opsiwn. I dorri stori hir yn fyr, dwi'n amcangyfrif y bu i'r nam ar wasanaeth O2 gostio yn agos i £400 i fi dros y mis cyfan. Ond dyna ni. Mae o wedi mynd, waeth i ti gachu mwy nag uwd, ddim.

Mi ddaeth handlan ffrij y fflat i ffwrdd yn llaw Irish, ac wrth i'r drws agor mi ddisgynnodd potel o win coch Julien allan a chwalu dros y llawr. Ro'n i'n amau na fyddai o'n rhy blôrj am hynny. Aethom allan i'r Elephant and Castle erbyn tua deg neu un ar ddeg y bora, a myn uffarn i, roeddan nhw'n gwneud brecwast llawn yno – efo hash browns a pwdin gwaed a phob dim.

Arwydd tu ôl y bar yn yr Elephant & Castle, Lyon.

Twrch daear

Wedi bwyta, yfed coffi (oedd am ddim efo'r brecwast) a ffiw bîars, mi ges i gyfarwyddiadau gan Parcyn a'i fêts o'r Bala o ran pa daith metro i'w chymryd i gyrraedd y Gyfnewidfa docynnau. Felly i ffwrdd â fi, fel Gandalf a'r hobbits, ar daith danddaearol i ddod o hyd i'r lle tocynnau – a oedd, yma yn Lyon, yn y lle gwiriona bosib, reit ym mhen pella un y system Metro, filltiroedd lawar o ganol y ddinas. Pa jiniys drefnodd hynna, dwn i'm, ond gobeithio geith o byth job yn Wylfa B.

Roedd hi'n ddwy awr dda cyn i mi ddod yn ôl, ac mi dreuliais i'r rhan fwya o'r amser o dan ddaear, yn stresd ac yn chwysu chwartia, a mwy neu lai yn gweithio fy ffordd o gwmpas fel oeddwn i'n mynd. Ar ôl dwy awr o fod yn dwrch daear, yn dilyn fy nhrwyn drwy'r twneli cudd, cyrhaeddais yn ôl i'r Elephant and Castle.

Y broblem rŵan oedd fod yr hogia wedi symud yn eu blaenau, ac am mai trwy gyfrwng Mobile Data/Roaming oeddan nhw wedi bod yn gadael i mi wybod lle'r oeddan nhw, doeddwn heb allu derbyn yr un o'u 'telegrams o'r ffynt-lein'. Ond erbyn hyn roedd yr Elephant and Castle wedi cael ei feddiannu gan Gymry, ac mi oedd Radio Cymru wedi bod yn darlledu o du allan drws ffrynt y dafarn, felly roedd 'na ddigon o bobol ro'n i'n eu nabod o gwmpas y lle.

Felly oedd hi tu allan y Kellys Irish Pub ar lan yr afon hefyd. Fysa rhywun yn taeru ein bod ni yn Blaena neu Port, Penrhyn, Llanrug neu Llanbêr, ond heb y glaw. Roedd y niferoedd o westeion fyddai'n aros yn fflat Julien yn tyfu. Ar y cownt diweddara roedd yna saith o'nan ni. O gofio fy mhrofiad efo Airbnb yn Toulouse ro'n i'n dredio gweld Julien yn cerdded i mewn i jecio i fyny arnan ni, a gweld cyrff dros y llawr ymhob man (ddaeth o ddim ar gyfyl y lle, wedi'r cwbl, felly roedd popeth yn iawn yn y diwedd).

Y Saint James

Ymlaen wedyn i St James Irish Pub, ac fel roeddwn i wedi disgwyl, yno roedd y Cofis – a llond trol o hwyl. Ges i *tequila frenzy* bach, cwrdd â dau Americanwr oedd wedi dod yr holl ffordd o'r Stêts i gefnogi Cymru (dim cysylltiad Cymreig, jysd yn dilyn 'soccer' ac wedi gweld adroddiadau newyddion am y ffenomen Gymreig oedd yn sgubo trwy Ffrainc), a dal i fyny efo hogia Traws.

Es i a cwpwl o fois draw i'r fflat er mwyn iddyn nhw ddympio'u bagia, ac i fod yn onest, rhwng hynny a'r ddwy awr dan ddaear yn gynharach ro'n i'n wirioneddol falch mai cic-off hwyr (8pm) oedd y gêm, neu fyswn i heb gael fawr o amser i tshilio allan a dal i fyny efo pobol. Ond o leia ges i gyfle i newid fy nghrys-T Syr Wynff a Plwmsan chwyslyd am grys Cymru glân.

Diwedd y freuddwyd

Er ein bod yn credu, roedd pawb yn nerfus. Doedd Portiwgal heb chwara'n dda trwy gydol y bencampwriaeth hyd yma. Roeddan nhw'n lwcus i gyrraedd y semis. Ond tydi tîm efo Ronaldo, Sanches, Alves, Guerreiro a Pereira ddim yn dîm sâl, ac yn hwyr neu'n hwyrach roeddan nhw'n mynd i glicio. Ac efo ninnau heb Ben Davies a Rambo, roedd posibilrwydd cryf mai heno fyddai hynny'n digwydd. Roeddan ni'n iawn i bryderu. Heb Rambo doedd ganddon ni mo'r injan na'r *cutting-edge*. Heb Ben Davies roedd ganddom James Collins yn yr amddiffyn, sydd ddim digon cyflym i handlo bois fel Ronaldo a Nani. Do, mi eisteddom yn ôl ormod, ac mi oedd hynny'n gamgymeriad. Ond i fod yn onest, roedd Portiwgal yn gwneud yr un peth yn yr hannar cyntaf. Yn yr ail, fodd bynnag, ddaethon nhw amdanon ni. Mi oedd hedar Ronaldo yn glasur. Ond roedd gôl lwcus Nani ddwy funud wedyn yn ergyd farwol.

Bu'r munudau hir a gawsom efo'r tîm ar ôl y chwiban ola yn rhai emosiynol iawn. Roedd pawb yn siomedig i golli, ond pob un wan jac ohonom yn prowd o'r hogia, ac yn falch ac yn ddiolchgar iddyn nhw am roi'r fath brofiad ac atgofion anhygoel i ni. Ac wrth i'r freuddwyd ddod i ben, rhoddwyd yr iaith Gymraeg ar sgriniau teledu a thudalennau papurau newydd y byd un tro ola, efo'r crysau-T 'DIOLCH – Merci'. I fod yn athronyddol am funud, roedd y ffaith ein bod ni'n siomedig i golli mewn semi-ffeinal yn erbyn Portiwgal yn dangos pa mor bell rydan ni wedi datblygu. All neb ofyn dim gwell na hynny. Diolch i *chi*, hogia. Diolch i *chi*.

A'r freuddwyd drosodd, ond y profiad wedi ei serio ar fy enaid am byth, mi gychwynnais am y trên. Ond roedd y ciw am y platfform o'r stadiwm yn atgoffa rhywun o'r shots o'r awyr hynny o orymdaith y pererinion trwy strydoedd Mecca. Aeth hi'n awr a mwy cyn cyrraedd y platfform, heb sôn am gyrraedd y trên wedyn. Ond pwy ddois i ar eu traws? Y Shwl Di Mwls a Richard! A'u cwmni difyr nhw a'm cadwodd yn effro ar y daith trên-a-metro yn ôl i ganol y ddinas.

Roedd hi'n chwarter i un y bora arna i'n dod i fyny i awyr iach. Dwi'm yn cofio sut y dois i ar draws yr hogia, ond mi dreuliodd Irish, Steff a minnau oriau mewn caffi kebabs oedd yn gwerthu caniau Heineken. Bu'r gefnogaeth i Gymru o blith y cymunedau Arabaidd a dwyreiniol yn Ffrainc yn anhygoel, ac roedd y bois oedd yn rhedeg y caffi cibabs-a-caniau yn hollol gytud ein bod wedi colli. Roedd un o'nyn nhw'n cwffio dagrau.

Yn oriau mân y bora mi aeth Irish a Steff i mewn i glwb y Boston, ac es innau'n ôl i'r fflat.

Dydd Iau, Gorffennaf 7, 2016

Aeth Iws, PG a Gai adra yn y bora, yn dal ffleit o faes awyr Geneva, os dwi'n cofio'n iawn. Doedd Clive heb droi i fyny yn y fflat, felly mi aeth yr hogia â'i fag o efo nhw. Roedd hyn yn gadael Irish, Steff a finna. Ar ôl brecwast arall yn yr Elephant and Castle aethon am sesh rownd y ddinas. Does fawr o ddim byd alla i ddweud, i fod yn onest, heblaw iddi droi'n sesh hen ffasiwn werth chweil. Mi ddaliom i fyny efo'r Lyfgrins ac yfed efo nhw am sbel, ac mi fuom mewn *pharmacia*, lle gerddais i mewn gan ddawnsio a gofyn os oedd ganddyn nhw dabledi i fy stopio i rhag dawnsio. Doedd ganddyn nhw ddim, felly dawnsiais yn ôl allan. Ac mae gennai frith gof o fod tu allan i dafarn lle'r oedd cannoedd o Ffrancwyr yn ista wrth fyrddau yn gwylio Ffrainc yn rhoi cweir i'r Almaen yn yr ail semi-ffeinal.

"I'm a free spirit. I'll work my way home..."

Dwi'm yn cofio llawar o'r digwyddiadau uchod. Pobol eraill sy'n tystio eu bod yn wir. Erbyn hynny ro'n i'n yfed gwin coch fesul poteli. Ac mae gennai fflashbac o groesi'r stryd brysur wrth yr afon a fy nhrowsus yn disgyn i lawr am fy sodlau (roedd fy melt wedi torri rhywbryd yn ystod y dydd). Yn ôl y sôn, roeddwn wedi stopio'r traffig am rai munudau. Y peth nesa dwi'n rhyw fath o gofio ydi Irish a Steff yn gadael y fflat ben bora i ddal awyren, a minnau'n gwrthod mynd efo nhw.

Dydd Gwener, Gorffennaf 8, 2016

Mi godais rhyw awr neu ddwy ar ôl iddyn nhw fynd. Doeddwn i'n cofio dim fod Irish wedi bwcio ffleit i'r tri o'nan ni yn oriau mân y bora. Roedd hi'n dair wythnos wedyn pan ddwedoodd o wrtha i yn y Tap – a dwi dal ddim yn cofio.

Wedi gwneud 'chydig o llnau sydyn a gadael popeth fel yr oedd o (heblaw am handlan y ffrij), paciais fy mag a gadael. Roedd Julien wedi tecstio i ddweud na fyddai o gwmpas, gan ddweud wrtha i am roi'r goriad yn y blwch post ar lawr isaf yr adeilad.

Doeddan nhw ddim yn gwneud brecwast yn yr Elephant and Castle. Doedd dim galw amdano rŵan fod y Cymry wedi gadael. Heblaw fi. Crwydrais rhyw ychydig, bwyta pasti ffresh, prynu dipyn o bowtshis baco i fynd adra efo fi, yfed potel o Punk IPA tu allan i le cachu posh wrth yr afon, cyn neidio ar fws i stesion Gare de Lyon Part-Dieu.

Tu allan y stesion roedd boi mewn crys Caerdydd yn siarad ar ei ffôn. Ar y platfform yn aros yr un trên â mi roedd y Shwl

Di Mwls a Richard. Fel tylwyth teg, mae cwrdd â'r rhain yn codi'r ysbryd a chnesu'r galon bob tro. Roeddan nhw newydd fod yn siarad efo boi o dde Cymru oedd newydd ddod allan o'r clinc ar ôl cael ei arestio ar ddiwedd y gêm am danio fflêr mwg yn y stands ar ôl y chwiban olaf. Ro'n i'n digwydd bod yn sefyll heb fod ymhell o'r fflêr mwg ar y pryd.

Pan ddois o hyd i fy sedd ar y trên, pwy oedd yn eistedd wrth fy ochr ond y boi efo crys Caerdydd welis i tu allan. Erbyn siarad efo fo, y fo oedd y boi oedd newydd ddod o'r jêl am danio'r fflêr mwg. Mi fu mewn cell yng ngorsaf yr heddlu am ddwy noson, a bu'r gârds yn rêl basdads efo fo, yn gwrthod rhoi dŵr iddo ac yn dweud y byddai'n cael pum mlynedd o garchar. Ond roedd y ddau gopar ddaeth i'w nôl o i fynd i'r cwrt wedi codi ei galon, gan roi ffags, poteli dŵr a bwyd iddo. Yn y cwrt mi gafodd o *conditional discharge*, ond mi gafodd ei wahardd o gemau pêl-droed am ddwy flynedd. Braidd yn hallt! Roedd ei fêts wedi trefnu trên a ffleits a phopeth iddo allu dod adra. Boi neis ofnadwy oedd o hefyd, heb owns o ddrwg ynddo fo. Pan es i am y bar mi brynais i gan o gwrw iddo fo. Fuon ni'n siarad am dipyn, a cyn hir roedd yntau'n mynd i'r bar, gan gynnig cael can o lager i minnau. Gwrthodais, gan ddweud 'mod i ond wedi prynu can iddo am ei fod o'n ei haeddu fo ar ôl be oedd o newydd fod drwyddo. Ond pan ddaeth o'n ei ôl o'r bar, roedd o wedi prynu *dau* gan i mi – a brechdan ham hefyd! Boi iawn. Halan y ddaear.

Cyrhaeddais orsaf ym Mharis nad oeddwn yn ei hadnabod, ac un nad ydw i'n cofio'i henw hi. Tra hefyd yn tsiecio ffleits ar Wi-Fi'r orsaf, mi driais i gael gwybodaeth am sut i fynd i faes awyr Charles de Gaulle. Ond roedd yna brinder amynedd gan y staff y diwrnod hwnnw, mae'n debyg. Yn y diwedd, mi ddwedodd rhywun wrtha i am fynd allan trwy'r ffrynt, lawr y steps i'r stryd, troi i'r dde ac i'r safle bws pellaf yn y rhes. Holais faint o hir fyddai'r daith. Dwedwyd wrtha i mai rhyw ddeugain munud i awr fyddai hi.

Cefais hyd i amser y bws nesa ar yr amserlen, a croesais y ffordd i gael peint mewn café-bar-brasserie posh, efo

Tu allan bar yn Paris, yn aros y bws i'r maes awyr.

surbychiaid yn gweini yno. Eisteddais yn yr haul efo peint o Stella, a chwilota am ffleits. Mi welis i ffleit Flybe am tua €190 ond mi gollais y Wi-Fi mwya sydyn. Ond o be gofiwn i, mi fyddai digon o amser i'w bwcio hi a tsiecio i mewn ar ôl cyrraedd y maes awyr.

Fodd bynnag, mi ddisgynnis i gysgu ar y bws a deffro heb fod ymhell o'r maes awyr. Ac erbyn gweld faint o'r gloch oedd hi, roedd y daith wedi cymryd bron i ddwy awr. Ar ôl smôc, brysiais i gael hyd i'r terminal cywir. Ar y ffordd mi ges i un o'r merched yna efo holiadur yn dod amdana fi, gan ddweud rhywbeth a dal beiro allan o'i blaen. "Dwi ar hast," medda fi gan ysgwyd fy mhen arni hi. Mi ddechreuodd fy nilyn, dan barablu rhywbeth. Ddudais i 'na' eto. Y peth nesa, roedd hi wedi cydio yn fy mraich ac yn gwasgu, yn trio fy nal i rhag mynd yn fy mlaen. Roedd rhaid i fi rwygo'n hun o'i chrafangau hi, a gweiddi "Leave me alone!" er mwyn gallu dianc o'i gafael!

Yn y *terminal*, es i at ddesg ticedi Air France, sy'n rhedeg Flybe. Roedd y ffleit honno roeddwn wedi'i gweld yn gynharach yn llawn, ac roedd yr un ar ei hôl hi yn €348. Es allan am ffag a phori'r We ar Wi-Fi'r maes awyr. Gwelais sawl opsiwn, ond roeddan nhw i gyd o gwmpas y €480. Fyswn i'n cael noson mewn hotel a ffwc o sesh ym Mharis a ffleit adra fory am y pris yna.

Dulyn

Yn fyr, mi fwciais i ffleit Aer Lingus i Ddulyn am €190, a gwely mewn *mixed dorm* yn y Generator Hostel am €30. Hyd yn oed wedi talu am gwch i Gymru fyddai'r cwbl yn rhatach o beth uffarn na'r ffleit rataf i Manceinion. Mae Aerlingus yn grêt. Mae yna ddigon o le yn y cabin, yr hostesus yn neis ac yn hwyliog, ac maen nhw'n rhoi bwyd am ddim. Ond all hyd yn oed y cwmnïau gorau wneud dim ynghylch babis swnllyd. Dwi'n dallt fod babis yn gallu gwingo. Dwi'n dallt fod poen clustiau'n popio yn gallu eu hypsetio, fel mae gwynt a dannadd. Ond dwi erioed wedi clywed babi'n sgrechian mor uchel am ddwy awr gyfan heb stopio o'r blaen. Roedd o'n fabi mawr, yn lwmpyn tew ag uffarn o bâr o lyngs, bron efo llais baritôn cyn ei flwydd oed, â gyrfa opera o'i flaen, garantîd. Bryn Terfel o fabi, dim dowt. Roedd ei rieni druan yn cymryd eu tro i'w gario fo yn ôl ac ymlaen i fyny'r cabin wrth drio'i gysuro fo. Cwpwl byr oeddan nhw, felly roedd y babi'n edrych yn fwy nag oedd o hefyd. Edrychais ar y babi unwaith, a penderfynais beidio edrych eto. Roedd'na rwbath amdano – gwallt coch a golwg ddieflig arno, ei lygaid yn syllu 'nôl arna ni tra'n dal i sgrechian, fel babi'r diafol ei hun. Ac roedd foliwm ei nadu yn oruwchnaturiol, fel oedolyn yn trio dynwared gwich pterodactyl – sŵn allai chwalu gwydrau ac *eardrums* ar yr un pryd. Wyddwn i ddim be fyddai'r gorau i'w wneud efo fo, rhoi cwshin dros ei wynab o, 'ta holi os oedd yna offeiriad ar yr awyren i berfformio *exorcism*. Ar un adeg, dwi'n siŵr i mi glywed y peilot yn dweud y byddwn ni'n hedfan dros y 'Lleyn peninsula'. Bu bron imi ofyn am barashŵt. Fysa noson mewn tas wair yn Llangwnad yn well na hyn.

Mi laniais ym maes awyr Dulyn, gan gofio ei fod o'n bell iawn o ganol y ddinas lle oedd yr hostel. Ges i dacsi, a chofio nad oedd genna i gash arna i. Gofynnais iddo stopio wrth dwll-yn-y-wal. Stopiodd tu allan i ryw siop, a dweud fod yna gashpoint i mewn yno. Rhedais i'r siop a gofyn i seciwriti gard mawr du yn lle'r oedd y peiriant. Ond roedd y peiriant wedi torri, felly mi giwiais wrth y til a phrynu hannar owns o faco er mwyn cael cashbac. Gwrthododd y peiriant roi cashbac gan fod Iwerddon yn ffysi efo cardiau estron. Gorfu i'r tacsi fynd i chwilio am gashpoint arall, cyn fy ngollwng yn yr hostel. Talais €30 am y tacsi, cyn sylwi fod peiriant pres yn yr hostel wedi'r cwbl.

Es i'r dorm, ac roedd dwy ferch Bwyleg yno, a rhyw foi. Dwi'n siŵr eu bod nhw ar *speed*. Mi gadwon nhw fi'n siarad am bron i hannar awr cyn i mi allu dianc i lawr y grisiau am gwpwl o beints. Wedi arfer cymaint â bod yn Ffrainc, dwedais "Bonjour" wrth y barman. Roedd DJ ffantastig yn micsio'n fyw yn y bar. Ar ôl tri peint a tsharjio fy ffôn, archebais dacsi i'r porthladd am 7am yn y Dderbynfa, cyn mynd i fy ngwely am tua hannar awr wedi un. Ond diolch i rywun oedd yn chwyrnu yn y dorm, a sŵn diawledig cyffredinol yn yr hostel – lle pobol ifanc ar benwythnosau stag ac yn y blaen ydi o – wnes i ddim cysgu llawar. Roeddwn i lawr yn y Dderbynfa yn yfed dŵr a byta pacad a Wotsits o'r mashîn am chwech y bora.

Dydd Sadwrn, Gorffennaf 9, 2016

Aeth y tacsi â fi i derminal Irish Ferries. Mi gostiodd €18, diolch i draffig trwm yn y docs ei hun. Talais €56 am y gwch a ticed trên o Gaergybi i Junction. Ond diolch i dywydd drwg ar y

môr, a'r gwch fel corcyn ar y dŵr, roeddan ni dri chwarter awr yn hwyr yn cyrraedd Caergybi, felly mi gollais y trên. Ond o leia roedd y gwch wedi hwylio, achos honno oedd yr olaf i adael Dulyn y diwrnod hwnnw, oherwydd y gwynt.

Hwylio am adra.

205

Wrth gyrraedd y terminal yng Nghaergybi, roedd heddlu yn aros efo'r dynion seciwriti. Pan welis i'r copar cynta roedd iaith ei gorff yn dweud ei fod o'n aros amdana i. Estynnodd ei fraich a fy arwain at gopar arall – Sais iau a thalach efo gwallt coch byr. Aeth hwnnw â fi i'r ochr. "Come with me for a quick check."

"Ffycin hel," medda fi, "I've missed two trains already!"

"Look," atebodd, gan bwyntio at y bathodyn 'Heddlu' ar frest ei siaced ddu. "It says Head-loo. Head-loo. Got it? I'm not responsible for the weather."

"You mean you're not a weather man?" holais. "Is that what you're telling me?"

"Stay here, Dewi. I'm just going to check your details. We'll try and make this as quick as possible," medda fo wrth roi fy mag ar y bwrdd a diflannu i'r cefn efo fy mhasport.

> **Basdad cops di rhoi pull i fi yn customs. Cael search. Basdads.**
>
> 9 Jul 11:41

Mi fuodd yno'n ddigon hir i mi sgwennu'r tecst yn y llun uchod i Rhian. Daeth yn ei ôl wedyn a dweud ei fod o angan archwilio'r bag. Mae yna lot o bethau liciwn i ddweud am y *stop-and-search* yma, ac nid yn unig am ei bod hi'n stori ddigri. Ond dwi ddim yn mynd i foddran. Yr unig beth dduda i ydi fod y copar (oedd, fel y llall, yn amlwg yn *attached* i'r 'gwasanaethau diogelwch' trwy gyfrwng beth bynnag maen nhw'n galw Special Branch y dyddia hyn) wedi gofyn i mi, wrth archwilio fy mag, "So, Dewi. What's it like to have an Englishman go through your bag?"

y Tap,
Blaenau Ffestiniog

(Adra)

Daeth Rhi i fy nôl i o Gaergybi, a Geth Bach efo hi. Ar ôl teithio 6,000 o filltiroedd o Blaenau i Bordeaux, i fyny ac i lawr, ac ar draws, Ffrainc, wedyn yn ôl i Blaenau (via Dulyn), roedd o'n gweddu mai Rhi ddaeth i fy nôl i adra, ar ôl iddi fy nanfon i ddal yr awyren gyntaf honno dros fis ynghynt. Rhian ydi fy angor. Cyrhaeddom Blaena yn y gwynt a'r glaw, ac aethom ar ein pennau i'r Tap.

Dydd Sul, Gorffennaf 10, 2016
Penblwydd Priodas
Mi fyddwn i ym Mharis pe tai Cymru wedi curo Portiwgal. Ond wnaeth hynny ddim digwydd, felly mi gawsom ginio dydd Sul yn yr Oakeley Arms i ddathlu 17 mlynedd o briodas. I'r Tap wedyn, i olchi'r cinio i lawr, a chael syrpréis neis gan Roj a Glen – cacan joclet a siampên.

Arhosom yno i wylio'r ffeinal ar y teledu, ac mi rois i fet bach *in-play* yn ecstra-teim ar Portiwgal i guro cyn iddi fynd i benaltis. Mi wnaeth yr enillion dalu am yr hostel yn Dulyn, o leia!

Yndi, mae bywyd yn mynd yn ei flaen. Chydig o waith dod at fy hun, falla, a dod i arfer efo rwtîn unwaith eto, ond dim ond mater o ddod yn ôl i sbid ydi hynny. I fod yn onest, roedd dod adra o Ffrainc jysd fel dod 'nôl o unrhyw drip pêl-droed – amser gwych, neis i fod adra, a dyna fo.

Doedd dim hiraeth am Ffrainc, dim ond atgofion pleserus dros ben, a theimlo'n falch a gwerthfawrogol o fod yn ddigon lwcus i gael y cyfle i fwynhau'r profiad mwya anhygoel a gwefreiddiol erioed efo'r frawdoliaeth hyfryd ag ydi teulu mawr cefnogwyr pêl-droed Cymru. Roedd y freuddwyd yn uffarn o reid, ac mae hi drosodd rŵan – am y tro. Ond bydd y frawdoliaeth yno am byth, a gyda lwc mi gawn ni fyw y freuddwyd eto yn Rwsia ymhen dwy flynedd.

GORAU CHWARAE, CYD CHWARAE

CYMRU AM BYTH

DIOLCH
MERCI